Fadumo Korn
mit Inge Bell

SCHWESTER
LÖWENHERZ

*Eine mutige Afrikanerin
   kämpft für Menschenrechte*

Fadumo Korn
mit Inge Bell

SCHWESTER
LÖWENHERZ

*Eine mutige Afrikanerin
kämpft für Menschenrechte*

Kösel

Dieses Buch widme ich meinem Mann Walter und meinem Sohn Jama Philip. Sie machen mir in jeder Lebenslage Mut, beschützen mich und stärken mir den Rücken.

FSC
Mix
Produktgruppe aus vorbildlich
bewirtschafteten Wäldern und
anderen kontrollierten Herkünften

Zert.-Nr. SGS-COC-1940
www.fsc.org
© 1996 Forest Stewardship Council

Verlagsgruppe Random House FSC-DEU-0100
Das für dieses Buch verwendete FSC-zertifizierte Papier
Munken White liefert Arctic Paper Munkedals AB, Schweden.

Weitere Informationen zu diesem Buch und unserem gesamten lieferbaren Programm finden Sie unter www.koesel.de

INHALT

IMMER SCHÖN MUT
MACHEN UND BRÜCKEN BAUEN

»Gott, lass sie nicht sterben!«, dachte ich und betrat die Bühne. »Reiß dich jetzt zusammen, Fadumo!«, fuhr meine innere Stimme fort, »die Leute sind gekommen, um dich zu hören. Stoß sie jetzt nicht vor den Kopf und vermassel alles – nur weil irgendwo auf der Welt gerade ein Mädchen stirbt …«

Ich straffte meine Schultern und schaute ins Publikum: Rund 100 erwartungsvolle Gesichter blickten zu mir hoch – Männer und Frauen, Alte und Junge waren hierher in einen Münchner Saal gekommen, um meinen Vortrag zu hören; meinen Vortrag, den ich eigentlich jetzt absagen wollte. Denn irgendwo auf der Welt lag gerade meine Nichte im Sterben.

Der Anruf aus Somalia war erst gestern gekommen. Ibrahim, einer meiner Cousins, den der Bürgerkrieg in Somalia noch nicht in die Flucht geschlagen hatte, war verzweifelt: Seine 17-jährige Tochter Amina habe schon seit einigen Tagen Bauchweh, erzählte er aufgeregt, aber jetzt sei es viel schlimmer geworden. Sie bräuchte dringend Hilfe. »Fadumo, was soll ich tun? Wir haben doch keine Ärzte hier!« Ich wollte mit Amina sprechen. Ich kannte meine Nichte nicht persönlich, nur von Fotos und vom Telefon. 1987 war ich zum letzten Mal nach Somalia gereist, ab 1991 machte es der Bürgerkrieg unmöglich einzureisen, um meine Familie wiederzusehen.

Und Amina war erst später geboren worden, sie kannte ihr Leben lang nur den Krieg. Unsere Familienbande waren vor allem Telefonkabel. Ibrahim reichte das Telefon seiner Tochter. Amina klang schwach und sprach mit gequälter

Stimme: »Tante Fadumo, es ist nicht mein Bauch, es ist mein Unterleib. Er ist so geschwollen und ich kann nicht aufs Klo, ich kann nicht Pipi machen. Was ist das nur?!«

Die Antwort auf diese verzweifelte Frage kannte ich nur zu gut. Ich stand hier vor meinem Münchner Publikum, um genau darüber zu referieren: über Mädchenbeschneidung und die fatalen Folgen dieses patriarchalischen Brauchs.

Amina war beschnitten, und was immer sich in ihrem Unterleib zusammengebraut hatte, es konnte nicht raus: Denn Amina war nach der Beschneidung zugenäht worden bis auf ein winziges Löchlein.

Als ich die Stimme meiner Nichte hörte, spürte ich sofort hilflose Wut in mir hochsteigen: »Verdammt!«, dachte ich mir, »das habt ihr nun davon, dass ihr eure Mädchen beschneidet! Und dann soll die Familie im Ausland helfen!« Ich sagte aber mit fester, ruhiger Stimme: »Amina, mein Mädchen, das tut bestimmt sehr weh, ich kenne das gut. Aber weißt du was? Du bist ein starkes Mädchen, du hältst das doch noch ein bisschen aus, nicht? Denk nur an Opa, wie er damals in seiner Verzweiflung einen Löwen in die Nase gebissen hatte. So konnte er sich dann aus seiner tödlichen Umarmung lösen, als der Löwe ihn fressen wollte. Ich spreche sofort mit deinem Onkel Jama in Amerika und wir schicken euch gleich Geld, damit du in ein Krankenhaus fahren kannst. Dort machen sie dich wieder gesund, du wirst schon sehen ...« Sie lächelte schwach durchs Telefon und sagte: »Ach, Tante Fadumo, du machst einem immer so schön Mut!« Dann verabschiedeten wir uns mit zuversichtlichem Geplänkel. Als ich aufgelegt hatte, tippte ich mit zitternder Hand die Nummer meines großen Bruders Jama. Er ist nach dem Tod unseres Vaters und unseres ältesten Bruders das Oberhaupt unseres somalischen Familienclans, der heute in alle Winde verstreut ist. Jama hatte der Bürgerkrieg in die USA verschlagen. Ohne die Zustimmung und den Beschluss unseres Clan-Oberhaupts kann keine unserer vielfältigen weltweiten »Familien-Rettungsaktionen« gestartet werden, wie jetzt zum Beispiel die Nothilfe für Amina. Jama erfasste sofort, was los war und wie ernst es war. Ohne viele Worte zu verlieren, beschlossen wir, Geld nach Somalia zu schicken; das sollte genügen, um Amina so schnell wie möglich in das nächstgelegene Krankenhaus transportieren zu können und die Ärzte zu bezahlen. Das Land ist zwar durch den jahrzehntelangen Bürgerkrieg zerstört, aber der Geldtransfer aus dem Westen funktioniert reibungslos – Internet macht's möglich. Erstaunlicherweise ist das in jedem Dritte-Welt-Land so. Binnen Stunden würde das Geld bei Ibrahim im hintersten Winkel Somalias sein.

Auch das muss ich immer wieder in meinen Vorträgen erklären. Dass die Menschen in Afrika, die ihre Mädchen beschneiden, keine hinterwäldlerischen Wilden sind, sondern normale Menschen, die durchaus mit moderner Technik vertraut sind. Technologischer Fortschritt und Tradition schließen sich nicht aus. Und Beschneidung ist pure patriarchalische Tradition.

Das Geld war also nicht das Problem. Ibrahim fand einen Laster, der Amina von Afgooye ins ungefähr 30 Kilometer entfernte Krankenhaus nach Mogadischu bringen würde, doch er zögerte, denn Amina delirierte schon. Ibrahim berichtete mir verzweifelt am Telefon, dass der Bauch seiner Tochter mittlerweile aufgeblasen sei wie ein Ballon und dass sie bei jeder Bewegung vor Schmerzen schreie. Es zerriss mir das Herz. Mit Jama entschieden wir: transportieren – und zwar sofort; alles Mögliche versuchen, um das Mädchen zu retten.

Während ich in München mit der S-Bahn zum Vortragssaal fuhr, holperte gleichzeitig Tausende Kilometer weiter südöstlich meine Nichte Amina mit dem Tode ringend auf der Ladefläche eines LKW über staubige Pisten dem Krankenhaus entgegen. Ich betete zu Gott, dass sie es schaffen würde.

Ich hatte das Podium mit der festen Absicht betreten, den Vortrag abzusagen. Jetzt stand ich vor dem Mikrofon und plötzlich schossen mir Aminas Worte durch den Kopf: »Tante Fadumo, du machst einem immer so schön Mut!« Und ich wusste in diesem Moment: Ich würde den Vortrag halten, ich würde diese Menschen, die gekommen waren, weil sie sich für andere Menschen interessieren, aufrütteln, ich würde sie aufklären über Mädchenbeschneidung – und ich würde ihnen »immer schön Mut machen«, dass sie etwas verändern können in dieser Welt – durch ihr Bewusstsein oder durch ihren Einsatz. Ich würde aber kein Wort über Amina sagen, denn das hieße für mich, das Schicksal herauszufordern. Ich würde ihnen einfach meine Geschichte erzählen, die Geschichte eines beschnittenen Mädchens aus Somalia, das es heute als Frau als ihre Mission ansieht, Brücken zu bauen – zwischen Menschen, Traditionen und Kulturen.

Ich bin Fadumo Abdi Hersi Farah Husen Korn. Ich wurde geboren im Großen Regen, im Jahr 1964. In der unendlichen Weite Somalias verbrachte ich die ersten sieben Jahre meines Lebens. Es waren glückliche und geborgene Jahre – trotz des arbeitsreichen und kargen Alltags unserer Nomadenfamilie. Meine Mutter Mayran und mein von mir vergötterter Vater Abdi Hersi führten mich und unsere Familienmitglieder mit unserem Vieh von Wasserstelle zu Wasserstelle. Ich war ein fröhliches, lebenslustiges und eigensinniges Kind – bis zu meinem siebten Lebensjahr. Dann wurde ich, wie alle kleinen Mädchen in Somalia, der rituellen Beschneidung unterzogen.

Meine Mutter hatte mich seit Jahren auf »meinen großen Tag« vorbereitet. Ich wusste, danach würde unser Stamm ein Fest zu meinen Ehren feiern; ich durfte auch schon vorher meine Geschenke sehen, die dann wieder versteckt wurden. Aber was da eigentlich gefeiert werden sollte, das wusste ich nicht – niemand sprach darüber. Und so fieberte ich diesem großen mysteriösen Ereignis erwartungsvoll entgegen. Wie naiv von mir! Ich hatte sogar kindlich-romantische Gedanken: Ich würde nun bald zur Frau werden, könnte heiraten und Kinder bekommen. Zum Glück wusste ich nicht, was mich erwartete: Die alte Beschneiderin schnitt mir mit ihrer Rasierklinge nicht nur die Schamlippen ab, nein, sie schnitt mir auch alle Lebensfreude und alle Kraft aus meinem kleinen Körper.

Meine Nichte Amina würde ich nie mehr sehen oder hören. Sie war noch während meines Vortrags gestorben, auf dem langen Weg ins Krankenhaus. Als ich nach Hause kam, rief mich gleich mein Bruder Jama an, der mir die traurige Botschaft überbrachte. Ich dachte nur: »Zum Glück habe ich ihr niemals direkt in die Augen sehen können. Ich kenne den lebendigen Ausdruck ihrer Augen nicht.« Das wäre noch schmerzhafter für mich gewesen. Dann sagte ich mir: »Verzeih, kleine Amina, dass ich dir nicht helfen konnte.« Und dann betete ich dafür, dass sie in eine bessere Welt kommen möge.

Wie sich später herausstellen sollte, hatte sie eine große Zyste in der Gebärmutter gehabt: Sie war geplatzt, doch die Sekrete konnten nicht abfließen, weil die Öffnung verstopft war – zugenäht eben –, und Amina bekam eine Blutvergiftung, die tödlich endete. Amina musste die Hölle auf Erden erlitten haben. Sie starb innerhalb von 48 Stunden unter qualvollen Schmerzen. Wir konnten ihr einfach nicht helfen.

Ich überlebte damals die schwere Infektion, die der Beschneidung folgte. Doch aus der lebenslustigen, quirligen kleinen Fadumo wurde ein stilles, scheues, verletzliches und trauriges Mädchen. Ich wurde krank. Ein schwaches, krankes Kind ist für Nomaden, die oft von Sonnenaufgang bis Sonnenuntergang auf den Beinen sein müssen, eine große Belastung. Also entschlossen sich meine Eltern schweren Herzens, mich zu einem wohlhabenden Halbbruder meines Vaters in die Hauptstadt Mogadischu zu bringen. Mit heißen Tränen verabschiedete ich mich von meiner Mutter, wie wir alle damals dachten, nur für wenige Wochen. Doch ich sollte sie nie mehr wiedersehen.

Ich lebte nun im Haushalt meines privilegierten Onkels und genoss eine unbeschwerte Kindheit mit meiner neuen Familie: mit Onkel Abdulqadir, Tante Madeleine – einer sehr eleganten Erscheinung – und ihren Kindern und Pflegekindern. Dieses neue Leben faszinierte mich, und die Schule, in die ich nun erstmals kam, machte mir so viel Spaß, dass ich oft kichernd erwachte, weil ich mich so darüber freute, dass das alles kein Traum war, sondern Wirklichkeit. Jeden Tag erlebte ich neue Abenteuer, sodass ich meine Krankheit darüber völlig vergessen hatte. Der Schmerz war zwar ständig da, aber er war uninteressant. Ich dachte, na ja, das tut halt alles weh, aber das ist egal, ich will zur Schule!

Doch irgendwann konnten wir die Fakten nicht mehr ignorieren: Meine Gelenke schwollen an, meine Finger und Zehen begannen sich zu verformen, und ich hatte immer stärkere Schmerzen. Onkel Abdulqadir schickte mich mit zwölf Jahren zur weiteren Behandlung nach Europa. Über ein Jahr lang wurde ich in Deutschland und Italien therapiert, durchlief eine Odyssee von Arzt zu Arzt, von Gastfamilie zu Gastfamilie. Wobei viele meiner »Gasteltern« diese Bezeichnung bei Gott nicht verdienten. Ich kehrte nach Mogadischu zurück, machte dort meinen Schulabschluss. Die Krankheit wurde nicht besser, also wurde ich 1979 mit 16 wieder nach Deutschland geschickt, nach München; wieder in eine Gastfamilie, die nicht sehr hilfreich für meine Entwicklung war. 1980 kam ich dann zu Waris und Detlef, die mir ein echtes Glücksleben schenkten, Zuversicht und Selbstbewusstsein. Endlich wieder eine Familie, die mich liebte und mir täglich ihre Zuneigung zeigte.

Ich genoss die neue Freiheit, die mir diese Familie zugestand. Eines Abends durfte ich mit Freunden zu einem Studentenfasching gehen – obwohl sich mir der Sinn von Fasching nicht so ganz erschließen wollte. Schüchtern und etwas irritiert sah ich dem bunten Treiben auf der Tanzfläche zu. Plötzlich sprach mich ein langhaariger Frankenstein an. Er fragte, was ich denn hier so machte und ob ich denn nicht tanzen wolle. Diese Begegnung mit Frankenstein war mein großes Glück, denn schon ein Jahr später gaben wir uns in München das Jawort. Ich war zu diesem Zeitpunkt gerade 19 Jahre alt und Walter – so hieß der Frankenstein mit bürgerlichem Namen – war 24. Das alles liegt nun schon über 20 Jahre zurück, und wir sind – allen Anfeindungen zum Trotz – zusammengeblieben und haben unser Leben gemeinsam aufgebaut.

1990 wurde unser Wunschkind Jama Philip geboren – unser Glück schien perfekt. Doch immer noch funkten die Spätfolgen meiner Beschneidung dazwischen, auch wenn ich mittlerweile operiert worden war. Während der Schwangerschaft hatte ich Phantomschmerzen und nach der Geburt produzierte ich so viel Muttermilch, dass sie für drei gereicht hätte. Das tat meinen vom Rheuma zerfressenen Knochen und Gelenken gar nicht gut. Diese Rheuma-Attacken sind mögliche Spätfolgen der Beschneidung. Einfach vergessen konnte ich die Schatten meiner Vergangenheit also nicht – trotz allen häuslichen Glücks. Und deshalb schwor ich mir: Irgendwann würde ich gegen diesen schädlichen und schändlichen Brauch kämpfen. Auch wenn ich damals noch nicht so recht wusste, wie …

Heute weiß ich es. Heute halte ich Vorträge über Beschneidung und gebe Seminare. Ich gehe in Schulen, um das Thema jungen Menschen nahezubringen. Denn Beschneidung geht uns alle an – ja, auch hier in Deutschland. Ich engagiere mich stark in einer Hilfsorganisation, die Mädchen in Afrika fördert, und fahre dorthin, um die Projekte zu betreuen. Ich bin als Aktivistin unterwegs und setze mich ehrenamtlich ein: gegen Beschneidung – und immer auch für Menschen aus Somalia, die der Bürgerkrieg, die

13

Gewalt und das Morden hierher nach Deutschland verschlagen haben – auf der Flucht vor unerträglichem Leid,
auf der Suche nach Asyl.

Immer schön Mut machen und Brücken bauen, das ist
heute meine Aufgabe.

»MEINE SEELE ZERBRICHT, FADUMO!«

Irgendwann im Juli 2008 war es wieder mal so weit: Ich hatte meinen somalischen Romantik-Anfall. Den ganzen Tag schon hatte ich somalische Musik gehört und dann angefangen, selbst Lieder zu trällern. Unsere Sprache ist sehr romantisch; und in Somalia geht die Liebe nicht durch den Magen, wie hier in Deutschland, sondern durch die Leber. Ich schmachtete also ständig Lieder vor mich hin mit solchen Texten wie »Die Pfeile, die du abgeschossen hast, gingen mitten durch meine Leber« – was ja schon sehr kitschig klingt, aber es machte einen Riesenspaß! Ich fühlte mich herrlich beschwingt. Wie so oft an diesen Tagen meiner somalischen Romantik-Anfälle hatte mich auch heute der damit einhergehende Kochwahn überkommen, und ich war zum Türken um die Ecke gelaufen, um ein schönes Stück Lammfleisch zu kaufen. Meine Männer, Walter und Philip, sind immer glücklich, wenn sie abends heimkommen, und es riecht gut. Wenn sie mich dann auch noch trällern hören, wissen sie: »Aha, Heimweh. Fadumo hat wieder ihr Heimweh.« Aber sie wissen auch: Dann lebe ich wieder richtig.

Das Essen war fertig, ich stellte den dampfenden und duftenden Topf auf den Tisch und trällerte nach meinen Männern. Da klingelte das Telefon. Flughafen München. Bundesgrenzschutz. Ein minderjähriger somalischer Flüchtling war aufgegriffen worden. »Frau Korn, wir brauchen Sie hier. Können Sie kommen?« Mein Blick ging Richtung Küche und ich sog den aromatischen Duft meines somalischen Lammfleisch-Eintopfs ein. »Klar komme ich. Geben Sie mir eine Stunde« – so lange würde es dauern, bis ich mit der S-Bahn zum Münchener Flughafen käme.

Natürlich hatten wir uns den Abend anders vorgestellt, aber Walter und Philip zogen wie immer mit mir an einem Strang und machten mir den Abschied nicht schwer. Philip fütterte mich noch im Hinausgehen mit einer Gabel Lammfleisch und Walter wünschte mir aufmunternd alles Gute für den Einsatz.

Mein somalischer Romantik-Anfall hatte sich für heute erledigt, eingeholt wurde ich von der somalischen Realität. Am Flughafen angekommen, führte mich der Beamte vom Bundesgrenzschutz in eine Art Wartesaal. Ein kahler Raum, zwei Holzbänke standen darin. Hier warten normalerweise die Flüchtlinge, die aufgegriffen werden, schicksalsergeben darauf, dass weiter mit ihnen verfahren wird: dass Dolmetscher wie ich kommen, dass Polizisten sie befragen und dass sie danach mutterseelenalleine losgeschickt werden in das ihnen zugewiesene Flüchtlingsheim; nur mit einer Fahrkarte und einem Stadtplan ausgestattet, sollen sie sich damit in einer wildfremden Stadt zurechtfinden.

Als ich ankam, war es spät und der Raum war leer. Ich schaute nach rechts – kein Mensch; nach links – nichts; noch mal nach rechts – da bewegte sich etwas. Ich erblickte eine völlig in sich versunkene, zusammengekauerte Gestalt, einen kleinen Jungen. Kein Wunder, dass er für mich erst unsichtbar war. Doch welche Verwandlung ging dann mit ihm vor! Er sah mich, sah mein schokoladenfarbenes Gesicht mit dem breitesten Lächeln, das ich in mir finden konnte, und ein Ruck ging durch seinen Körper. Er fing an zu strahlen vor Freude und neugewonnener Energie. Seine Augen schienen zu sagen: Jetzt werde ich endlich verstanden.

Er sagte »Tante« zu mir – eine Respektsbezeugung. Auch ich spreche ältere Somalis mit Tante oder Onkel an, denn es gilt als unhöflich, sie beim Namen zu nennen. »Tante, nimmst du mich mit?« »Nein«, sagte ich, »ich nehme dich nicht mit, aber ich kann dir helfen, dass du eine gute Unterkunft bekommst.« Und meine Arbeit als vereidigte Dolmetscherin begann. Eine Gratwanderung ist das – immer wieder. Denn ich muss natürlich immer für die Beamten korrekt in der Übersetzung bleiben, aber ich möchte den Menschen, die hier vor mir gestrandet sind, auch das Gefühl geben: Hier ist jemand, der etwas für dich tut. Außerdem hilft das auch, das Misstrauen gegenüber den Behörden abzubauen. Flüchtlinge, die hier in Deutschland ankommen und nur Gewalt und Krieg kennen, zucken zusammen, wenn die Polizisten, die den Raum bewachen oder die sie befragen, sich an ihre rechte Seite fassen, um zu ihren Handys zu greifen. Sie denken, die haben Pistolen, die werden schießen – und ich muss sie dann beruhigen: Keine Sorge, keiner schießt hier willkürlich herum. Das ist nicht Somalia.

Auch Ali zuckte zusammen, als der Beamte in Richtung Hosentasche griff. Doch Ali legte sein anfängliches Misstrauen und seine Schüchternheit schnell ab und fasste Vertrauen zu mir – er verlor auch etwas die Scheu vor dem korrekten, aber freundlichen Beamten. 16 Jahre alt sei er, erzählte er uns, er sah aber viel jünger aus, so klein und schmächtig, wie er war. Hier am Flughafen gibt es noch keine ausführlichen Befragungen der Flüchtlinge, die kommen immer erst später. Hier stellen die Polizeibeamten zunächst einmal fest, dass es sich um einen Flüchtling handelt. Wichtig ist, wie er heißt, woher er kommt und wie und warum er geflohen ist. Also warum er hier in Deutschland um politisches Asyl bittet. Für diese erste Befragung, den Erstkontakt, braucht man Dolmetscher wie mich. Danach werden die Asylsuchenden auf Unterkünfte verteilt – meist auf Sammelunterkünfte, große Wohnheime, in denen Menschen aller Herren Länder bunt zusammengewürfelt auf engstem Raum untergebracht werden. Minderjährige Flüchtlinge wie Ali, die ohne Begleitung von Erwachsenen kommen, haben es weitaus besser: Für sie gibt es eine besondere Unterbringung – eben in einem Heim nur für Kinder und Jugendliche. Ich erklärte Ali, dass er nun in so ein Wohnheim mit anderen Kindern gebracht würde. Dort müsse er erst einmal bleiben, bis man seinen Antrag auf Asyl bearbeiten könne. Er verstand und hielt sich tapfer, als wir uns verabschiedeten. Ich versprach, mich bei ihm zu melden. Dann nahm ich die S-Bahn zurück in die Münchner Innenstadt.

Auf der Fahrt durch die Dunkelheit stiegen schreckliche Bilder in mir hoch. Ali hatte erzählt, dass er hatte mit ansehen müssen, wie man seinen ältesten Bruder und seine Schwester umgebracht hatte. Es geschah mitten in der Nacht, die Meuchelmörder überfielen die Familie im Schlaf. »Das ist dieser verdammte Bürgerkrieg«, dachte ich bitter. »Kindern werden die Familien genommen und den Familien die Kinder.« Mich erinnerte Alis Geschichte so sehr an meine eigene Familie in Somalia, die in ständiger Gefahr lebt. Ich dachte zurück an die Hiobsbotschaften einige Monate zuvor, als am ersten Tag des Ramadan, des muslimischen Fastenmonats, zehn Männer aus unserem Clan gemeuchelt wurden. Die Meuchelmörder – in Somalia werden sie Mooryaan genannt – sagten zu ihnen: Entweder ihr kämpft mit uns oder wir bringen euch um. Mein jüngster Bruder hatte sich dann wieder einmal vor diesen Banditen verstecken müssen. Tagelang wusste niemand von unserer Familie, wo er war und ob er überhaupt noch lebte. Immer, wenn das Telefon klingelte und ich eine somalische Nummer auf dem Display sah, erschrak ich – es hätte ja wie so oft eine schlechte Nachricht sein können. Aber mein Bruder blieb am Leben und meldete sich ein paar Tage später am Telefon, als ob nichts gewesen wäre.

Eine ähnliche Situation erlebte mein Bruder Mohamed kurz darauf. Mohamed ist das jüngste unserer Geschwister, das letzte Kind unserer Mutter, deshalb hängen wir alle so an ihm – er ist die letzte Erinnerung an sie; sie starb, als ich zwölf Jahre alt war. Auch Mohamed musste sich plötzlich verstecken, auf ihn ist – seit vielen Jahren schon – ein Kopfgeld ausgesetzt. Es ist eine absurde, uralte Stammesfehde, die nur mit Blut gesühnt werden kann, und so wird er von den Mitgliedern des verfeindeten Stammes gesucht. Außerdem vermuten sie immer Geld bei ihm, denn er arbeitet oft mit ausländischen Hilfsorganisationen zusammen. Er war also wieder einmal untergetaucht. Besorgt rief ich in Somalia an und bei einem der Gespräche mit meiner Nichte, der Tochter meiner Halbschwester Halimo, hörte ich im Hintergrund Schüsse. Ich erstarrte, doch meine Nichte lachte nur: »Ja ja, es wird geschossen, aber die Kugeln kommen nicht durch, unser Haus ist aus Stein. Außerdem ist es nichts im Vergleich zu heute Früh. Mach dir keine Sorgen, Tante Fadumo!« Am nächsten Tag rief mich dann mein Bruder Mohamed an und sagte wieder: »Mach dir keine Sorgen, Fadumo, ich musste mich zwar verstecken, aber es geht uns gut hier. Sie haben nur drei Männer umgebracht.« Und dann fragte er allen Ernstes *mich*, wie es *mir* denn so ginge! Da musste ich innerlich lachen, denn mir geht es doch wirklich prächtig – ich habe hier an jeder Ecke einen Arzt und vor allem keinen Bürgerkrieg. Immer wieder stelle ich mir die Frage, wie ich meinen Bruder Mohamed da bloß rauskriegen kann. Die Sache mit dem Kopfgeld ist schon schlimm genug, doch die Willkür des Bürgerkrieges kommt noch dazu – und so ist die tägliche Angst um das eigene Leben bittere Realität in meiner Heimat Somalia.

Ich hatte dann wieder einmal eine Aktion gestartet – wie ich es bis heute tue –, um hier in Deutschland Geld zu sammeln für die ärztliche Notversorgung in Somalia. Dabei muss ich immer wieder meinen Ärger hinunterschlucken über das so oft gehörte Argument: »Wir haben doch hier auch Armut, uns geht's doch auch in Deutschland nicht gut, wir sollten lieber Geld sammeln für die Kinder hier…« Ja – bei allem Respekt –, doch die Kinder hier sind keine Kinder des Krieges.

Den Kindern in Somalia wird der Krieg in die Wiege gelegt. Auch der 16-jährige Ali kennt nichts anderes, schoss es mir durch den Kopf. Länger als sein ganzes bewusstes Leben lang – seit 1991 – herrscht Bürgerkrieg. Mord, Willkür, Angst, Elend. Und trotz allem – Hoffnung. Wieder stiegen Bilder in mir hoch, die Erinnerung an einen fröhlichen Anruf meines jüngsten Bruders Mohamed. Kurz nachdem er aus seinem Versteck wieder auftauchte, wurde er Vater. »Meine Frau hat mir einen Sohn geboren. Ich habe ihn nach unserem Vater benannt!«, rief er ins Telefon. Und ich weinte mit ihm Tränen der Freude, denn es war das erste Kind meiner Schwägerin, das nicht abgegangen oder eine Totgeburt war. Es war ein großer Tag für unsere Familie und auch für den kleinen Neuankömmling, denn an seinem Geburtstag wurde nicht geschossen. Ich schickte rasch ein bisschen Geld nach Somalia, damit die Familie diesen Tag der Freude feiern konnte: Sie sollten sich etwas kaufen, was sie eben finden konnten in diesen Kriegszeiten; sie würden damit – so will es unser Brauch – den Ahnen für das Neugeborene danken. Wenn das Kind überleben sollte, würde man dann später alle Ahnen zum Dank an Festtagen ehren. Es war ein guter Tag, ein Tag, an dem nicht geschossen wurde. Das wird man sich noch Jahrzehnte später erzählen. Der Kleine überlebte. Er bekam den Spitznamen »der Kämpfer«.

Als ich wieder zu Hause ankam, war es schon spät in der Nacht und meine Männer schliefen. Der Rest meines romantischen somalischen Abendessens stand auf dem Herd. Ich hätte es mir aufwärmen können, aber ich hatte keinen Hunger mehr. Die Gewissheit, Ali an seinem ersten Tag in Deutschland ein Stück Vertrauen und Heimat gegeben zu haben, machte mich satt.

Eine Woche später fuhr ich wieder mit der S-Bahn hinaus in Richtung Flughafen. Ich wollte Ali in seinem Wohnheim weit draußen vor der Stadt besuchen. Diesmal kam ich nicht als Dolmetscherin, sondern als ehrenamtliche Sozialarbeiterin. »Gut, dass Sie da sind, Frau Korn!«, begrüßten mich die Betreuer. »Wir kommen nicht an Ali heran, er verschließt sich und wir können nicht zu ihm durchdringen, obwohl er da ist …!« Wie oft hatte ich das schon miterlebt! Flüchtlinge brechen oft zusammen, sobald sie in der Unterkunft sind, sobald sie echte Ruhe und Frieden spüren und die Anspannung der Vergangenheit von ihnen abfällt. Andererseits ist so vieles fremd und neu für sie, Somalia ist weit weg und Deutschland so völlig anders. Und sie können sich nur schwer damit abfinden, dass sie als Asylsuchende nicht einfach so hinausgehen und sich frei in Stadt und Land bewegen dürfen wie alle anderen Menschen auch. All das – und noch dazu das ungewohnte Essen, die Kälte und die ständigen Erklärungen, was sie tun und lassen sollen – ist so erschreckend für viele Flüchtlinge, dass sie krank werden. Sie bekommen Magen- und Kopfschmerzen und ziehen sich in sich selbst zurück. Auch Ali. Als ich in sein Zimmer trat, erschrak ich innerlich: wie grau er aussah, so ohne Lebensmut! Aber wieder überspielte ich meinen Schreck und strahlte ihn mit einem großen Lächeln an. Er strahlte mich ebenfalls an, kam auf mich zu und strahlte einfach weiter. Dann brach er in Tränen aus. »Meine Seele zerbricht, Fadumo!«

Sofort war mir klar: Ali hatte hier im Wohnheim zum ersten Mal in seinem Leben wirklich Frieden und Ruhe um sich herum. Er hatte ein Einzelzimmer und hätte sich eigentlich erholen können von den Gräueln des Bürgerkriegs und den Strapazen seiner Flucht. Aber wie immer, wenn die Ruhe kommt, kommt auch das Trauma. Ali schlief bei Licht, ständig hatte er Angst, im Schlaf überfallen und wie seine Geschwister getötet zu werden. Und er hatte ein schlechtes Gewissen, weil er selbst in Sicherheit war; weil er seiner Familie nun nicht mehr helfen konnte; weil er nicht für seinen kleinen Bruder sorgen kann, der einen Schlag mit einem Gewehrkolben auf den Kopf versetzt bekommen hatte, sodass er seither nicht mehr sprechen kann und immer wieder in Ohnmacht fällt; weil er nicht bei seiner Mutter sein kann, die ihm das Leben geschenkt hat; weil er Essen hat, Frieden und Hilfe – und die anderen nicht. Alis Seele drohte tatsächlich zu zerbrechen – an den Schreckensbildern des Kriegs, die jetzt, in der Geborgenheit des Jugendheims, in ihm hochstiegen. Und seine gefühlte Isolation entkräftete ihn weiter: Eine Woche lang hatte er keinen Somali zu Gesicht bekommen oder in seiner Sprache gesprochen. »Aber jeder Mensch braucht doch einmal am Tag seine Sprache und seine Menschen«, sagte er mit flehenden Augen. Ali glaubte sogar, er sei taub: »Aber ich bin nicht taub«, sagte er dann tapfer lächelnd, »denn wenn ich meine Zimmertür zumache, kann ich mit mir selbst somalisch sprechen.« Da wusste ich, ich musste dringend Gesellschaft für den kleinen Ali organisieren.

Nicht, dass die Betreuung in dem Heim für minderjährige Flüchtlinge nicht gut gewesen wäre! Ganz im Gegenteil: Für Kinder, die unbegleitet kommen und um Asyl bitten, sind die Zustände ungleich besser als für Erwachsene. Es wird vorbildlich für sie gesorgt, ich bin immer ganz begeistert darüber, wie rührend und aufopfernd sich die Sozialarbeiter um die Kinder kümmern, wie sie sie trösten und vor allem: motivieren. Ich freue mich an den schönen Wohngemeinschaften, in denen zwei bis drei Kinder in einem Zimmer leben. Es gefällt mir, dass die Kinder sofort einen Deutschkurs bekommen und auch Taschengeld, damit sie wirtschaften lernen – von einer Woche zur nächsten. Sie haben gute, sensible und hochprofessionelle Sozialarbeiter, an die sie sich jederzeit wenden können. Sie lehren die Kinder auch, dass sie lernen müssen, ihre Wünsche zu äußern und dass sie das dürfen. Ich wäre damals, als ich nach Deutschland kam, um Heilung für meine Krankheit zu suchen, sehr gerne in ein solches Wohnheim gegangen. Ich hätte gerne eine Ausbildung bekommen, um mir Deutsch nicht mühsam selbst beibringen zu müssen. Es wäre mir bestimmt besser gegangen als in der Familie, in die mich mein reicher Onkel schickte; eine Familie, die mich täglich spüren ließ, dass ich nicht willkommen sei und dass sie damit nur meinem damals noch mächtigen Onkel einen Gefallen erwiesen. Aber wer weiß? Vielleicht wäre mein Leben nicht so verlaufen, wie es jetzt ist. Und es ist gut jetzt. Vielleicht hätte ich nicht gelernt, so zu kämpfen...

Jetzt würde ich für Ali kämpfen und gegen seine Isolation. Ich nahm mir vor, in meinem somalischen Bekanntenkreis ein paar Jungs und Männer zu mobilisieren, die ihn besuchen würden oder die Ali besuchen könnte, wenn er die Erlaubnis bekäme, nach München zu fahren. Bis dahin würde ich öfter bei Ali anrufen, damit er regelmäßig »seine Sprache und seine Menschen« bekäme. Gesagt – getan. Wir telefonierten oft miteinander, und auch meine somalischen Landsleute kümmerten sich um den Jungen. Wenn er mit ihnen zusammen war, war das wie Heimat für ihn.

Einmal sagte er mir am Telefon: »Hey, Fadumo, mir geht's gut! Du bist ein Engel« – und ich sah sein Lachen durch den Hörer. Dann gab er mir den typischen somalischen Wunsch mit auf den Weg, einen Wunsch, den ich schon unzählige Male gehört hatte:

»Mögest du viele Söhne haben!«

Auch wenn Alis Einsamkeit nun vorerst gelindert war, seine seelischen Verletzungen konnte ich ihm nicht nehmen. Immer wieder kamen nachts die Albträume hoch, die Angst vor den Meuchelmördern, vor denen er geflohen war, die Angst um seine Geschwister, die diesen Mooryaan nun ohne ihn ausgeliefert sind. Tagsüber versuchte Ali, tapfer zu sein.

Dann kam Alis große Befragung – die Anhörung im Asylverfahren. Dabei geht es den Beamten vom Bundesamt für Migration und Flüchtlinge um die Details und Hintergründe der Flucht und des Asylantrags. Also darum, ob tatsächlich Gründe für ein politisches Asyl vorliegen. Die Aussagen der Asylbewerber werden auf Herz und Nieren geprüft, ihre Glaubwürdigkeit wird auf eine harte Probe gestellt.

RECHT AUF ASYL

Das Recht auf Asyl ist auf dem Papier eine wunderbare und gut durchdachte Sache. Ein Flüchtling, der nach Deutschland kommt, weil er in seinem Heimatland von staatlichen Stellen oder auch nichtstaatlichen Institutionen verfolgt wird, hat hier ein Recht auf Flüchtlingsschutz – auf Asyl. Dieses Recht zum Schutz vor Verfolgung hat die Genfer Flüchtlingskonvention 1954 nach den bitteren Erfahrungen des Zweiten Weltkriegs festgeschrieben. Die im Dritten Reich staatlicherseits betriebene Verfolgung und Vernichtung von Juden (wegen ihrer Religion oder »Rasse«), von Sinti und Roma (wegen ihrer vermeintlichen Minderwertigkeit), von Homosexuellen (wegen ihrer vermeintlichen »Abartigkeit«), von Kommunisten (wegen ihrer anderen politischen Überzeugung) und von Behinderten (wegen ihrer vermeintlichen Lebensunfähigkeit) – all das waren die schrecklichen Fakten, aus denen man Lehren zog: Für derart staatlich Verfolgte sollte es zukünftig immer die Möglichkeit der Zuflucht im sicheren Ausland geben, die Möglichkeit des *politischen* Asyls – das war das vorrangige Ziel der Genfer Flüchtlingskonvention. Das Recht auf *politisches* Asyl, also den Schutz vor *staatlicher* Verfolgung im Heimatland, ist fest im deutschen Grundgesetz verankert und hat Verfassungsrang.

Im Laufe der nächsten Jahrzehnte und bis heute sah und sieht sich die Welt zunehmend konfrontiert mit auseinanderbrechenden Staaten oder gewaltsamen Umstürzen, also quasi-staatlichen oder sogar nicht-staatlichen Gebilden, in denen plötzlich gar kein echter Staat mehr existiert, in denen Anarchie herrscht, Rebellen, Splittergruppen, Warlords und Clans blutig um die Macht rangeln oder Bruderkriege und Völkermorde ein Land zerfleischen. Vor allem in Afrika und im Nahen Osten ist das der Fall. Die Zivilbevölkerung leidet dabei am meisten – weil Menschen vielleicht zufällig dem »falschen« Stamm oder Clan, der »falschen« Religion oder dem »falschen« Geschlecht angehören; doch eigentlich sind ihre Verfolger keine staatlichen Akteure und ihre Verfolgung also kein Grund für *politisches* Asyl.

Dennoch trägt Deutschland prinzipiell auch für diese Flüchtlinge Sorge, wenn ihr Leben, ihre körperliche Unversehrtheit oder ihre Freiheit im Heimatland bedroht sind. Gesetzlich begründet wird dieses Recht auf Schutz vor Verfolgung mit dem Verweis auf die Genfer Flüchtlingskonvention; das Recht heißt aber eben nicht politisches Asyl, sondern Abschiebungsschutz – oder landläufig »kleines Asyl« – und ist auch nicht im Grundgesetz, sondern im Aufenthaltsgesetz verankert.

Übrigens ist die geschlechtsspezifische Verfolgung als Asylgrund (für das »kleine Asyl«) erst im neuen Zuwanderungsgesetz 2005 gesetzlich verankert worden. Erst jetzt hat eine Frau das Recht, vor Verfolgung geschützt zu werden, *weil sie eine Frau ist und deshalb frauenspezifischer Gewalt ausgesetzt ist.* Davor waren es einfach keine schutzwürdigen Gründe, dass eine Frau von sexualisierter Gewalt im Heimatland bedroht war, weil sie zufällig einem anderen Stamm angehörte als dem, der gerade die Oberhand hatte, und sie somit ein Objekt der sexuellen Gewalt als Mittel der Kriegsführung war. Es war kein Asylgrund, dass sie als Mädchen zwangsverheiratet werden sollte, weil es die muslimischen Regeln vermeintlich so wollten. Oder dass ein Mädchen beschnitten werden sollte, weil es die patriarchalische Tradition so wollte. All das sind mittlerweile zum Glück anerkannte Asylgründe. Erst seit 2005, aber immerhin. Heute kann ein Mädchen, das von Beschneidung bedroht ist, hier Asyl finden – und auch ihre Mutter. Ich bin gerne Zeitzeugin solch wunderbarer politischer und gesetzlicher Entwicklungen. Asyl zu gewähren ist eine hehre Errungenschaft humanistischer Gesinnung.

Auf dem Papier. In der Praxis, die ich alltäglich erlebe, sieht das deutlich nüchterner aus. Asyl ist hier ein bürokratischer Prozess, und wie alles, was menschliche Vielfalt mit einem administrativen Raster zu erfassen versucht, reicht die Bandbreite der Bürokratie im deutschen Asylverfahren von leidenschaftslosem Dienst nach Vorschrift bis hin zum verständigen und sensiblen Anwenden der Verwaltungsvorschriften mit menschlichem Antlitz.

Grundsätzlich wird im Asylverfahren der jeweilige Einzelfall geprüft. Die Menschen werden nicht über einen Kamm geschoren, jedes Flüchtlingsschicksal ist individuell und wird entsprechend ernst genommen und begutachtet. Das geschieht in der sogenannten »Anhörung« beim Bundesamt für Migration und Flüchtlinge (BAMF), das in ganz Deutschland Anlaufstellen hat. Jeder Flüchtling muss sie absolvieren und auch Ali war nun dran. Die Anhörung ist eine ausführliche und auch lange Befragung. Der Beamte oder die Beamtin – sie heißen hier im BAMF »Einzel-Entscheider« – arbeitet sich dabei an einem Fragebogen entlang. Die 25 Fragen sind für alle Asylsuchenden gleich und müssen beantwortet werden – ohne Rücksicht auf das Individuum. Und dabei kommt es oft zu peinlichen Situationen.

Wie oft habe ich erlebt, dass ein somalisches Mädchen, eine Muslimin, nach ihrem Familienstand gefragt, antwortet: »Ledig« – und gleich darauf kommt die Routinefrage: »Haben Sie Kinder?« Das ist für viele eine solche Ehrverletzung, dass sie in Tränen ausbrechen und mich empört fragen: »Warum will der Beamte mich beleidigen? Ich hab doch gesagt, ich bin ledig, ich kann doch gar kein Kind haben!« Diese gleich zu Anfang gestellte Frage ist für die junge Frau oft eine solche Brüskierung, dass auch die ganze folgende Anhörung von Vorsicht und Misstrauen gegenüber dem Einzel-Entscheider geprägt bleibt. Doch das muss nicht sein. Wenn interkulturell sensibel vorgegangen wird, erleichtert das für alle Beteiligten, die Asylsuchende, den Entscheider und den Dolmetscher, die Arbeit ganz gewaltig. Ich fordere immer wieder, dass in den Ausländerbehörden entsprechende Kurse angeboten werden, denn damit wäre allen geholfen. Eine unverheiratete muslimische Frau hat einfach keine Kinder. Basta. Und wenn doch – zum Beispiel nach einer Vergewaltigung –, dann wird das ohnehin später zur Sprache kommen, wenn das Vertrauen da ist und das Gespräch sich »warmgelaufen« hat.

Gerade wenn Frauen befragt werden, ist es oft so, dass ihnen Männer als Dolmetscher zugewiesen werden oder männliche Beamte die Anhörung durchführen. Jeder kann sich vorstellen, wie peinlich es für eine Frau sein muss, vor Männern über Details einer Massenvergewaltigung durch Rebellen zu berichten. Und wenn dann auch noch Ramadan ist – und während dieses Fastenmonats ist es Muslimen verboten, etwas zu verheimlichen, zu verschweigen, zu lügen – und die Frau also gezwungen ist, die Wahrheit zu sagen, dann ist es eine umso größere Qual für sie, wenn sie das vor Männern tun muss.

Prinzipiell haben Frauen das Recht, auf Frauen als Dolmetscher oder Einzel-Entscheider zu bestehen; aber woher sollen diese Flüchtlingsfrauen aus zerbrochenen afrikanischen Staaten, in denen es schon lange keine Rechte mehr gibt, dieses Recht hier kennen? Nicht alle Flüchtlinge können sich an eine Beratungsstelle wenden, nicht alle sind sich darüber im Klaren, wie detailliert – oft quälend detailliert – die Anhörung verlaufen wird. Dasselbe gilt übrigens auch für Männer. Ich werde oft zu Übersetzungen für Männer bestellt. Auch wenn es weitaus seltener vorkommt als bei Frauen – aber auch Männer werden vergewaltigt oder sie werden gezwungen, bei der Vergewaltigung ihrer Frauen und Töchter zuzusehen. Auch das ist ein sexuelles Mittel der Kriegsführung: Vergewaltige die Frauen und erniedrige damit die Männer, die sie nicht schützen können ... Es geht nicht um sexuelle Lust, es geht um Macht. Und diese Erlebnisse im Beisein einer Frau als Dolmetscherin oder Entscheiderin erzählen zu müssen, wäre sicher auch für westliche Männer eine unglaubliche Tortur, aber für einen afrikanischen Muslim ist es eine weitere Erniedrigung. Das ist Männersache; und ich plädiere auch hier für eine sensible Herangehensweise – wie immer, wenn es um sexuelle Gewalt geht.

Es ist nur zu verständlich, dass kein Staat will, dass mit dem Recht auf Asyl Schindluder getrieben wird und dieses Instrument, das für Menschen in elementarer, existenzieller Not gedacht ist, missbraucht wird. Doch das geschieht immer mal wieder, daher will sich natürlich jedes Land, das Asyl gewährt, so gut wie möglich dagegen schützen.

Deshalb werden die Anhörungen sehr genau durchgeführt, und es wird sehr detailliert nachgehakt. Denn jetzt heißt es: Beweise es! Beweise schlüssig und glaubwürdig, dass du wirklich in deiner Heimat verfolgt wirst und nicht nur aus wirtschaftlichen Gründen hierherkommst. Beweise, dass dein Leben, deine Freiheit, deine körperliche Unversehrtheit dort nicht geschützt werden können. Beweise, warum ausgerechnet du verfolgt wirst! Beweise, wie du gekommen bist! Und all das ist gar nicht so einfach. Denn oft kommen die Flüchtlinge ohne Papiere hier an, oft hatten sie auch in ihrer Heimat nie ein Papier besessen, und oft sind schriftliche Nachweise und Dokumente in den Wirren einer Kampfhandlung verloren gegangen oder vernichtet worden. Oft gibt es die Behörde oder das Archiv gar nicht mehr, von der schriftliche Beweise oder Beglaubigungen beschafft werden können. Und oft raten den Flüchtlingen auch Fluchthelfer oder Schlepper dazu, alles Schriftliche, was den Fluchtweg rekonstruierbar machen könnte, zu vernichten, damit sie selbst und ihre Machenschaften nicht auffliegen. Und die Flüchtlinge glauben ihnen, denn sie haben Vertrauen zu ihnen – den einzigen Menschen, denen sie auf dieser Flucht von Welt zu Welt noch vertrauen können – und vernichten in gutem Glauben das, was ihnen vielleicht hätte helfen können, ihre Geschichte während der Anhörung glaubwürdig zu machen. Vielen Flüchtlingen wird von diesen vermeintlichen Freunden sogar geraten, gar nicht ihre echte Leidensgeschichte zu erzählen, sondern lieber eine vermeintlich hieb- und stichfeste Abenteuergeschichte, die sie sich ausgedacht haben. Sie machen den Flüchtlingen weis, dass sie nur mit dieser Geschichte wirklich das begehrte Asyl von den deutschen Beamten bekommen werden.

Und dann tischen die Asylbewerber ihren Entscheidern das auswendig gelernte Ammenmärchen auf. Nur: Die Beamten haben diese Geschichte vermutlich schon hundertmal gehört. Der asylsuchende Mensch manövriert sich damit gleich ins Aus. Denn selbst wenn er später mit der Wahrheit herausrückt – nachdem der Entscheider durch Nachhaken die Widersprüche aufgedeckt hat oder durch seine eigene Recherche in Datenbanken und Länderberichten herausgefunden hat, dass das so nicht stimmen kann –, wie glaubwürdig kann diese echte, nachgereichte Geschichte noch sein, die meist verwegener, aber oft brüchiger ist?

Schlechte Karten für Lügner aus Not. Und Lügen kommen raus. Immer. Das ist meine tägliche Erfahrung als Dolmetscherin. Ich erinnere mich an einen somalischen Jungen, der mir seine abenteuerliche Fluchtgeschichte erzählte, die ich dem Beamten übersetzen sollte. Doch der Junge hatte über seinen tatsächlichen Fluchtverlauf akribisch Tagebuch geführt und bei seiner Festnahme im Flughafen wurden seine wenigen Sachen durchsucht und das Büchlein gefunden und sichergestellt. Natürlich musste ich das Beweisstück nach bestem Wissen und Gewissen der Polizei übersetzen. Was ich auch tat – auch wenn mir mein armer Poet sehr leidtat. Das ist eben mein Beruf, bei allem Mitgefühl, das meine Seele als Sozialarbeiterin hat.

30

Die Mitarbeiter bei Beratungsstellen für Flüchtlinge werden nicht müde, den Asylbewerbern zu raten, die Wahrheit zu erzählen. Wer bei der Wahrheit bleibt, der kann meist auch sehr viele Details schildern. Und das macht jede Anhörung wirklich glaubwürdig. Ammenmärchen hingegen scheitern immer am Detail. Leider ist aber oft das Vertrauen in einen Fluchthelfer oder in einen anderen vermeintlich wohlmeinenden Landsmann, der zu einem Ammenmärchen rät, größer als das Vertrauen zu einer hiesigen Beratungsstelle, der ja doch immer irgendwie der Ruf einer Behörde oder Institution anhaftet. Und solchen Instanzen traute man schon in der Heimat nicht.

Ich will niemanden in Schutz nehmen, der lügt. Doch ich weiß, dass viele Flüchtlinge nicht immer die Wahrheit sagen – eben aus der Not heraus. Sie lügen aber auch sehr oft aus Scham. Weil sie über Vergewaltigungen oder andere erlittene körperliche oder seelische Qualen nicht reden können, besonders, wenn Dolmetscher oder Entscheider das »falsche« Geschlecht haben. Oder aber sie lügen, weil sie die Wahrheit selbst nicht kennen, etwa weil sie durch das Leid, das sie erlitten haben – Folter, Vergewaltigung, Mord an der eigenen Familie –, schwer traumatisiert sind. Und ein Trauma blockiert. Oft sind ganze Erlebnisse wie weggewischt, Tage sind nicht rekonstruierbar, Daten und Orte werden verwechselt. Psychologen und Traumaforscher wissen, dass traumatische Erlebnisse – wie sie auch Soldaten nach Krisen- und Kriegseinsätzen haben – die Erinnerung erheblich trüben oder sogar löschen. Wie soll sich da ein Mensch an Details einer Verfolgungs- und Fluchtgeschichte erinnern, wenn die Erinnerung von weißen Flecken durchzogen ist? Da ist es kein Wunder, wenn über die Lücken hinwegfantasiert wird, weil man sich dieser weißen Flecken so schämt – am meisten vor sich selbst.

Wenn ein traumatisierter Flüchtling – und die meisten sind durch ihre Gewalterfahrungen traumatisiert – Glück hat, gerät er an einen Entscheider, der traumapsychologisch geschult ist und besonders behutsam fragt, weil er die Mechanismen des Traumas kennt und berücksichtigt. Doch leider sind solche speziell geschulten Sachbearbeiter immer noch selten. Ich erlebe es immer wieder, dass Entscheider die Unfähigkeit, sich genau zu erinnern, oder die Verwechslung von Zeiten und Orten abtun als: »Hat sich in Widersprüche verwickelt, ist nicht als glaubwürdig einzuschätzen«. Dabei ist es einfach der Schutzmechanismus des Traumas, das dem menschlichen Gehirn das größte Leid, die größte Pein ersparen will. Doch ein Trauma zu lösen, braucht Zeit, Geduld und Geld – und all das hat ein Asylsuchender nicht.

ALIS GESCHICHTE

Auch Ali war traumatisiert. Die Bilder vom Meuchelmord an seinen Geschwistern mitten in der Nacht ließen ihn nicht los. Zu seinem Glück aber erinnerte er sich recht genau an seine Flucht und konnte schlüssig und detailreich erzählen. Ali war mit Hilfe von Schleppern über drei Länder hinweg geflüchtet, über den Jemen nach Dubai, dann in die Türkei. Dort mussten er und ein anderer Flüchtling sich erst zwei Tage lang versteckt halten; dann kamen sie nach langen nächtlichen Fußmärschen zu einem Fluss, der ins Meer mündete. Dort setzten die Schlepper sie in ein Schlauchboot, mit dem sie nach Griechenland übersetzen sollten. Sie gaben ihnen Plastikeimer mit, damit sie das Wasser aus dem Boot schöpfen konnten, das ständig einsickerte. Die Schlepper hatten bewusst in Kauf genommen, die Flüchtlinge in einem lecken Boot auszusetzen. Nur das Geld interessierte sie, nicht das Leben von Menschen. Das Wetter schlug um, Wellen schwappten ins Boot und die beiden jungen Flüchtlinge kamen mit dem Wasserschöpfen kaum nach. Die griechische Hafenpolizei griff sie schließlich auf. Aber die Polizisten spielten erst ein grausames Spiel mit den völlig durchnässten Flüchtlingen im Schlauchboot. Sie brachten das Boot von ihrem Polizeiboot herab mit langen Holzstöcken zum Kentern und schlugen dann mit den Stöcken nach den Händen der Flüchtlinge, die sich daran festklammern wollten. Erst als die beiden dem Ertrinken nah waren – Ali konnte nicht schwimmen –, fischten die Polizisten die Flüchtlinge heraus. Sofort wurden ihnen die Hände auf dem Rücken zusammengebunden; dann kamen sie ins Gefängnis, ohne mit trockener Kleidung, Trinkwasser oder Essen versorgt zu werden, von

33

ärztlicher Versorgung ganz zu schweigen. In der Zelle lagen vollgepinkelte Matratzen, auf die die tropfnassen Flüchtlinge geworfen wurden. Niemand durfte aufs Klo. Stundenlang warteten sie so auf ihre Befragung. Wieder gab es nichts zu essen und zu trinken, nichts gegen die Kälte. Es war Winter. Ali wurde von den Beamten beschimpft und behandelt wie der letzte Dreck. Ali sah mich traurig an und sagte: »Und ich hatte gedacht, die Europäer sind gut zu Flüchtlingen.« Wie oft hatte ich das schon gehört, wenn Flüchtlinge über Griechenland hierherkamen. Wie viele solcher Geschichten über griechische Gefängnisse, grausame Polizeibeamte und korrupte Gefängniswärter hatte ich schon übersetzt. Und wie oft hatten mich Flüchtlinge, die über Griechenland in die EU kamen, angefleht: »Wenn ihr mich abschieben müsst, dann bitte nicht nach Griechenland, bitte lieber gleich nach Somalia – dann sterbe ich wenigstens unter meinen Leuten und nicht in der Fremde!«

Griechenland liegt an einer der Außengrenzen der EU und ist somit oft Erstankunftsland für Flüchtlinge, die auf dem Land- oder Seeweg kommen. Ein Flüchtling, der erst in Griechenland einreist, dann aber ins Kerngebiet der EU weiterreist – zum Beispiel nach Deutschland – und dort seinen Asylantrag stellt, wird wieder zurück nach Griechenland abgeschoben, wo sein Antrag dann bearbeitet wird. So befreien sich die Kernländer der EU davon, diese Asylanträge selbst zu bearbeiten, sie überlassen das dem Erstankunftsland. Das ist die sogenannte Drittstaatenregelung. Von ihr ausgenommen sind nur unbegleitete minderjährige Flüchtlinge wie Ali. Alle anderen Flüchtlinge werden zurückgeschoben ins Erstankunftsland – und Griechenland ist ein Erstankunftsland von trauriger Berühmtheit. Immer wieder beklagen Menschenrechtsorganisationen wie Amnesty International oder Human Rights Watch die Tatsache, dass schutzsuchende Flüchtlinge bereits an den Grenzen zurückgewiesen werden – was zwar illegal, aber dennoch gängige Praxis ist. So werden sie davon abgehalten, Asyl zu beantragen. Oder sie werden nach der Ankunft erst einmal drei Monate gefangen genommen – auch damit wird ihnen die Möglichkeit genommen, Asyl zu beantragen, denn das kann man nur als freier Mensch. Die behördliche Willkür, der grausame Machtmissbrauch vonseiten der Polizei- und Justizbeamten und die unmenschlichen Haftbedingungen in Griechenland werden immer wieder angeprangert. Selbst das Hochkommissariat für Flüchtlinge der Vereinten Nationen UNHCR drückt sich in seinen regelmäßigen Berichten über das »schwarze Schaf« Griechenland nicht zimperlich aus. Das UNHCR beklagt immer wieder, dass das griechische Asylsystem nicht funktional ist, dass viele Asylsuchende ihre Anträge nicht stellen können, dass die Asylsuchenden nicht einmal registriert werden und dass die Entscheidungsstatistik erschreckend niedrig ausfalle. In den ersten sechs Monaten des Jahres 2008 wurde von knapp 9000 Anträgen gerade mal einem Schutzsuchenden Asyl zuerkannt. Ein menschenrechtliches Armutszeugnis für ein Land, das von der EU fürstliche Gelder dafür bekommt, die Asylprozedur durchzuführen, die man aus den Kernländern ausgelagert hat.

Ali erzählte weiter: Er wurde erst einmal für drei Monate ins Gefängnis gesteckt, war also auch einer der Flüchtlinge, die nicht einmal einen Asylantrag stellen konnten. Dann wurde er entlassen. Er fand sich eines Tages mitten in Athen auf der Straße wieder. Ohne Essen, ohne Trinken, nur mit dem, was er am Leib trug. Und mit einem Papier, auf dem auf Griechisch stand, dass er in sechs Wochen das Land zu verlassen habe. Es schoss mir durch den Kopf: »Und dann wundert man sich, wenn solche Flüchtlinge aus der blanken Not heraus etwas zu essen klauen ...« Ich dachte daran, dass ich vor Kurzem erfahren hatte, dass es nun endlich eine kleine Hilfsinitiative in Athen gäbe: In einer Kirchengemeinde können Flüchtlinge zweimal pro Woche duschen und etwas zum Essen bekommen. Griechenland hat in dieser Hinsicht sonst keinerlei soziales

Netz. Ali erzählte weiter: Er trieb sich illegal drei Monate in Athen herum und war der Willkür der Polizei ausgeliefert wie alle anderen illegalen Flüchtlinge auch: Auf nächtlichen Patrouillen wurden sie von Polizisten angegriffen, die Mädchen missbraucht, die Jungs mit zurückgebundenen Armen nach vorn gedrückt und von hinten in die Genitalien getreten. Auch das hatte ich schon oft gehört und übersetzen müssen. Ali hatte dabei Glück im Unglück: Er wurde »nur« mit dem Kopf an die Wand geschlagen – und kam mit einer Riesenbeule hierher nach Deutschland. Er kam mit dem Flugzeug. Noch in Athen hatte ihm eine somalische Familie ermöglicht, mit einem Verwandten in den USA zu telefonieren. Der schickte Geld nach Griechenland, damit Ali sich Flugticket und gefälschte Papiere besorgen könne, um dann zu ihm zu kommen. Doch auch der nächste Schlepper dachte nur ans Geld und machte einfach halbe Arbeit: Er kaufte Ali ein Ticket nach München und sagte dem Jungen, dass von dort sein Weiterflug in die USA gehen würde. Aber ein Weiterflugticket hatte Ali nicht.

Und dann ging es um die Hintergründe seiner Verfolgung. Der Beamte fragte, wie denn der Alltag in Somalia so gewesen sei.

»Normal«, antwortete Ali.

»Normal?«, fragte der Beamte, »was heißt denn normal? Man hat doch angeblich deinen Bruder und deine Schwester umgebracht?!« »Ja, ja«, sagte Ali. »Aber das ist doch ganz normal in Somalia. Den meisten passiert das.« Und ich dachte bei mir, als ich das übersetzte: Ja, genau, es ist völlig normal für uns. »Es ist normal, täglich über Leichen zu steigen«, sagte Ali, »anfangs haben wir noch versucht, die Leichen zumindest mit Erde zu bedecken; doch es waren so viele und weil alles zur Gewohnheit wird, ist das heute eben ganz normal.« Aber kann das ein deutscher Beamter je verstehen, dass es völlig normal sein kann, wenn rund um dich herum Menschen einfach ermordet werden, tagtäglich?

Dann fragte der Beamte: »Und wie war das zum Beispiel mit dem Einkaufen? Konntet ihr normal einkaufen gehen?« Und Ali sagte ganz cool: »Klar. Du musst halt nur dafür sorgen, dass du genug Geld dabei hast, wenn die Räuber dich überfallen. Dann musst du mit dem Geld den Räuber beruhigen, damit der dich nicht umbringt. Du musst immer Geld für die Räuber dabei haben, wenn du rausgehst, damit sie dich in Ruhe lassen.«

Und dann eine weitere Standardfrage aus dem Fragebogen: »Wie sind deine Familienverhältnisse? Wart ihr wohlhabende Leute?« Ali sagte mit weit aufgerissenen Augen: »Wohlhabend? Nein, dann wäre ich nicht hier. Dann könnte ich mir eine eigene Bande kaufen, Bodyguards, dann wäre ich beschützt. Dann müsste ich doch nicht fliehen ...!« Und wieder dachte ich mir: Ja, auch das ist eben völlig normal in Somalia, dass man sich Meuchelmörder kauft, die einen beschützen. Sonst lebst du eben nicht lang.

Alis Befragung dauerte Stunden. Er hatte Vertrauen zu mir und antwortete offen und nach bestem Wissen und Gewissen. Schließlich kamen wir zur letzten Frage: »Gibt es etwas, was wir sonst noch für dich tun können?« Ali sah mich verwundert an. Er verstand die Frage nicht. Und ich rollte innerlich die Augen, denn ich finde diese Standardfrage einfach unsinnig, sie sollte besser aus dem Fragebogen entfernt werden. Die somalischen Flüchtlinge wissen nichts damit anzufangen.

Menschen wie Ali, die nur eine Gesellschaft voller Gewalt und Krieg kennen, haben niemals gelernt, Wünsche zu äußern – ganz zu schweigen davon, dass die dann auch respektiert würden. Sie kennen es nur so, dass ihnen genommen, aber nie gegeben wird. Deshalb würden sie auch niemals von sich aus etwas erbitten, Wünsche oder Verlangen äußern, sagen, dass sie Hunger haben. Auch Nein sagen, Grenzen setzen ist schwer für sie, weil unbekannt. Und deshalb kommen dann auf diese Frage auch ganz verwunderte, unrealistische Antworten. Ich erinnere mich, wie ein Flüchtling sagte: »Ich wünschte mir, dass ich ohne die Kugeln in meinem Bein und meinem Kopf aufwache.« Die meisten wollen ihre Familien wiederhaben oder Menschen, die im Krieg ums Leben gekommen sind – als ob Deutschland das leisten könne. Und auch Ali sagte auf die Frage hoffnungsvoll: »Ich hätte so gerne meine Familie zurück und eine Wohnung, in der wir alle in Frieden leben können.« Ich erklärte Ali dann, dass das nicht ginge, dass er aber Schuhe, Jacke, warme Kleidung bekommen würde, dass er einen Deutschkurs machen könne und wie das Schulsystem hier funktioniert; aber ihm seine Familie zurückgeben, das könne hier keiner. Und eine Wohnung habe er ja jetzt erst einmal in dem Jugendwohnheim. Ali nickte – leise enttäuscht. Er hatte jetzt verstanden, wie die Frage gemeint war. Und so ging seine Befragung zu Ende.

Ab jetzt hieß es: warten. Wochenlang warten auf die Entscheidung: Würde Alis Asylgesuch anerkannt oder abgelehnt werden? Zum Abschied machte ich Ali Mut; wie immer würden wir ja weiterhin im Telefonkontakt bleiben. Dann fuhren wir mit der S-Bahn in entgegengesetzte Richtungen davon: er zurück in sein Jugendwohnheim und ich nach Hause. Auf dem Heimweg resümierte ich: Es war eine gute Befragung gewesen. Auch wenn es für keinen von uns leicht war, Alis Schilderungen seiner grausamen Erlebnisse zu ertragen.

BERUFUNG: BRÜCKEN BAUEN

Auch Dolmetscher und Entscheider müssen lernen, ihre Seele zu schützen. Sie dürfen die geschilderten Gräueltaten nicht zu nah an sich heranlassen, sonst ist eine vernünftige Arbeit nicht möglich. Ich habe höchsten Respekt vor Beamten, die über die Jahre ihrer Tätigkeit offen, menschlich, halbwegs mitfühlend und geduldig bleiben im Umgang mit Asylbewerbern und die deren Erzählungen nicht gleich innerlich in die Schublade mit der Aufschrift »Ammenmärchen« stecken, um so die Dinge nicht an sich heranlassen zu müssen und den Fall schnell vom Tisch zu haben. Diese Menschen haben meine Hochachtung, denn sie wägen ihre Entscheidung über ein Menschenleben sorgsam ab und machen es sich nicht leicht damit – egal, ob es ein positiver oder negativer Bescheid wird. Sie nutzen dann oft wirklich alle ihnen zur Verfügung stehenden Quellen, um die Asylanträge zu prüfen – Länderberichte vom Auswärtigen Amt, Datensammlungen, Presseberichte, Einschätzungen von Menschenrechtsorganisationen wie Amnesty International. Sie prüfen die Lage in den Herkunftsländern genau und versuchen, dem Menschen vor sich Gerechtigkeit widerfahren zu lassen, sie nehmen ihn ernst.

Leider sind bei weitem nicht alle Entscheider so. Sie sind eher in der Minderheit. Ich erlebe in meiner täglichen Arbeit als Dolmetscherin fürs Bundesamt für Migration und Flüchtlinge (BAMF) auch das andere Extrem: Entscheider, die völlig unbeteiligt Dienst nach Vorschrift tun und nicht einmal das: Beamte, an denen die Schilderungen der Schutzsuchenden abprallen wie Tropfen auf einem Regenschirm, oder Beamte, denen man es schon zu Beginn der Befragung ansieht, wie der vor ihnen sitzende »Fall« (nicht Mensch) sogleich in die Schublade mit der Aufschrift

»Erstunken und erlogen« wandert. Da kann ich dann oft schon vorhersagen, wie dieser »Fall« beurteilt wird – Ablehnung des Asylantrags. Die weitaus meisten Entscheider aber liegen im Mittelfeld zwischen den Extremen; sie nehmen ihre Aufgabe zwar ernst, vertiefen sich aber nicht zu sehr in die Angelegenheit, sondern verrichten ihre Arbeit als routinierte Sachbearbeiter, denn sie stehen auch unter politisch gewolltem Druck, möglichst wenige Asylsuchende ins Land zu lassen. Diesen Menschen bleibt Afrika dann auch meist relativ fremd.

Es erstaunt mich immer wieder, dass oft von Behördenseite entschieden wird, togolesische und somalische Asylsuchende in einem Raum unterzubringen, einfach weil beide aus Afrika kommen und schwarz sind. Dabei isst der eine, weil er Christ ist, Schweinefleisch. Der andere aber, ein Muslim, kann das nur schwer ertragen. Oder der Muslim will beten und hat dafür eigens seinen Gebetsteppich ausgebreitet und der andere latscht aus Unachtsamkeit oder Unwissenheit mit seinen Schuhen drüber. Viele Behördenmitarbeiter wissen es eben nicht besser und denken, Afrikaner seien mehr oder weniger alle gleich. Deshalb werde ich auch nicht müde, dafür zu plädieren, viel mehr interkulturelle Schulungen in Ausländerbehörden oder dem BAMF zu veranstalten, denn woher sollten es die Beamten sonst lernen? Europäer sind doch auch nicht alle gleich. Zwischen Italien, Russland und Schweden gibt es viele kulturelle Unterschiede. Und wenn man mit Ausländern arbeitet, muss man diese kulturellen Unterschiede kennen – davon bin ich fest überzeugt. Deshalb betreibe ich auch nebenbei unermüdlich »Aufklärung«; zum Beispiel, wenn mich ein Beamter aus höflichem Interesse fragt: »Wie ist es denn so bei Ihnen in Afrika?« Dann bleibe ich freundlich und sage lachend: »Weiß ich nicht. ICH kenne nur Somalia.« »Sie können doch bestimmt viele afrikanische Sprachen?« »Nein«, sage ich dann, »vermutlich ebenso wenig, wie Sie viele europäische können. Oder sprechen Sie Finnisch, Tschechisch und

Spanisch?« Natürlich bleibe ich augenzwinkernd höflich dabei. Die Menschen meinen es ja auch freundlich und interessiert, sie wissen es einfach nicht besser. Zwischen den Menschen und Kulturen Brücken zu bauen – darin sehe ich meine Berufung. Und das ist die Essenz meiner Aufgabe als Kulturdolmetscherin. Meine Berufung ist mein Beruf geworden. Ich sage das voller Stolz, denn es ist nicht selbstverständlich für eine Nomadin aus Somalia, in Deutschland einen Beruf zu haben. Und bis ich endlich die Ausbildung zur Kulturdolmetscherin für mich entdeckte (oder vielmehr sie mich entdeckte), habe ich eine Odyssee kreuz und quer durch die Arbeitswelt gemacht, ich war eine Job-Nomadin.

Als ich 1977 das erste Mal nach Deutschland kam, war ich zwölf Jahre alt. Ich blieb ein paar Monate, dann kam ich mit 16 noch einmal hierher. Eigentlich gehören Kinder in diesem Alter in die Schule, doch ich hatte dieses Glück leider nur in Somalia, nicht in Deutschland. Ich war zwar der privilegierte Schützling meines Onkels aus dem damals regierenden Familienclan in Somalia. Und ich kam hierher nach Deutschland, um von meinen starken rheumatischen Leiden geheilt zu werden. Aber ich war bei meiner Gastfamilie in Deutschland, der Familie des damaligen somalischen Botschafters, nur wohlgelitten; gekümmert hat sich niemand um mich oder meine Schulbildung. Ich lernte sehr schnell Deutsch, aber eine klassische Schulausbildung oder einen Abschluss hatte ich nicht. Und dann spülte das Leben mich darüber hinweg: Mit 18 lernte ich meinen Mann Walter kennen, wurde Mutter unseres anfangs sehr betreuungsintensiven Sohnes und so blieben mir dann, als ich ab 1994 wieder arbeiten konnte, die klassischen Teilzeit- und Aushilfsjobs, die eine Hausfrau und Mutter – ungelernt noch dazu – eben nebenbei so macht: Ich arbeitete als Aushilfe im Drogeriemarkt, im Supermarkt oder im Kaufhaus, ich hatte Putzstellen, verrichtete Ablagearbeiten in einem Büro, arbeitete als Küchenhilfe, als Helferin in einer Buchdruckerei, im Kindergarten und in einer Metzgerei. Gerade an die Metzgerei denke ich nicht gerne zurück. Ich weiß gar nicht, wie ich es überhaupt sechs Wochen lang dort ausgehalten habe, aber ich wollte eben arbeiten, selbst mein Geld verdienen und eine Aufgabe haben. Wochenlang stand ich in einem kalten dunklen Raum ohne Fenster und verpackte Fleisch. Um mich herum hingen, standen, lagen nur große und kleine Fleischstücke. Die Verpackungsmaschine, die ich mit den Fleischstücken fütterte, stöhnte tagaus, tagein ihr »Pfff – schsch – pfff – schsch« und irgendwann fühlte ich mich nur noch wie ein Monster. Ich sah mich um und sah in die Gesichter der anderen müden Menschen um mich herum, sah den Chef an und dachte nur: »Nein, nein, ich muss etwas anderes finden.« Ich musste hier raus.

Meine schönste Zeit war dann die im Kindergarten. Auch hier war ich als Helferin beschäftigt, diesmal in der Küche. Das Essen wurde angeliefert, ich musste es nur noch auspacken und verteilen. Die Kinder liebten mich heiß und innig, sie wollten ständig zu mir. Alle wollten meine krausen Locken streicheln. Einmal kam ein trauriges Kind zu mir und sagte: »Wenn ich deinen Kopf streichle, geht es mir gleich wieder gut.« Bis heute ist es so, dass Menschen meine Haare anfassen und mir einmal über den Kopf streichen wollen. Ich bin zwar kein Hund, aber ich lasse es zu. Mit den Kindern hatte ich viel Spaß. Die, die behaupteten: »Iiiih, wenn ich Salat esse, muss ich kotzen!«, konnte ich zu richtiggehenden Salat-Freaks erziehen. Ich erklärte ihnen: »Ihr habt lauter kleine Soldaten im Körper, die machen, dass ihr keinen Schnupfen bekommt, sie kämpfen gegen die bösen Schnupfen-Eindringlinge. Und das Einzige, was sie zur Verteidigung brauchen und womit ihr ihnen helfen könnt, ist das Grünzeug.« Das wirkte. Ich hatte die Kinder so lieb und sie machten mir auch die tollsten Liebeserklärungen: »Du, Fadumo, wenn ich mal groß bin, will ich dich heiraten!« »Ja«, sagte ich, »aber dann bin ich doch alt!« »Macht nix«, strahlte der Knirps, »dann bin ich ja auch alt!«

Ich war so beliebt, dass man mir einen Fortbildungskurs vorschlug, damit ich als Hilfserzieherin arbeiten konnte, eben mit den geliebten Kindern, nicht mehr nur in der Küche. Ich wollte so gerne, scheiterte aber sofort an meiner nicht vorhandenen Schulbildung. Erfahrungen zählen nicht. Ohne Papiere ginge da gar nichts, sagte man mir. Ich ging von Pontius zu Pilatus, fragte, erkundigte mich, nichts zu machen. Ich wandte mich sogar an die Volkshochschule und fragte, ob ich nicht mit meinen Erfahrungen eine Art Crashkurs machen könnte oder ein Zertifikat über mein nachweisliches erzieherisches Können. Unmöglich, hieß es da, mindestens den Hauptschulabschluss müsse ich nachholen. Und das mit 35. Ich war ratlos und traurig. Damals habe ich den Spruch für mich geprägt: »Ohne Schein nichts sein« – und blieb Küchenhilfe. Dann kam der Anruf einer Kollegin. Sie erzählte mir von einem Doktor der Kinderpsychiatrie, der erst kürzlich einen Verein ins Leben gerufen hatte, das Bayerische Zentrum für transkulturelle Medizin e.V. Hier suchte man nun Menschen aus anderen Ländern und Kulturen für eine spezielle Ausbildung: Sie sollten lernen, Brücken zu bauen zwischen den hiesigen Ärzten und denjenigen Patienten, die aus ganz anderen Kulturkreisen kommen. Eine intensive Ausbildung zur multikulturellen Dolmetscherin, das sei doch genau mein Ding, meinte die Kollegin. Auch wenn ich dann damit immer noch nicht im Kindergarten arbeiten könnte, so könne ich doch für Menschen aus meiner Kultur übersetzen. Es war damals die Zeit – Mitte der 90er-Jahre –, als man in wissenschaftlichen Kreisen immer mehr zu begreifen begann, dass Menschen aus anderen Kulturkreisen zum Beispiel andere Schmerzen empfinden, anders krank sind als Menschen hier. Dass sie ihre Schmerzen anders beschreiben und benennen. So wie bei uns in Somalia eben die Liebe nicht durch den Magen geht oder im Herzen sitzt, sondern in der Leber. Allmählich begann man zu verstehen, dass man Menschen aus anderen Kulturen ganzheitlich verstehen müsse und dass es nicht nur darum gehen könne, ihre Sprache wortwörtlich zu übersetzen, sondern dass man ihre Emotionen berücksichtigen müsse, ihr kulturelles System, ihre Geschichte, ihre Prägung, ihre Religion. Dass ein männlicher deutscher Arzt, der einer jungen muslimischen Frau sagt, sie müsse sich für eine Untersuchung ausziehen, ihr Schamgefühl oder ihre religiösen Überzeugungen verletzen würde, kann er ja nicht unbedingt wissen. Eine ausgebildete »kulturelle Brückenbauerin« würde es ihm aber klarmachen. Umgekehrt könne so eine kulturelle Übersetzerin aber vielleicht auch der jungen Frau die Angst nehmen, indem sie ihr klarmacht, dass es keine Rolle spielt, ob der Arzt ein Mann ist oder eine Frau, einfach, weil er hier nur in der geschlechtslosen Rolle des Mediziners vor ihr stehe.

Ich war sofort Feuer und Flamme und wusste instinktiv, das war genau meine Sache, das war mein Weg. Ich spürte auf einmal wieder meine ganze Energie, die die letzten Jahre in mir weggesperrt war. Ich wusste gar nicht mehr, dass sie noch da war. Zwischen 1991 und 1996 hatte ich gut funktioniert. Ich war beschäftigt mit meiner Familie, meinen Jobs, meinem Alltag. Und ich war sehr damit beschäftigt, es immer allen recht zu machen. Ich wollte, dass man mich lieb hat und dass die anderen sehen, wie ich das alles schaffe. Und dabei hatte ich mich selbst völlig übersehen. Hatte übersehen, dass ich mich nicht ständig abrackern musste, damit die anderen mich gut finden. Das war fatal, denn ich wusste damals noch nicht, dass ich in erster Linie mir selbst etwas Gutes tun müsse, um für andere Gutes tun zu können. Und so war ich, ohne es zu merken, in ein Karussell geraten, das sich immer schneller drehte – auf meine Kosten. Ich wurde durch die viele Belastung immer dünner und rutschte ins Untergewicht: Ständig war ich beschäftigt, schön zu putzen, schön zu kochen, es anderen schön zu machen und nicht auf mich zu achten. Und dann – es war zu der Zeit, als ich diese Enttäuschung mit dem Kindergarten erlebte und schon bei 45 Kilo angekommen war – drehte sich das Karussell nicht mehr. Es muss wohl eine Schraube rausgefallen sein. Jedenfalls hakte es urplötzlich im Getriebe und ich dachte mir: »Hallo Fadumo! Ist das jetzt wirklich alles? Kommt da nichts mehr? Bleibt das Leben jetzt immer so?«

Diese Fragen haben mich tief getroffen: Wie konnte mein Gehirn solche Fragen stellen, wo ich doch so toll funktionierte? Ab da brachen in mir alle Dämme: Die lang zurückgedrängte Energie bahnte sich ihren Weg nach draußen, mein Gefühl des Ferngesteuertseins wandelte sich in eine echte Perspektive, mein Fremdsein hatte einen Sinn bekommen: Ich würde Kulturdolmetscherin werden. Es war, als wäre ich nach langer Zeit endlich wieder eins mit mir selbst, ich fühlte mich mit jeder Faser meines Körpers im Einklang. Bislang hatte ich drei Eigenschaften an mir immer als Nachteil empfunden: schwarz zu sein, behindert zu sein und eine Frau zu sein. Und plötzlich waren genau das meine Vorteile! Denn ich wusste, was es heißt, anders zu sein, sich allein in der Fremde zu fühlen, fehl am Platze – und: versehrt. Genau dieses Wissen und Fühlen konnte ich in meine Ausbildung zur Kulturdolmetscherin einbringen. Es gab mir einen so gewaltigen Stoß, dass ich förmlich ins Rollen geriet. Und ich glaube: Ich rolle noch heute!

Aber ich musste auch aufpassen, dass ich meine nächsten und liebsten Menschen vor lauter Euphorie, Energie und Enthusiasmus nicht überrollte. Diese Gefahr war durchaus da. Für unsere Ehe, für unsere Familie war meine Ausbildung eine große Belastung. Plötzlich stand ich tage- und wochenweise nicht mehr zur Verfügung, ich musste drei bis vier Tage am Stück zu Seminaren in ganz Deutschland reisen und das über mehrere Monate verteilt immer wieder. In dieser Zeit musste mein voll berufstätiger und in drei verschiedenen – teils extrem späten – Schichtdiensten arbeitender Mann den Alltag organisieren und den Haushalt schmeißen: putzen, waschen, kochen, bügeln, einkaufen. Jetzt musste er Jama Philip zur Schule bringen, auch wenn er gerade erst von seinem Nachtdienst bei der »Süddeutschen Zeitung«

heimgekommen war. Und selbst wenn ich zu Hause war und in München Kurse und Vorträge besuchte, war das so, denn ich musste ja lernen. Das fiel mir anfangs mit meinen 35 Jahren nicht leicht, ich war Lernen ja nicht mehr gewohnt. Walter hatte drei Monate lang keinen freien Tag, er war immer fürs Kind da und wenn ich an den Wochenenden wieder ganztags in intensiven Blockseminaren verschwand und Walter in der Redaktion, dann wurde unser Sohn an unsere Freundinnen und Nachbarinnen im Haus weitergereicht, die sich rührend um ihn kümmerten.

Diese wunderbare Hausgemeinschaft – oder besser Hausfamilie – war in dieser Zeit eine unschätzbare Hilfe für uns; ich erinnere mich, dass ich abends, wenn ich vom Unterricht völlig erschöpft und todmüde nach Hause kam, sogar etwas Warmes zum Essen vorfand, das die Hausfamilie für uns mitgekocht hatte. Das ist echte Nachbarschaft und Freundschaft: bei Krankheit, Belastung und Not zu helfen. In der Zeit meiner Ausbildung litt die ganze Familie unter der starken Mehrbelastung und es war schwer, aus der eingefahrenen Rolle herauszukommen, die ich als Frau völlig automatisch übernommen hatte. Jetzt, wo ich plötzlich etwas für mich tat, musste ich auch Federn lassen – und wir alle mussten uns zusammenreißen. Aber unsere Familie emanzipierte sich gemeinsam. Und mein Mann Walter unterstützte mich, wo er konnte, und förderte meine Pläne, auch wenn es für ihn bedeutete, zurückstecken zu müssen. Er wusste aber auch: Wenn es mir mit meiner Berufung gut gehen würde, würde es uns allen gut gehen. Wir schafften es, uns vorzustellen, dass es nur eine Stufe ist, die wir nehmen mussten, um gemeinsam einen Schritt höher zu kommen. Und so funktionierte es auch. Wir alle haben diese Zeit durchgestanden und ich habe dadurch zu einer neuen Art des Lebens gefunden: zu einem ungekannten Selbstwertgefühl und stolzen Selbstbewusstsein – als Frau, als schwarze Frau, als behinderte schwarze Frau. Ich war endlich aufgewacht.

TAGE KÄLTER ALS DER KÜHLSCHRANK

Irgendwann hatte ich dann endlich mein Papier in der Tasche – es kam uns vor wie Jahre später, dabei waren es eigentlich nur drei intensive Monate. Doch es hatte sich so viel für uns geändert. Aus »Ohne Schein nichts sein« wurde »Mit Schein setz ich mich ein«. Mein Alltag als Kulturdolmetscherin begann, eine Aufgabe, die mich bis heute erfüllt. Ich wurde und werde von der Ausländerbehörde oder dem BAMF als Übersetzerin angefragt, immer dann, wenn es um somalische Flüchtlinge geht: bei Arztterminen, Untersuchungen im Gesundheitsamt, Befragungen bei der Ausländerbehörde oder bei Gerichtsverhandlungen. Als Dolmetscherin bin ich nicht nur eine Art Durchlauferhitzer für Sprache, ich muss ja vor allem auch unbekannte Systeme erklären und fremde Kulturen in die eine oder andere Richtung vermitteln. Das ist anstrengend, belastend, aber unglaublich bereichernd und mitunter auch sehr komisch. Es passiert mir oft, dass ich mit Flüchtlingen, die nach den vielen Gewalt- und Kriegserlebnissen in ihrer Heimat traumatisiert sind und psychosomatische Beschwerden haben, beim Arzt bin. Viele fassen sich dabei an den Magen und sagen: »Mein Herz tut mir weh« oder »Meine Seele tut mir weh«. Denn die Seele sitzt bei uns in Somalia im Magen, so wie die Liebe in der Leber. Und der Arzt sagt dann: »Das kann nicht das Herz sein, denn das sitzt viel höher.« »Na ja«, kommt prompt die Reaktion, »dann ist es wohl die Leber, die mir weh tut.« Und schon sind wir mittendrin in der kulturellen Übersetzung. Oft holt der Arzt dann ein Anatomiebild des Menschen und erklärt die Organe, woraufhin meine

Schützlinge regelmäßig in Panik verfallen: »O Gott, was ist da alles drinnen?! Rutscht das denn nicht durcheinander?! Oder fällt das alles nicht durcheinander, wenn ich hüpfe oder stolpere?« Und dann muss ich trotz der großen inneren Trauer wegen des Traumas in einen erlösenden Lachkrampf ausbrechen. »Halt!«, rufe ich dabei in die Runde. »Moment mal, ich muss erst mal was erklären. Dieser Mensch hat noch nie so eine Zeichnung mit inneren Organen gesehen.« Und dann erklärt der Arzt: »Keine Sorge, hier hängt alles fest, nichts kann verrutschen.« Aber eingezeichnet ist ja tatsächlich nichts auf den Plakaten – eine verständliche Reaktion also für jemanden, der zum ersten Mal ein Bild des menschlichen Körperinneren sieht. Ich erkläre den Patienten dann immer geduldig, dass das ein guter Arzt ist, der nun die inneren Organe gründlich untersuchen wird – von außen und vielleicht auch durch eine Blutabnahme.

Das ist wieder so ein Thema. Ich muss genau erklären, warum es nötig ist, Blut abzunehmen. Bei Ali, dem minderjährigen Flüchtling, war es auch so. Routinemäßig gibt es beim Gesundheitsamt eine verpflichtende Blutuntersuchung zu Beginn des Asylantrags. Ali war misstrauisch – wie alle seine und meine Landsleute aus Somalia: »Wofür brauchen die das, Fadumo? Wollen sie mein Blut verkaufen?« Und ich beruhigte Ali: »Nein, es geht nur um deine Gesundheit. Das Blut wird vom Körper wieder neu gebildet.« Und umgekehrt erklärte ich dem Arzt, dass die Menschen in Somalia glauben, dass das Blut dann dem Körper unwiederbringlich fehle und dass jeder Somali Angst vor Blutverlust hat. Man muss es den Menschen nur erklären – beiden Seiten –, um ihnen Angst und Vorurteile zu nehmen. Meistens genügen wenige erklärende Worte, um Vertrauen herzustellen: die Basis für jede gute Zusammenarbeit. Oft kommt bei solchen Arztterminen gar nichts heraus und die Flüchtlinge sind dann fast enttäuscht, weil sie auch keine Zuwendung mehr erfahren. Sie sind körperlich in Ordnung, aber ihre

Seele ist kaputt, das verursacht die psychosomatischen Symptome.

Aber für die Seele eines Flüchtlings wird hier nicht gesorgt. Dafür sind später andere Ärzte zuständig. Im Asylverfahren gibt es nur eine elementare medizinische Grundversorgung, um zum Beispiel ansteckende Krankheiten wie HIV, Hepatitis oder Syphilis festzustellen oder sie auszuschließen, und das schließt eine psychologische Behandlung oder eine Traumatherapie nicht mit ein. Auch keine sonstigen vermeintlichen »Extras«. Ich hatte einmal für eine junge Frau übersetzt, die kaum mehr gehen konnte. Ihre Hüfte war verschlissen, sie hätte dringend eine Hüftoperation gebraucht, die sie aber wegen der hohen Kosten nie bekommen würde. Es gehört zu meinen bitteren Momenten, ihr erklären zu müssen, dass Deutschland ihr nicht das Bein operiert, weil das zu teuer ist. Es ist auch frustrierend zu sehen, wie oft an der falschen Stelle gespart wird, weil nicht rechtzeitig ein Dolmetscher eingeschaltet wird. Einmal wurde ich zu einem Arzttermin gerufen, der offenbar zum dritten oder vierten Mal stattfand; eine somalische Frau war sehr besorgt und völlig durcheinander, denn man hatte ihr bei den vorhergehenden Arztterminen ohne Dolmetscher auf verschiedenen Sprachen und mit Händen und Füßen zu erklären versucht, dass sie eine Gebärmuttersenkung habe. Sie hatte nur einen Bruchteil davon verstanden und war nun ganz verzweifelt darüber, dass ihr die Gebärmutter bald herausfallen würde. Um das endlich zu klären, wurde ich eingeschaltet.

Ein anderer Flüchtling, bei dem die nicht gefährliche Hepatitis-Variante diagnostiziert worden war, verstand ebenfalls ohne Dolmetscher nur bruchstückhaft und dachte, er habe sich mit HIV infiziert. Und so wurde er zu Recht panisch und ging wieder zum Arzt, der ihm aber nicht helfen konnte, denn der Junge hatte ja gar kein AIDS. Wenn man am Dolmetscher spart, gehen solche Patienten eben fünf Mal zum Arzt und das kostet die Kommunen dann mehr, als wenn einmal eine vernünftige Untersuchung mit guter Übersetzung stattgefunden hätte. Das spart auch Kosten, aber in den Behörden heißt es immer: »Wir haben kein Geld für Dolmetscher.« Die Beamten werden letztlich aber nicht drum herumkommen. Oft wird beispielsweise in den Behörden angenommen, die Somalier sprächen arabisch und dann schaltet man den billigeren, weil behördeneigenen Dolmetscher für Arabisch ein. Aber nur eine kleine Minderheit in Somalia spricht tatsächlich arabisch, die meisten können nur ein paar Suren aus dem Koran, die sie auswendig gelernt haben. Folglich werden sich die Menschen nicht verstehen, der vereinbarte Termin muss zwangsläufig vertagt und ein somalischer Übersetzer bestellt werden, und das alles hat nur Zeit, Geld und Nerven gekostet, die man sich hätte sparen können, wenn man gleich gründlich mitgedacht hätte.

Diese Kurzsichtigkeit der Behörden bei der Betreuung von Flüchtlingen ist mir völlig unverständlich. Ich habe oft erlebt, dass Kinder von Asylbewerbern in Sonderschulen landen, die viel Geld kosten, weil sie die Sprache nicht können. Dabei ist das meist völlig unsinnig, denn hätten sie rechtzeitig – gleich von Beginn des Aufenthalts der Familie in Deutschland – einen vernünftigen Sprachkurs bekommen, hätte man sich später die speziellen Betreuer, das Jugendheim, das Pflegeheim und schließlich die Sonderschule sparen können. Das kostet dann nämlich richtig Geld! Flüchtlingskinder bekommen zwar im Kindergarten des Asylheims einen Sprachkurs, doch der ist eher eine halbherzige Verlegenheitslösung. Bei einem Besuch in einem solchen Kindergarten war ich entsetzt: Die Lehrerin begrüßte mich freundlich und auf meine Frage, was sie denn heute so machen würde mit den Kleinen, antwortete sie: »Por Sochen holt und so ...« Ich verstand sie nicht. Sie konnte kein richtiges Deutsch, sie war auch eine Migrantin, wie sich dann herausstellte. Was sie mir sagen wollte, fand ich nach mehrmaligem Nachfragen heraus: »Ein paar Sachen halt und so.« Es ist völlig klar, dass Kinder von Asylbewerbern auffällig werden müssen, denn ihre Sprachlosigkeit von Anfang an und die später daraus folgenden Probleme verbauen ihnen die Zukunft. Nur unbegleitete Minderjährige wie Ali bekommen sofort einen erstklassigen und intensiven Deutschkurs. Da sie meist nur noch ein paar Jahre bis zur Volljährigkeit haben, sollen sie schnell in der Lage sein, eine Aus- oder Weiterbildung zu machen.

Müsste ich meinen Alltag als Dolmetscherin mit einer typischen Geste beschreiben, so wäre es: Kopfschütteln. Inneres Kopfschütteln über so viele Dinge in der Flüchtlingsbetreuung, die schieflaufen und über die ich Bände schreiben könnte mit dem Titel »Abenteuer aus Absurdistan« – doch dabei spielt das alles nur in München. Ein Klassiker ist zum Beispiel das Problem mit dem Hygiene-Paket, das jeder Flüchtling als Erstversorgung erhält: Dabei wird ihnen ohne Dolmetscher erklärt, wie man die Flüssigseife benützt; doch dann kann es vorkommen, dass sie die Seife als Hautcreme verwenden und sich das Zeug ins Gesicht reiben. Wenn sie bei einem Arztbesuch Kopfschmerztabletten, Mittel gegen Fieber oder Durchfall erhalten, wird das den Menschen auch oftmals nur mit einer lauten – und damit vermeintlich deutlichen – Erklärung auf Deutsch in die Hand gedrückt; und kaum einer traut sich nachzufragen. Die Menschen werden dann mit der Medizin alleingelassen – und so kann es niemanden verwundern, wenn plötzlich ein Flüchtling mit schlechten Blutwerten zum Arzt kommt, weil er die Erklärungen missverstanden hatte, den Beipackzettel nicht lesen konnte und einfach jeden Tag Paracetamol einnahm. Die Vergiftungsgefahr ist unter solchen Umständen riesig – dabei könnte man all das verhindern, wenn es gleich zu Beginn eine gute, sensible Übersetzung gegeben hätte, die den Gebrauch dieses Medikamentenpakets wirklich verständlich erklärt hätte.

Aber dann kommt die typische Geste der anderen Seite: Schulterzucken bei den Sachbearbeitern – soll heißen: Kein Geld dafür da.

Und dann – wenn was schiefgeht – muss ja doch ein Dolmetscher ran. Neulich wurde ich zu einer jungen somalischen Frau ins Flüchtlingsheim gerufen. Sie war gerade Mutter geworden. Niemand hatte ihr erklärt, wie man hier ein Baby pflegt. Abgesehen davon sind die hygienischen Bedingungen in den Asylbewerberheimen oft katastrophal. Die Frau lebte in einem Heim mit einer Gemeinschaftstoilette für 100 Menschen. Sie hatte Babyflaschen und Nuckel bekommen, kannte aber so etwas nicht aus Somalia und wusste nicht, dass man den Nuckel auskochen muss. Sie wusch ihn einfach ab und bewahrte ihn dann in der Flaschenschachtel auf. Das Baby hatte daraufhin einen Pilzbefall im Mund- und Rachenraum und an den Genitalien bekommen; natürlich war die junge Mutter verzweifelt darüber. Also machte ich kurzerhand einen Crashkurs in Säuglingspflege mit ihr, zeigte ihr, wie man hier bei uns ein Baby pflegt: dass man es nicht mit Seife schrubbt, weil Babys hier in der Regel nicht schwitzen – anders als in der Hitze Afrikas –, dass man es eincremen muss, weil die Luft hier viel trockener ist und das Wasser viel mehr Kalk enthält. Sie hatte keinen Wäscheständer, also hängte sie die frischgewaschene, nasse Babywäsche rund ums Bettchen herum zum Trocknen auf – die einzige Möglichkeit in ihrem kargen Zimmer. Aber davon kann das Baby doch krank werden, erklärte ich ihr. Flugs organisierte ich also für sie einen Wäscheständer, ein Bügelbrett und einen anständigen Kinderwagen – denn was ihr zur Verfügung gestellt wurde, waren 52 Euro, die gerade für einen Buggy aus dritter Hand reichten, klapprig und total abgenützt. Aber ein Buggy ist doch nichts für einen Säugling! Dann konnte ich noch in einer rasch zusammengetrommelten Spendensammelaktion eine Waschmaschine für sie organisieren. Dieses hilflose Ausgeliefertsein frustriert mich erst, dann macht es mich wütend und dann muss ich einfach handeln.

Auf der anderen Seite muss ich mir von meiner somalischen Verwandtschaft immer wieder am Telefon die verwunderte Frage anhören: »Was – ihr habt kein eigenes Haus?! Du wohnst *zur Miete*?!« Ja, wenn man Geld verdienen will zum Häusle-Bauen, sollte man was anderes machen als Kulturdolmetschen und unbürokratisch Helfen ... Oft ist es so, dass ich zwar für eine offiziell gebuchte, amtliche Übersetzung meine 30 Euro bekomme, aber 20 Euro davon gleich wieder für die Flüchtlinge hergebe. Gerade für die, die wirklich gar nichts haben – wie zum Beispiel ältere Frauen, die kein Geld für Medikamente haben. Dann schaue ich in mein Portemonnaie und gebe, was ich entbehren kann. Oder kaufe ihnen eben Sachen, wenn ich sie nicht von irgendwoher schnell gebraucht organisieren kann. Das Wichtigste ist nicht das Geld, es ist die Zuwendung, das offene Ohr, den Menschen ernst nehmen, der hier »angespült« wurde, mit ihm reden und ihm diese fremde Welt erklären. Und zwar auch ohne exotische Sprachkenntnisse – einfach mit der Sprache des Herzens.

Ein Mensch, der das in besonderer Weise kann, ist Mama Lisa. Eigentlich heißt sie Elisabeth Ramsewz und ist nicht viel älter als ich – trotzdem nennen sie alle Mama Lisa. Sie arbeitet für die Innere Mission in einem Münchner Flüchtlingsheim und spricht neben ihrer Muttersprache Deutsch nicht nur Französisch und Englisch, sondern auch eine besonders faszinierende Sprache, die viele Menschen eben nicht beherrschen: die Sprache der Menschlichkeit, der Wärme und Zuversicht. Mama Lisa schafft es, einem frisch angekommenen Flüchtling zu vermitteln: Es wird schon alles gut gehen. Und erstaunlicherweise schafft sie das auch: Mama Lisa legt sich nicht nur mit deutschen Behörden an, sondern auch mit anderen EU-Behörden, wenn es zum Beispiel darum geht, eine Familienzusammenführung von Flüchtlingen über Ländergrenzen hinweg zu ermöglichen. Es liegt einfach in ihrer Natur, dass sie so etwas ganz selbstverständlich schafft. Mama Lisa spricht auch noch eine andere Sprache: die der Trommel. Sie hat eigens für Flüchtlinge eine Trommlergruppe ins Leben gerufen, denn sie weiß: Nichts hilft Menschen aus Afrika, die sich hier verloren und fremd fühlen, mehr als Musik und Rhythmus aus der Heimat. Sie schlagen die Trommeln und vergessen für ein paar Stunden ihre Sorgen. Dieses Projekt wurde anfangs stark belächelt und abgetan mit den unausgesprochenen Worten »Na ja, schon wieder so eine, die meint, alles besser zu wissen und zu können ...« Aber mittlerweile hat sich Mama Lisas Konzept durchgesetzt und der Erfolg gibt ihr Recht: Heute schreibt sogar die »Süddeutsche Zeitung« lobende Portraits über diese ungewöhnliche Frau. Mama Lisa ist eine entscheidende Anlaufstelle für Flüchtlinge, die es frisch hierher verschlagen hat – in diese andere, neue Welt, die so unbekannt ist, fremd und kalt.

Auch im wörtlichen Sinne: Es ist hier in Deutschland einfach kalt. Auf jeden Fall viel kälter als in Somalia. Selbst im Juni. Ich erinnere mich an einen warmen Juni-Tag mit immerhin 20 Grad. Eine somalische Frau stand frierend, bibbernd vor mir. Ich übersetzte für sie in ihrem Wohnheim und sagte: »Es sind 20 Grad hier. Das ist eigentlich warm. Aber weißt du, wie kalt es erst im Winter ist?« »Was?«, sagte sie, »noch kälter? Das geht doch gar nicht!« »Doch«, sagte ich, »komm mal mit zum Kühlschrank!« Ich legte ihre Hand ins Gefrierfach: »Lass sie mal einen Moment da drin. So kalt ist es bei uns im Winter. Und es gibt sogar Tage im Winter, die sind kälter als der Kühlschrank.« Die Frau schaute mich mit verwundertem Blick an: »Wie könnt ihr das denn aushalten in eurem Land?« Und dann begriff sie, dass sie sich besser darauf gefasst machen sollte, denn sie konnte ja während ihres Asylverfahrens nicht weg. Menschen aus Somalia – wie aus jedem anderen heißen Land – kennen und brauchen normalerweise nur Badeschlappen und luftige Kleider; doch in Deutschland reicht das nicht einmal im Sommer. Also ziehen sie alles übereinander, was sie haben, um Wärme zu finden. Sie bekommen zwar einen Berechtigungsschein für ein Lager mit Gebrauchtkleidern, aber oft nicht gleich, sodass Flüchtlinge, die im Januar hier ankommen, erst einmal einige Wochen ohne warme Bekleidung in ihren Unterkünften frieren und warten müssen. Zum Glück gibt es immerhin Mitarbeiter der Caritas oder der Inneren Mission – Menschen wie Mama Lisa –, und nicht zuletzt meine vielen Freundinnen und Bekannten, die dann sofort helfen. Haben die Flüchtlinge dann den Schein, müssen sie sich auf die Suche nach dem Lager machen; ausgestattet mit einem Stadtplan, den sie natürlich nicht lesen können, wird ihnen gesagt, dass sie bis zum Mittag dort sein sollen, wenn sie Bekleidung haben wollen. Dort wühlen sie sich durch gespendete Kleidung auf der Suche nach etwas Brauchbarem. Diese Suche klappt nicht immer – oft ist das Zeug billig, von schlechter Qualität, alt und grässlich. So kommt es dann, dass sie nur Sommerkleider nehmen oder viel zu große Schuhe, weil einfach nichts Passendes dabei ist.

Wir leben in einer solchen Überflussgesellschaft und doch sind die Gebrauchtkleiderlager ein Armutszeugnis unserer Spendenbereitschaft. Ich mache deshalb auch regelmäßig Kleider-Sammelaktionen im Bekanntenkreis, um den Menschen etwas Gutes geben zu können, das ihnen Wärme spendet – auch in unserem kalten deutschen Sommer. In ihren Zimmern drehen die Flüchtlinge die Heizungen auf und machen Fenster und Türen zu, um es warm zu haben. Dieser Hitzestau haut mich dann regelmäßig rückwärts zur Tür hinaus, wenn ich sie besuchen komme.

Auch das Kontrastprogramm – eisige Kälte – erlebe ich oft. Und zwar im Winter, wenn auf der Straße vor der zentralen Anlaufstelle für Flüchtlinge in München der Info-Bus von Amnesty International steht und die Flüchtlinge berät; weil sie sich keine Anwälte leisten können, erhalten sie hier von der Menschenrechtsorganisation Info-Blätter, die sie auf die Möglichkeit einer kostenlosen Anwaltsberatung hinweisen. Oder es werden Fehler im Asylantrag aufgedeckt, die durch falsche Übersetzungen zustande kamen oder weil die Flüchtlinge aus Scham etwas verschwiegen haben, oder weil die Tat zu grausam war und sie sich nicht erinnern wollen. Solche Dinge können aber entscheidend für das Asylverfahren sein. Ich übersetze meist ehrenamtlich, wenn mal wieder – wie so oft – keiner die Kosten übernehmen kann. Diese Beratungen und Übersetzungen passieren immer im Bus, denn hinein ins Heim dürfen die Mitarbeiter von Amnesty International nicht, das Heim ist Territorium des BAMF (Bundesamt für Migration und Flüchtlinge). Die Flüchtlinge müssen schon zu Amnesty International herauskommen, wenn sie über ihr Schicksal sprechen möchten. Also sitzen wir dann in trauter Runde bei Minusgraden vor Kälte schlotternd Knie an Knie im Bus zusammen – die Flüchtlinge, die Amnesty-Mitarbeiter und ich – und sprechen bei einem vergeblich gegen die Kälte ankämpfenden Heizlüfter über die Grausamkeit und Kälte des Krieges im heißen Somalia.

In den Flüchtlingsheimen ist es meist warm, aber leider keineswegs sicher. Vor allem nicht für Frauen und Mädchen. Es herrschen zwar strenge Sicherheitskontrollen beim Betreten und Verlassen des Gebäudes, aber im Inneren bleiben die Flüchtlinge sich selbst überlassen. In der zentralen Anlaufstelle für Asylbewerber in München sind zum Beispiel auf vier Stockwerken rund 800 Männer, Frauen und Kinder aus aller Welt untergebracht. Wenn dann irgendwo im vierten Stock eine Vergewaltigung passiert und die Mitbewohner schon nichts davon mitbekommen, dann kann das Wachpersonal im Erdgeschoss erst recht nichts merken, geschweige denn einschreiten. Immer wieder gibt es Übergriffe von Männern und Jungs, die aus Ländern kommen, in denen Frauen vermummt herumlaufen. Eine unvermummte Frau ist für sie eine Provokation.

In dem Heim sind auch Frauen und Mädchen aus Nigeria oder Ghana untergebracht, Frauen, die ganz normale Kleidung tragen, in der man ihre weiblichen Formen erkennt. Für die Männer sind das keine anständigen Frauen, für sie sind sie quasi sexuelles Freiwild. Deshalb gehen Mädchen und Frauen auch meist in Rudeln auf die Gemeinschaftstoiletten, damit sie auf dem Weg dorthin nicht angefallen und vergewaltigt werden. Sie müssen sich selbst schützen, obwohl sie eigentlich in Sicherheit sein sollten.

Wieder einmal wurde ich vom BAMF hier gebraucht. Der Anruf kam in der Früh um neun, eine Stunde später betrat ich das Flüchtlingsheim in München. Ein winziges Büro, bis an die Decke voll mit Aktenordnern, einer verschämten Topfpflanze, die sicher noch aus den 70er-Jahren stammte, einem grauen Tisch, ein paar Stühlen. Alles hier drängte sich zusammen um ein riesiges Aufnahmegerät. Kein sehr Trost spendender Ort, um ein neues Leben anzufangen, dachte ich mir, als ich eintrat. Dann sah ich die Menschen, für die ich übersetzen sollte: drei sehr magere Mädchen, die verschreckt in einer Zimmerecke kauerten. Sie klammerten sich an eine Frau mittleren Alters und sahen mich mit großen Augen an. Eines der Mädchen blickte neugieriger, forscher zu mir herüber, sie fiel mir sofort auf. Sie hatte weniger Angst. Ich ging freundlich lächelnd auf sie zu und stellte mich vor: »Hallo! Ich bin Fadumo Korn. Ich bin Dolmetscherin für Somalisch und Deutsch. Ich werde euch hier helfen.« Das mutigere Mädchen lächelte, stand auf und sagte: »Hallo! Ich heiße auch Fadumo!«, dann gab sie mir die Hand.

Die Beamtin, die ebenfalls im Zimmer war, begann, mir die vier Somalierinnen vorzustellen: Safiya, die ältere Frau, von der ich annahm, sie sei die Mutter der Mädchen; Fadumo, die sich mir schon selbst vorgestellt hatte, zehn Jahre alt; ihre ein Jahr ältere Schwester Deeqa, die stark schielte und dadurch umso verletzlicher und hilfloser wirkte. Und Sahra, die jüngste, neun Jahre alt – sie war entsetzlich dünn und zerbrechlich. Ich war froh, dass ich die Beamtin schon kannte. Eine gute Frau, die auf Mädchen- und Frauenangelegenheiten spezialisiert ist.

Die kleine Fadumo ergriff wieder das Wort, denn jetzt, wo ich, ihre Namensschwester, hier war, fühlte sie sich stark: »Fadumo, schau mal, die Sahra! Sie hat seit zwei Tagen nichts gegessen, sie hat jetzt starkes Bauchweh. Außerdem ekelt sie sich so vor den Toiletten, weil die anderen Menschen hier immer daneben machen. Und dann warten immerzu Männer vor den Damentoiletten. Wir trauen uns kaum, dahin zu gehen.« Ich übersetzte das alles für die Beamtin. Sie hörte bedauernd zu und sagte, dass sie leider dagegen nichts tun könne, denn sie sei nur für die Asylanträge zuständig. Ich übersetzte es zurück. Die Mädchen schlugen die Augen nieder, die kleine Fadumo war sichtlich enttäuscht. Und ich, die ich doch gesagt hatte, dass ich helfen würde, kämpfte meine leise innere Wut nieder.

Die Beamtin begann mit dem üblichen Fragenkatalog. Sie wandte sich an Safiya: »Sind Sie die Mutter dieser Kinder?«

»Nein, ich bin die Tante. Väterlicherseits.«

Die Beamtin blickte erstaunt auf: »Das sind nicht Ihre Kinder?«

»Nein, es sind die Kinder meines Bruders.«

»Und wo ist dann Ihr Bruder? Warum ist er nicht bei seinen Kindern?«

Safiya erklärte: »Damals, 1991, als der Bürgerkrieg in Somalia ausbrach, mussten wir ganz plötzlich fliehen. So verloren wir uns aus den Augen. Mein Bruder floh mit seiner Frau und den anderen zwei Kindern. Ich war mit diesen dreien unterwegs auf der Flucht. Sahra, hier, die Kleinste, war damals gerade neun Monate alt.«

»Wohin sind Sie geflohen? Und womit?«, fragte die Beamtin.

»Wir sind mit einem Auto in Richtung Äthiopien geflüchtet, zusammen mit vielen anderen Flüchtlingen. Wir hatten nur das dabei, was wir am Körper trugen. Die Flucht war wahnsinnig gefährlich, so viele Menschen, so viel Chaos. Ich musste aufpassen, dass die Kinder nicht von den Menschenmassen zerquetscht oder zertrampelt wurden oder unter ein Auto fielen.«

»Haben Sie eigene Kinder?«

»Nein, ich bin nicht verheiratet. Ich lebte bei meinem Bruder in Mogadischu. Wir hatten ein gutes Leben, mein Bruder hatte eine gute Arbeit und er sorgte auch für mich.« Safiyas Stimme zitterte, mühsam versuchte sie, die aufsteigenden Tränen zu verdrängen. Da mischte sich die kleine Fadumo ein: »Warum fragen Sie meine Tante so viel? Sehen Sie denn nicht, dass sie weint und sehr traurig ist?« Ich unterdrückte ein Lachen: »Respekt«, dachte ich, »kleine Fadumo, du bist eine echte Kämpfernatur!«

Die Beamtin reagierte mild: »Dich habe ich nicht gefragt. Kannst du bitte still sein?«

Und weiter gings mit der Befragung – stundenlang. Schließlich war auch diese Erstbefragung vorbei und Safiya und die Mädchen durften auf ihr Zimmer zurück. Mein Job als Dolmetscherin war damit vorläufig beendet – dafür begann jetzt mein Einsatz als selbsternannte Sozialarbeiterin. Ich hatte den Mädchen Hilfe versprochen und die sollten sie kriegen! Ich begleitete die vier auf ihr winziges Zimmer: Acht Quadratmeter groß, vielmehr klein; ein kahles Fenster, denn Vorhänge sind aus Brandschutzgründen nicht erlaubt; ein Metallspind, vier Stockbetten; ein Tisch, vier Stühle. Diese beengte Atmosphäre bedrückt mich immer wieder aufs Neue, auch wenn ich solche Zimmer ja nun schon lange kenne.

Die kleine Fadumo bot mir sofort ihren Stuhl an, sie blieb stehen. Ich beobachtete sie, wie sie in ihrer Tasche wühlte – so ein zierliches, aber zähes kleines Kraftpaket. Ich war nicht so stark und voller Tatendrang wie diese kleine Fadumo, als ich damals nach Deutschland kam. Und obwohl ich nicht als Flüchtling gekommen war, sondern als privilegierte Patientin, war mir damals alles ebenso fremd und ich hatte mich verloren gefühlt, vergessen und ausgestoßen. Auch die junge Fadumo war bei aller Energie klein und verletzlich, und ich konnte mir gut vorstellen, wie es tief in ihrem Innersten aussah. Ich wurde beim Anblick der kleinen Sahra aus meinen Gedanken gerissen: Sie sah krank aus, hatte ja über Bauchweh geklagt und ich fragte ihre Tante Safiya, ob ich mich um einen Arzt kümmern solle. Da brach Safiya in Tränen aus und bat mich inständig darum, sie und die Mädchen schnell hier wegzubringen – zu ihrem Bruder nach England. Dort lebte er seit einigen Jahren mit seiner Frau – beide waren anerkannte Flüchtlinge. Er hatte viel Geld an einen Schlepper bezahlt, erzählte mir Safiya. Dieser Schlepper sollte Safiya und die Kinder aus Somalia direkt zu ihm nach England bringen. Der Schlepper half der kleinen Familie durch viele Gefahren, doch statt sie wie vereinbart nach England zu bringen, setzte er sie dann einfach in Deutschland an einer Tankstelle aus. Dort wurden sie von der Polizei nach Stunden aufgegriffen. Schlotternd, denn es war Januar, und Safiya und die Mädchen hatten nur Sandalen und Sommerkleider an.

Ich versprach Safiya, zunächst etwas zum Anziehen zu besorgen, einen Arzt zu holen und bald wiederzukommen. Sie nach England zu bringen, das läge außerhalb meiner Macht, erklärte ich ihr noch. Dann verabschiedete ich mich zuversichtlich lächelnd; doch als ich die Tür hinter mir zuzog, fühlte ich mich nur noch deprimiert. Ich machte mich auf den Weg nach unten zum Ausgang – über schmutzige und mit Unrat bedeckte Flure und Treppenhäuser, vorbei an Kindern mit rotzverschmierten Gesichtern in viel zu großen Schuhen und abgetragener, schlecht sitzender Kleidung. Sie standen überall herum und sahen mich mit großen Kulleraugen an. Auch viele junge Männer lungerten in den dunklen Gängen herum und schauten mir mit gierigen Blicken nach. Sie machten obszöne Gesten und sahen in mir offensichtlich nur ein provozierendes Sexobjekt.

Mir war nicht wohl bei dem Gedanken, dass Safiya und die Mädchen hier wohl noch Monate würden wohnen müssen, bis ihr Fall entschieden würde – bis sie abgeschoben oder eine vorläufige Duldung bekommen und in ein anderes Asylbewerberheim irgendwo in Deutschland verlegt werden würden. Vor allem der Gedanke daran, dass die Mädchen nachts auf den Flur hinaus müssen, um auf die Toilette zu gehen, verursachte mir Bauchgrimmen und Angst. Erst vor kurzem hatten mich Sozialarbeiter geholt, um wegen einer Beinahe-Vergewaltigung zu übersetzen: Eine junge Somalierin wurde auf dem Weg zur Toilette von zwei Nigerianern überfallen. Sie zerrten sie in die Küche, rissen ihr die Kleider vom Leib und fielen über sie her. Sie schrie jedoch so laut, dass die Wachen sie hörten und ihr sofort zu Hilfe eilen konnten.

Von sexuellen Übergriffen sind natürlich vor allem Mädchen und Frauen betroffen. Aber in Asylbewerberheimen herrscht generell eine hohe Aggressivität: Wo viele Menschen aus unterschiedlichsten Ländern und Kulturkreisen auf engstem Raum zusammengepfercht sind, die nichts zu tun haben, außer zu warten, und die durch Gewalt- und Kriegserlebnisse traumatisiert wurden, da herrscht eben keine Kirchenchorharmonie. Ich war schon fast unten im Erdgeschoss, da traf ich auf der Treppe einen verstört umherirrenden somalischen Jungen. Sein T-Shirt war zerfetzt, seine Lippe blutig. Er war von einem anderen Heimbewohner angegriffen worden. Ich nahm ihn mit nach unten, um ihn den Sozialarbeitern zu übergeben, die ebenfalls im Erdgeschoss ein Zimmer haben. Doch auf dem Flur herrschte Tumult, die beiden Sozialarbeiter hatten bereits alle Hände voll zu tun mit anderen Flüchtlingen: Die prügelten aufeinander ein und alle schrien wild durcheinander. Die Sicherheitsmänner stürzten herbei, eine Afrikanerin lief auf sie zu mit ausgerissenen Haarbüscheln und warf sie ihnen entgegen.

Ich packte meinen Schützling und drückte mich mit

ihm möglichst unauffällig in eine Ecke, denn die Situation eskalierte. Die Wachleute zückten ihre Schlagstöcke – andere Waffen sind ihnen nicht erlaubt – und schafften es so, die Streithähne zu trennen. Sie brachten die Rädelsführer ins Büro des Sozialdienstes. Ich blieb gleich da zum Übersetzen, denn es waren Somalis. Plötzlich sprang einer von ihnen von seinem Stuhl auf und stürzte auf mich zu. Er wollte auf meinen jungen Schützling einschlagen, doch ich stand im Weg. Ich war wie gelähmt. Ausweichen, mich ducken konnte ich nicht. Die Faust raste in Zeitlupe auf mich zu. Ich hörte im Geist schon meine Knochen knacken. Da schoss im letzten Moment eine Riesenhand in mein Blickfeld und riss mich zur Seite. Die Faust verfehlte mich um Haaresbreite; sie krachte ins Gesicht des Jungen hinter mir, so hart, dass er rückwärts über einen Stuhl flog und eine Kübelpflanze mit sich riss. Starr vor Schreck verfolgte ich dieses Chaos und konnte nicht glauben, was ich sah. Ich schlug mir die Hände vors Gesicht. Ich hatte Glück gehabt, aber der arme Junge war dem auf ihn wie von Sinnen einprügelnden Somali hilflos und blutend ausgeliefert. Der große Afrikaner – wohl mein Retter mit der Riesenhand – packte den Randalierer, riss ihn von dem Jungen los und verdrehte ihm beide Hände auf dem Rücken. Ich zitterte am ganzen Leib. Ich musste mich setzen, meine Knie versagten. Noch nie in meiner Dolmetscherlaufbahn bin ich in eine solche Lage geraten. Gemeinsam verarzteten wir den Jungen mit nassen Tüchern. Er war völlig benommen, blutete stark aus der Nase und seine Lippe war nun gänzlich aufgeplatzt.

Vollkommen deprimiert und erschüttert fuhr ich nach Hause. Schon in der S-Bahn machten sich erste Anzeichen einer heraufziehenden Migräne bemerkbar. Kaum zu Hause angekommen, brach ein Migräne-Anfall über mich herein, der mich die nächsten zwei Tage außer Gefecht setzen sollte. Ich verkroch mich in mein dunkles Schlafzimmer und wollte nur noch eins: Stille, Schlaf, Vergessen.

Wenn mir mein Körper sagt: »Stopp, ich kann nicht mehr«, dann tut er das immer über Migräne oder Appetitlosigkeit. Und dann höre ich sofort auf ihn. Ich habe mit meinem Körper einen Vertrag geschlossen: Wir wollen uns nicht überfordern. Und wenn dann dieses Signal kommt – stopp! –, dann bin ich sofort sehr fürsorglich zu mir. Ich belohne mich, anstatt zu denken »Blöde Migräne, geh weg!« Ich gönne mir dann eben die Tage der puren Erholung, die mein Körper und meine Seele wohl brauchen, ich schlafe, wenn es sein muss, den ganzen Tag oder bleibe einfach erschöpft im Bett. Ich kann und muss das tun – mir Ruhe gönnen –, sonst kann ich auch nicht mit vollem Einsatz helfen. Es ist schließlich niemandem gedient, wenn ich mich »kaputt arbeite«. Ich finde, dass mein Körper sehr gnädig ist – wir kommen gut miteinander aus.

Als ich die Migräne überstanden und das Signal verstanden hatte, rührte ich sofort die Werbetrommel für Safiya und die Mädchen. Schwer bepackt machte ich mich auf den Weg zu ihnen: Alle meine Freundinnen und Nachbarinnen hatten gegeben, was sie entbehren konnten, sie hatten ihren Kleiderschrank geplündert oder mir sonstige Sachspenden mitgegeben. Mein Sohn Jama Philip spendete Socken und Mützen für die Mädchen. Ein Blick in meinen Kleiderschrank förderte sofort einen Mantel, Schuhe und Pullover zutage, auf die ich gut verzichten konnte; also war auch für Tante Safiya gesorgt. Mit prall gefüllten Taschen voller warmer Wäsche, Hosen, Jacken, Handschuhen, Schuhen betrat ich das Flüchtlingsheim. Ich eilte diesmal kurz angebunden hinein – ohne den üblichen Smalltalk mit dem Wachpersonal, das ich mittlerweile sehr gut kenne; normalerweise begrüßen wir uns herzlich und mit Handschlag, einen Ausweis muss ich schon lange nicht mehr vorzeigen, ich gehöre sozusagen schon zum Inventar. Diesmal also keine Nettigkeiten, sondern rasch hinauf zu der kleinen somalischen Flüchtlingsfamilie. Kaum bog ich um die Ecke in den Flur, wo meine Mädels wohnten, stürzte mir schon Fadumo entgegen, als hätte sie geahnt, dass ich kommen würde. Sie lief voller Erwartung auf mich zu, umarmte mich und überschüttete mich sogleich mit Fragen:

»Wo warst du so lange? Können wir zu unseren Eltern? Ist es hier immer so kalt? Wie kannst du nur hier leben? Hast du uns was mitgebracht?«

Sie redete wie ein Wasserfall, während wir den düsteren Flur entlanggingen – vorbei an aufgebrochenen Türen, herausgerissenen Waschbecken und angebrannten Töpfen, die es nicht bis zur Mülltonne geschafft hatten und achtlos herumlagen. Ich wehrte lachend Fadumos Fragen ab. Doch kurz vor der Zimmertür blieb sie stehen und sagte ganz ernst:

»Die Tante weint schon den ganzen Vormittag. Die anderen hier haben erzählt, dass die Deutschen keine Somalis mögen und alle nach Somalia zurückgeschickt werden. Das ist doch nicht wahr, oder?«

Noch bevor ich ihr antworten konnte, hatten sich viele Kinder und Jugendliche um uns herum versammelt. Einige Mädchen hatten kaum etwas auf dem Leib. Fadumo strafte sie mit tödlichen Blicken, scheuchte sie weg, schaute zu mir hoch und sagte: »Fadumo, weißt du, diese Mädchen gehen mit fremden Männern auf die Zimmer und dann zeigen sie mir Geld oder kleine Geschenke, die sie sich *verdient* haben.« Sie sprach das Wort voller Abscheu aus. Ich nahm sie an der Hand und bugsierte sie behutsam in ihr Zimmer.

Drinnen schlug mir die bekannte Wärme entgegen: Einerseits war es heiß von der Heizung, andererseits begrüßten mich Safiya und Fadumos Schwestern warm und herzlich. Nach den ersten Höflichkeitsbekundungen packte ich meine prallen Taschen aus. Die Freude über die neuen alten Sachen war so überwältigend, dass ich wieder einmal dachte, mit wie wenig man doch Menschen glücklich machen kann, wenn sie in Not sind. Flugs hatten die Mädchen eine flotte Kollektion zusammengestellt und veranstalteten für mich eine Modenschau. Es war ein Riesenspaß, die

1983 in München: »Ich bin Fadumo Abdi Hersi Farah Husen Korn, geboren im Großen Regen in der Weite Somalias«

Meine Schwester und ich besuchen den Hof meines Vaters und seine vielen Enkelkinder

Frauenpower in Somalia 1986: zusammen mit meinen Cousinen Shiino, Saida, Farhan und meiner Schwester Khadija (v. r. n. l.)

Ein freundlich gestalteter Wartebereich im Asylbewerberheim versinnbildlicht die Hoffnung auf Freiheit

So trist kann es in den Gängen des Flüchtlingsheimes München aussehen

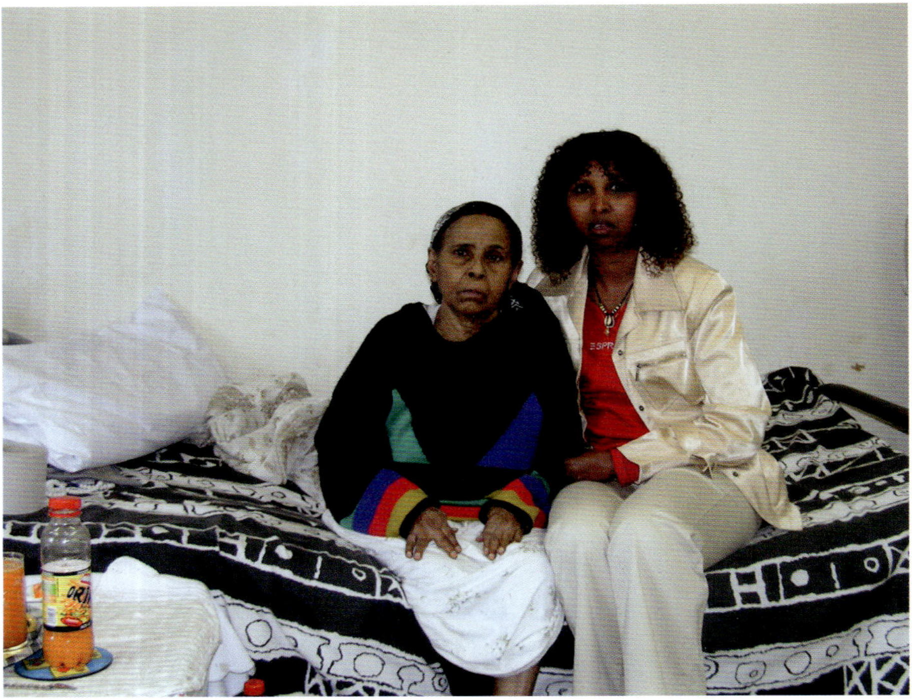

Im Flüchtlingsheim treffe ich Safiya. Ihre Hände sind durch Rheuma ver<rüppelt

Familienzusammenführung: die drei Schwestern Deeqa, Fadumo und Sahra auf den Weg zu ihrem Vater nach London

Zusammen mit dem »Mann meiner Leber« Walter und unserem Sohn Jama Philip

Nach dem Standesamt am Tag unserer Hochzeit mit den Trauzeugen und der Familie meines Mannes 1983

Ein Foto aus glücklichen Tagen: Onkel Mohamed (2. v. r.), meine Schwester Khadija (2. v. l.) und andere Mitglieder der großen Familie

Manche ehemalige Beschneiderinnen geben ihre einträgliche Tätigkeit auf, um sich wie auf dieser Fortbildung zur Hebamme umschulen zu lassen

Ein Besuch bei meinem Bruder
Ahmed in Somalia 1986

Meinen Vater habe ich 1987 das letzte
Mal gesehen

Mit Eva Luise Köhler, Schirmherrin von Unicef, bei der Pressekonferenz »Schnitte an Körper und Seele«

Dr. Asili Barre-Dirie und ich nehmen einen Spendenscheck über 10.000 Euro der Münchner »Sternstunden« für unseren Verein Forward Germany entgegen

Mädchen kicherten und lachten und alberten herum. Und ich – ich war so gerührt, dass meine Augen sich mit Tränen füllten. Ich musste mich kurz abwenden, denn ich wollte nicht, dass sie mich weinen sahen; ich wollte doch der Fels in der Brandung für sie sein, und da passen Tränen nicht ins Bild.

»Oh, Fadumo! Vielen Dank! Bleibst du bei uns oder nimmst du uns mit zu dir nach Hause?«, bestürmten mich die Mädchen, allen voran die kleine Fadumo. Und ich musste ihnen nun erklären, dass das nicht ginge. Dass es mir als Dolmetscherin nicht gestattet ist, Flüchtlinge, für die ich offiziell übersetze, mit nach Hause zu nehmen. Wie sollte ich ihnen nur die Gesetze Deutschlands erklären?

»Schaut mal«, sagte ich, »das Amt für Asylsuchende möchte nicht, dass Asylbewerber und Dolmetscher sich privat treffen. Die Beamten haben Angst, dass der Dolmetscher dann nicht mehr korrekt übersetzt oder dass er die Flüchtlinge beeinflussen könnte, sodass sie nicht mehr die Wahrheit sagen, sondern genau solche Antworten geben, mit denen sie Asyl bekommen könnten. Versteht ihr das?«

Ich konnte in Fadumos Kopf schon die nächste Frage rattern hören und holte rasch meine weiteren Überraschungen hervor: Malstifte, Schreibblöcke, Radiergummis und Hefte. Und ein Erstklässler-Deutschbuch für Anfänger. Das Ablenkmanöver verfehlte seine Wirkung nicht: Die Mädchen stürzten sich mit Freudengeheul auf die neuen Schätze. Sie malten dicke Buchstaben aus dem Deutschbuch ab und hielten mir die Kunstwerke alle paar Minuten unter die Nase, damit ich sie gebührend loben konnte. Zwischen den Buchstaben-Begutachtungen schaute ich mir Safiyas Papiere genau an und erklärte ihr, welche Termine sie nun alle wahrnehmen müssten.

Der erste Termin, der anstand, war die Gesundheitsuntersuchung im Gesundheitsamt, die alle Asylsuchenden über sich ergehen lassen müssen, damit infektiöse Krankheiten festgestellt werden können. Wenn Hepatitis oder

Syphilis diagnostiziert werden, ist es weniger dramatisch, denn diese Krankheiten können geheilt werden. Doch für manch einen Flüchtling wird bei dieser Untersuchung der Alptraum seines oder ihres Lebens wahr – immer dann, wenn eine HIV-Erkrankung festgestellt wird. Im Falle einer Abschiebung zurück nach Afrika kommt das einem sicheren und baldigen Todesurteil gleich, denn dort gibt es keine bezahlbaren Medikamente – eine der großen himmelschreienden Ungerechtigkeiten in unserer Welt, denn ausgerechnet in Afrika liegt der Prozentsatz an HIV-Infizierten bei fast 70 Prozent, doch weder Pharmafirmen noch Regierungen bemühen sich ernsthaft darum, HIV-Medikamente zugänglich zu machen. Afrika ist in vielerlei Hinsicht ein vergessener Kontinent.

Zum Glück sollte sich später bei der Untersuchung herausstellen: Safiya und die Mädchen waren kerngesund. Viel heikler war das, was ich Safiya nun schonend beibringen musste: Die Kinder, ihre Nichten, sollten einen amtlichen Vormund bekommen. Ab sofort würden alle Entscheidungen über das Schicksal der Mädchen von jemand anderem getroffen werden; Safiya, die auf ihr eigenes Leben, auf eine eigene Familie verzichtet hatte, um ganz für die Mädchen ihres Bruders da zu sein, musste aus meinem Mund erfahren, dass ab sofort eine wildfremde Frau, eine Mitarbeiterin des Stadtjugendamts, der verantwortliche Vormund »ihrer« Kinder sein würde, eben weil es nicht ihre leiblichen Kinder waren! Die Bestellung eines Vormunds ist zwar eine reine Routineangelegenheit – denn die zuständige Sozialarbeiterin und die zum Vormund bestellte Mitarbeiterin des Stadtjugendamtes würden sich später nach Kräften bemühen, Safiya mit einzubeziehen –, dennoch konnte das letztendlich nicht darüber hinwegtäuschen, dass die Tante offiziell nichts mehr zu melden hatte, wenn es um Entscheidungen zum Wohl der Kinder ging. Und natürlich traf es Safiya tief, egal, wie diplomatisch ich es verpackte.

Und dann musste ich Safiya noch die schwierige rechtliche Lage ihrer Familie erklären. Die Eltern der drei Mädchen lebten zwar als anerkannte Flüchtlinge in London, aber das hieß noch lange nicht, dass auch Safiya und die Mädchen dorthin fahren könnten. Denn ihr »Erstankunftsland« in der EU war eben nun mal Deutschland; hier hatten sie um Asyl gebeten und hier müssten sie nun auf die Entscheidung des Asylantrags warten, was durchaus mehrere Jahre dauern könnte. So ist es laut EU-Recht, und die britischen Behörden würden wohl kaum eine Ausnahme machen und drei bis vier weitere Flüchtlinge ins Land lassen, damit sie dort auf die Asylentscheidung warten können. Ich konnte Safiya also keine Hoffnung auf eine baldige Familienzusammenführung machen. Was ich aber tun konnte, während die Mühlen der Bürokratie mahlten, war einfach dranzubleiben und zusammen mit der Sozialarbeiterin wie Don Quichotte gegen Windmühlen zu kämpfen. Und ich konnte ein wenig Abwechslung und Freude in den tristen Alltag von Safiya und den Mädchen bringen. Mein Mann Walter hatte einen alten Fernseher besorgt und ihn in die Containersiedlung gebracht, in der die kleine Familie mittlerweile ein Zimmer zugewiesen bekommen hatte. In der neuen Behausung waren nun zwar die sexuellen Belästigungen vorbei, dafür gab es jetzt andere Mobbingattacken: Eine geistig verwirrte Mitbewohnerin lauerte Safiya auf und terrorisierte sie, indem sie zum Beispiel den Boden der gemeinsamen Toilette mit Seife einrieb, damit Safiya ausrutschen würde.

Der Fernseher war Fluch und Segen zugleich und stürzte mich, aber auch die Mädchen, in ein Wechselbad der Gefühle. Denn nun konnten die Mädchen zwar endlich die Videoclips ihrer Lieblingsmusik gucken, aber sie sahen auch, was sie alles *nicht* hatten. Die Werbung und die Fernsehserien führten ihnen ununterbrochen vor Augen, was für ein armseliges Leben sie in ihrem Minizimmer fristen mussten, in dem sie nun hausten.

Und dann erfuhr ich, dass die Behörden Überlegungen anstellten, die Familie zu trennen. Die Kinder also getrennt von ihrer Tante in einem Heim für Minderjährige unterzubringen. Sicherlich würden sie dort bessere Betreuung und Förderung erhalten, aber sie wären getrennt von ihrer einzigen Bezugsperson, von ihrer Ersatzmutter. Diese Hiobsbotschaft machte die kleine Sahra so unglücklich, dass sie sofort das Essen einstellte – und uns, die Sozialarbeiterin und mich, motivierte das, noch intensiver zu handeln und alle Möglichkeiten auszuloten, die Familie zusammenzuführen. Wir hatten frustrierende Erlebnisse mit den Behörden, aber zu meiner großen Überraschung stieß ich auch auf viel Entgegenkommen. Tatsächlich konnten wir schließlich das fast Unmögliche wahr machen: Die drei Mädchen sollten abgeschoben werden – und zwar nach London! Die Briten hatten ein Einsehen und über alle EU-Regelungen hinweg siegte die Menschlichkeit: Die Überführung der drei Mädchen zu ihren Eltern wurde genehmigt.

Doch es gab auch eine bittere Pille: Safiya musste allein in Deutschland bleiben. Für sie gab es keine Ausnahmegenehmigung, sie würde vermutlich noch viele Jahre auf das Ergebnis ihres Asylverfahrens warten müssen. Es war eine meiner schwersten Aufgaben, Safiya diesen Beschluss mitzuteilen. Der Moment zerriss mir fast das Herz. Doch es war nichts mehr zu machen: Die Mädchen wurden von Safiya getrennt – von dem Menschen, den sie liebten und mit dem sie fast ihr ganzes Leben verbracht hatten.

HAPPYEND
MIT WERMUTSTROPFEN

Die drei Mädchen sollten alleine ihren Abschiebeflug nach London antreten. Eine Begleitperson war nicht vorgesehen, obwohl die älteste der drei – Deeqa – gerade mal 13 Jahre alt war. Das erschien mir doch zu gewagt und so rannte ich wieder los – von Behörde zu Behörde –, um eine Begleitperson durchzusetzen. Und tatsächlich wurde mir dann die Ehre zuteil, die Kinder zu ihren Eltern bringen zu dürfen. Die Organisation »Schutzstelle für Mütter, Schwangere und Kinder e.V.« übernahm meine Flugkosten. Nur für die Unterkunft in London sollte ich selbst sorgen. Kein Problem, dachte ich: Meine Cousine Saida lebte schon lange in London und so könnte ich nach fast 20 Jahren ein Mitglied meiner Familie wiedersehen und würde also ein paar Nächte bei ihr bleiben. Zwei ungewöhnliche somalische Familienbegegnungen auf einen Schlag, schmunzelte ich in mich hinein.

Der Tag der Abschiebung war gekommen. Am Flughafen München herrschte großer Bahnhof! Die Presse war da, um über die schönste Abschiebung aller Zeiten zu berichten. Der Leiter des Bundesgrenzschutzes kam in Anzug und Krawatte – und mit Lutschern bewaffnet für die Mädchen. Auch er konnte seine Rührung kaum verbergen, denn sein Alltag wird von ganz anders verlaufenden Abschiebungen geprägt. Die Feierstimmung war natürlich dadurch getrübt, dass Safiya zurückbleiben musste, und so waren wir alle froh, als wir endlich im Flugzeug saßen und Trubel und Trauer vorerst hinter uns lassen konnten.

Im Flugzeug hieß es erst einmal, meinen aufgeregten Hühnerhaufen zu bändigen. Ich gab den Mädchen meine

Digitalkamera und sie fotografierten sich damit gegenseitig. Was für ein guter Einfall! Noch heute freue ich mich über die lustigen Bilder. Gott, was waren die Kinder aufgekratzt! Kein Wunder, sie hatten ihre Eltern jahrelang nicht gesehen. Die kleinste, Sahra, kannte sie ja nicht einmal bewusst, sondern nur vom Telefon; sie war als Baby von ihnen getrennt worden. Während die Mädchen miteinander herumhampelten, warf ich erstmals einen Blick in die Papiere, die wir für die Reise mitbekommen hatten und die mir erst im Flughafen ausgehändigt worden waren. Erstaunt stellte ich fest, dass es außer dem deutschen Original noch eine Übersetzung gab – eine *französische* Übersetzung allerdings. »Hmm«, dachte ich mir, »na ja. Wird wohl seine Richtigkeit haben …« Schließlich war ich noch nie bei einer Abschiebung dabei gewesen, vielleicht waren das ja die internationalen Gepflogenheiten. Aber eigentlich hätte ich es besser wissen müssen, nach all meinen Erfahrungen mit der Bürokratie.

Denn natürlich wusste am Londoner Flughafen niemand von dieser außergewöhnlichen Abschiebung, und die deutschen und französischen Papiere konnte auch keiner entziffern. Englische Sicherheitsbeamte führten uns ab. In einem kleinen Büro wurden wir stundenlang befragt, während draußen auf dem Gepäckband unsere Koffer wohl endlose Runden drehten und sich die Eltern der Mädchen die Beine in den Bauch warteten. Ich konnte sie nicht erreichen, sie hatten kein Handy; und niemand wollte sich erbarmen, hinauszugehen und ihnen Bescheid zu sagen. Mein Englisch reicht zwar, um Hotelzimmer zu buchen, Essen zu bestellen und nach dem Weg zu fragen, aber keineswegs für eine Befragung durch Behörden. So zog es sich also endlos hin, bis nach vielen Rückfragen alles geklärt war und wir endlich in die Ankunftshalle des Flughafens entlassen wurden. Mutterseelenallein standen wir vier da – ohne Gepäck, ohne Eltern. Denn die waren nach Stunden des Wartens enttäuscht wieder nach Hause gefahren. Auch das Gepäck war wohl zwischenzeitlich irgendwohin entsorgt worden. Endlich erreichte ich die Eltern – sie waren nach langer Fahrt gerade wieder zu Hause angekommen; der Vater machte sich sofort zurück auf den Weg zum Flughafen, und die Mädchen warteten sehnsüchtig auf ihn. Das Gepäck blieb unauffindbar; als der Vater nach Stunden eintraf, übergab ich ihm seine Töchter mit dem, was sie auf dem Leib trugen. Wir alle hatten wohl ein herzliches Wiedersehen erwartet; doch nach all den Verwicklungen waren die Mädchen am Ende ihrer Kräfte und auch der Vater war von der stundenlangen Autofahrerei und Warterei entnervt. Er nahm seine Töchter entgegen, drehte sich um und ging.

»Und was ist mit mir?«, rief ich ihm nach.

Er wandte sich um: »Was schon?! Ich kenne Sie nicht. Sehen Sie zu, wie Sie zurechtkommen ...« Ich fragte ihn, ob er mir zumindest Geld wechseln könnte, damit ich mir eine Fahrkarte für die U-Bahn kaufen konnte, oder ob er mir wenigstens das U-Bahn-System erklären konnte? Er meinte nur, da sei doch ein Ticketautomat, und nein, er könne mir kein Geld wechseln; außerdem stehe sein Auto im Parkverbot und er habe überhaupt keine Zeit, sich um mich zu kümmern.

Ich war sprachlos. Es war wie ein Schlag ins Gesicht. Zumindest bis nach London hätte er mich doch mitnehmen können! Schließlich hatte ich ihm seine Mädchen gebracht! Die drei sahen mich entsetzt an, die kleine Fadumo warf mir noch einen tränennassen Blick zu, dann verschwanden sie im Auto des Vaters. Ich blieb alleine zurück und rang nach Fassung.

Aber nicht lange – dann wurde ich tätig. Ich rief meine Cousine Saida an. Mit ihr war ich aufgewachsen. Wie Schwestern hatten wir viele Jahre in Mogadischu zusammengelebt, im Haus unseres Onkels Abdulqadir. Ich erzählte ihr von den Verwicklungen am Flughafen und fragte sie, ob sie mich abholen könne. »Du kannst bei mir übernachten«, sagte sie. »Ich freue mich auf dich. Aber abholen kann ich dich nicht, Fadumo. Du musst bitte schon selbst hierherkommen.«

Da fiel mir innerlich die Kinnlade runter. Weder dieser Mann, dem ich seine Kinder zurückgebracht hatte, noch meine Cousine, die ich quasi als Schwester sah, waren in der Lage, mir auch nur im Geringsten entgegenzukommen! Ich war empört, enttäuscht und nach all dem Ärger völlig geschafft. Doch tapfer und auch wütend machte ich mich dann mit öffentlichen Verkehrsmitteln auf den langen Weg zu Saida. Sie wohnte in einem Vorort von London, am entgegengesetzten Ende der Stadt. *Erst links, dann rechts, dann gradeaus ...* – das lernt in Deutschland jedes Kind. Hier allerdings hätte es mich fast das Leben gekostet. Als ich das Flughafengebäude verließ, trat ich doch direkt vor einem Bus auf die Straße, der im letzten Augenblick zu stehen kam. »Mist, Linksverkehr!«, schoss es mir durch den Kopf. Dann sagte ich mir: »Jetzt reiß dich zusammen, Fadumo!« Und so sammelte ich meine letzten Kräfte und Konzentration und ging zur U-Bahn.

Die Londoner Underground-Bahn ist ein Erlebnis für sich: Mit endlosen Rolltreppen geht es tief unter die Erde, die Waggons rumpeln laut und quietschend durch die Tunnel. U-Bahn-Fahren in London kann anstrengend sein, wenn man ohnehin schon entnervt ist, wie ich es war. Ich wurde mir erst einmal so richtig bewusst darüber, welcher Luxus es ist, in München U-Bahn zu fahren. Ich dachte mir: »London mag zwar eine weitaus größere Metropole sein, aber unsere Münchner U-Bahn-Qualität müssen die erst mal nachmachen!« Nach fünfmaligem Umsteigen, wenn auch so ziemlich am Ende meiner Kräfte und Nerven, kam ich wohlbehalten an meinem Ziel an.

Saida staunte nicht schlecht, als ich nach nur zwei Stunden bei ihr auf der Matte stand. Und ich staunte nicht schlecht, als ich Saida nach so vielen Jahren wiedersah. Jetzt war mir schlagartig klar, warum sie mich nicht hatte abholen wollen: Sie hätte nicht einmal durch die Haustür gepasst, so fett war sie geworden! »Ojeeh!«, begrüßte sie mich und musterte mich abschätzig von Kopf bis Fuß, »das ist mal wieder typisch! Alle somalischen Frauen, die mit diesen ungläubigen weißen Männern verheiratet sind, sehen so verhungert aus wie du. Gibt dir dein Mann nichts zu essen?« So eine Begrüßung hatte ich nicht erwartet. War das wirklich meine fröhliche Saida, mit der ich meine Kindheit verbracht hatte? Ich konnte es kaum glauben. Saida watschelte schnaufend ins Wohnzimmer und sank auf eine Couch nieder. In einen Sessel hätte sie nicht gepasst. So thronte sie auf ihrer Couch und ließ sich von ihrer Tochter bedienen. Sie scheuchte das arme Ding wie eine Dienstbotin hin und her. Das zehnjährige Mädchen war vollauf damit beschäftigt, ihre Mutter zu versorgen. Dieser Lebensstil war vielleicht in Somalia einmal üblich gewesen – aber hier in London völlig fehl am Platz. Ich hatte mich gefreut, die Gefährtin meiner Kindertage wiederzusehen, hatte mir vorgestellt, wie wir zusammen über die Vergangenheit lachen und weinen würden. Doch jetzt war ich froh, dass ich nur drei Nächte hierbleiben musste. Wie unterschiedlich einst gemeinsame Lebenswege doch verlaufen können ....

Drei Tage später flog ich zurück nach München. Einigermaßen enttäuscht von den sehr unerwartet verlaufenden Familienbegegnungen und um einiges an Lebenserfahrung reicher. Walter hatte mir – seiner »verhungerten« Somalierin – ein tolles Essen zur Begrüßung gekocht. Anschließend kuschelten wir glücklich und zufrieden auf unserer Couch; und ich war heilfroh darüber, dass auf unsere Couch – die genauso groß war wie Saidas – immerhin mindestens zwei Menschen passen ...

WALTER –
DER MANN MEINER LEBER

In Deutschland geht die Liebe durch den Magen oder sie trifft mitten ins Herz. Bei uns in Somalia ist die Liebe keine Herzensangelegenheit, sondern eine Sache der Leber, das habe ich ja schon erzählt. Also ist mein Mann Walter nicht nur die Liebe meines Lebens, sondern auch der Mann meiner Leber. Ich weiß, dass ich mit meiner Arbeit und mit meinem Einsatz nie so weit gekommen wäre, wenn mein Mann Walter nicht so wäre, wie er ist. Es gibt nichts, was wir nicht gemeinsam schaffen könnten. Wir haben immer mit- und füreinander gekämpft, sei es um unsere Heirat – denn kaum einer unserer Bekannten und Freunde glaubte, dass eine Ehe zwischen uns jungen Leuten halten würde –, sei es um den Kindergartenplatz für Jama Philip – unser Sohn war ja kein leichtes Kind – oder eben zur Zeit meiner Ausbildung mit Mitte 30. Und natürlich die vielen widrigen Einsätze für Flüchtlinge oder für meine bedrohte Familie in Somalia.

Es würde sich vermutlich schon sehr komisch anfühlen, wenn wir mal nichts mehr zu kämpfen hätten. Manchmal denke ich: Ich bin geboren, um zu kämpfen. Vielleicht ist es meine Aufgabe, nicht etwas einfach so zu bekommen, sondern immer darum zu kämpfen. Das paart sich natürlich prima mit meinem Gerechtigkeitssinn. Und wenn also wieder etwas ansteht, dann sage ich zu Walter: »Komm schon, wir machen das jetzt. Hey, los, wir schaffen das schon!« Und Walter zieht mit. Nicht selten ist es auch Walter, der mir den Mut zum Einsatz gibt, wenn ich meine, keine Kraft zu haben, indem er sagt: »Fadumo, hör mal, das wäre doch gelacht, klar kriegen wir das hin ...« Und dann heckt er rasch einen Plan aus oder eine Idee. Spontaneität ist Walters größte Gabe. Manchmal macht er mich auch wahnsinnig damit, denn seine Ideen kommen wie ein Blitz aus heiterem Himmel; außerdem plant er sehr gerne, und er gibt keine Ruhe, bis alles stimmig ist. Bei Walter ist an »Aufgeben« gar nicht zu denken, keine Chance. Und schon ziehen wir wieder an einem Strang.

Natürlich komme ich oft sehr erschöpft nach Hause – vor allem nach der ehrenamtlichen Arbeit, wenn ich mir eigentlich vorgenommen hatte, nur zwei bis drei Stunden unentgeltlich zu übersetzen oder zu helfen, aber auch nach offiziellen amtlichen Engagements als Dolmetscherin, wenn sich danach ein ehrenamtlicher »Rattenschwanz« bildet. Denn schnell spricht es sich im Flüchtlingsheim herum: »Fadumo ist da« – und schon haben sich binnen einer Stunde 15 Somalis versammelt mit der Bitte »Fadumo, kannst du mir das übersetzen ...? Was steht in dem Brief drin? Werde ich abgeschoben? Habe ich jetzt eine Wohnung bekommen?« Und ich übersetze dann dies und jenes, erkläre, sitze in den Flüchtlingszimmern und höre mir ihre Geschichten an. Eigentlich hatte ich mir vorgenommen, 15 bis 20 Stunden pro Woche ehrenamtlich zu übersetzen oder mich einzusetzen. Aber ich lüge mir damit wohl in die Tasche – es ist sicher mittlerweile doppelt so viel geworden. Mein Alltag ist voller vielfältiger Aufgaben. Wenn ich nach Hause komme –und nicht vor lauter Müdigkeit wieder aus Versehen eine S-Bahn-Station zu weit gefahren bin, was nicht selten vorkommt –, beginnt für mich der Feierabend mit einem besonderen Ritual. Man darf mich dann nichts fragen. Ich will keine Geschichten erzählen, keine Post durchsehen, nichts. Ich ziehe mir die Schuhe aus, wasche mir Hände und Füße und putze mir die Zähne. Ich spreche den ganzen Tag, und so viele Wörter sind dann durch meinen Mund hindurchgegangen, dass ich mich erst dann erleichtert und frei für neue, private Worte fühle, wenn ich mir die Zähne geputzt habe.

Wenn ich mir dann noch eine Kerze anzünde, ist die Erholung komplett. Walter und Jama Philip behaupten immer, ich hätte einen höheren Kerzenverbrauch als die Münchner Frauenkirche. Aber so ist es eben für mich: ohne Kerzen keine Erholung. Dann noch eine Tasse somalischer Tee mit Kardamon, Nelken, Zimt, Zucker und Milch, und man kann wieder mit mir reden. Unser aller Leben besteht aus so vielen Ritualen, die meisten sind uns gar nicht bewusst. Aber unsere Seele braucht das dringend, sonst kommt sie nicht zur Ruhe. Ich hüte meine Rituale – und Walter und Philip respektieren sie. Oft hat auch einer meiner Männer schon etwas Wunderbares gekocht, mir meine Kerze angezündet und mir ein Tablett mit dem leckeren Essen hingestellt. Dann bin ich wirklich angekommen. Zu Hause.

Ich bin dem Leben sehr dankbar. Wenn ich von einem Einsatz im Flüchtlingsheim zurückkomme in unsere Wohnung, die natürlich aus mehr als nur einem Zimmer besteht, eine eigene Toilette hat und in der unser eigener Fernseher steht, den ich, wenn ich wollte, sofort einschalten könnte – dann spüre ich schon ein ganz besonderes Gefühl der Dankbarkeit und der Zufriedenheit. Ich finde das Leben einfach wahnsinnig schön. Und das Leben macht mir Spaß – und oft bringt es mich auch zum Lachen. Ich lache oft und gerne und habe auch viel Sinn für Humor, sonst würde ich kaputt gehen. Sich auch mal selbst auf den Arm nehmen und über sich lachen können, – finde ich wichtig. Ich kann auch gut andere Menschen zum Lachen bringen. Gerade unter den Flüchtlingen haben mir viele gesagt, sie hätten seit Ewigkeiten nicht mehr solche Tränen gelacht und es ginge ihnen so viel besser, seit ich sie zum Lachen gebracht habe. Ich möchte den Menschen, die so viel Leid erfahren haben, etwas Unbeschwertheit zurückgeben; möchte ihnen das Gefühl geben, dass jemand für sie da ist, dass sie gut gedolmetscht werden, ihre Probleme und ihr Leben ernst genommen werden und sie als Mensch wahrgenommen werden. Ich bemühe mich auch in schlimmsten Situationen, die Flüchtlinge getröstet, zuversichtlich und – im besten Fall – lachend zurückzulassen. Deshalb gehe ich auch immer mit einem Strahlen auf dem Gesicht in ein Flüchtlingszimmer. Ich will damit sagen: »Heute bringe ich Abwechslung in deinen Tag, ich habe dir positive Energie mitgebracht.«

Weil ich fest an ein gutes Ende glaube, stecke ich oft so voller Energie, dass ich in den Wald gehe, um einen Ur-Brüller loszulassen. Ich umarme ein paar Bäume und schreie. Aber das ist auch nicht ganz ungefährlich in unserer Zivilisation – denn es passiert womöglich, dass dann jemand kommt und mich retten will! Es ist schon einigermaßen peinlich, wenn ich kleine, schwarze Frau erklären muss, was ich da gerade tue, um Energie abzubauen. Noch lange bevor es so etwas Modernes gab wie die Urschrei-Therapie oder Holzhacken-Kurse für gestresste Manager, habe ich geschrien – schon als Kind in Somalia. Da hatte ich mich immer gebissen, damit ich schreien konnte. Bis mir jemand sagte: Du kannst auch schreien, ohne dich zu beißen. Nun – seither schreie ich eben, wenn dort, wo die somalische Seele sitzt, also in der Leber, die Energie überzulaufen droht.

Ebbe in meinem Energiehaushalt herrscht heutzutage eher selten. Dennoch gibt es Tage der Verzagtheit. Zum Beispiel wenn ich abends heimkomme und mein Anrufbeantworter voll von Notfällen und Hilferufen ist, weil das Kind einer Flüchtlingsfamilie weggelaufen ist oder weil das Sozialamt das bisschen Taschengeld nicht gezahlt hat: Das passiert oft, weil die Flüchtlinge entweder nicht verstanden haben, dass sie ihre monatlichen 40 Euro selbst im Sozialamt abholen müssen – ein Konto haben sie ja meist nicht; oder es passiert, dass den minderjährigen Flüchtlingen ihr Taschengeld gekürzt wurde, wenn sie nach einem Ausflug in die Stadt auch nur fünf Minuten zu spät ins Heim zurückkommen. Dabei spielt es keine Rolle, ob sie sich schon gut mit den öffentlichen Verkehrsmitteln auskennen oder nicht und deshalb unpünktlich sind. Das Schlimmste sind die abendlichen Hiobsbotschaften von Flüchtlingen, dass ein Visum nicht verlängert wurde und bald abläuft. Das betrifft nicht die Menschen aus Somalia, für die derzeit ein Abschiebestopp aus humanitären Gründen gilt, sondern meine Schützlinge aus anderen Ländern. Dagegen kann ich nichts tun, außer die üblichen Ratschläge erteilen: Anwalt nehmen, Flüchtlingsrat einschalten, Geld beantragen, Prozesskostenbeihilfe bei Amnesty International beantragen. Und ich muss dann auch deutlich sagen: »Nein, ich kann jetzt nicht sofort vorbeikommen und etwas dagegen unternehmen.« Das alles zieht mich manchmal schon sehr runter. Ich bin dann so froh, dass ich mit Walter reden kann. Immerhin kann ich ihm meine Sorgen mitteilen und dadurch teilen. Auch an Walter gehen diese Schicksale nicht spurlos vorbei. Meist endet so etwas in einem langen Nachtgespräch. Ich erzähle dabei nichts aus den Übersetzungen, davon darf der Partner nichts erfahren. Nicht nur, weil ich unter Schweigepflicht stehe, sondern prinzipiell: Ein Partner darf nicht als Psychologe dienen. Aber Walter nimmt Anteil an meiner anstrengenden und auslaugenden Arbeit, die viel mit der dunklen Seite des Lebens zu tun hat. Er hört mir zu und nimmt meine Sorgen und meine belasteten Gefühle sehr ernst. Dadurch gibt er mir viel Kraft, ich fühle mich dann einfach gut aufgehoben und gehe innerlich renoviert ins Bett.

Was ich nicht mehr machen darf – ich habe es schmerzhaft gelernt –, ist, vor dem Schlafengehen noch etwas Belastendes im Fernsehen anzuschauen, zum Beispiel Dokumentationen über den Zweiten Weltkrieg oder über Kriegsvergewaltigungen in Afrika. Das interessiert mich sehr, aber diese Dokus laufen immer so spät, dass ich sie mir einfach versagen muss. Sie gehen mir sonst im Traum nach. Und dann sind da noch die Tage, die so voller Stress sind, dass ich das gar nicht merke. Erst im Bett komme ich schließlich zur Ruhe und sollte eigentlich schlafen; aber dann erschlagen mich die Eindrücke des Tages mit voller Wucht. Lange wollte ich mir das nicht eingestehen, ich dachte: »Fadumo, du bist doch 'ne starke Frau, das kann dir doch alles nichts anhaben, du bist doch so taff, eine echte Kämpferin ...« Pustekuchen. Schwere Schicksale hinterlassen Spuren, auch bei den stärksten Menschen.

Mittlerweile schaffe ich es gut, das Leid meiner Schützlinge draußen zu lassen, wenn ich in mein Privatleben zurückkomme. Diese Trennung habe ich mühsam lernen müssen. Früher habe ich meine körperlichen Signale – Migräne, Appetitlosigkeit, Gewichtsverlust – gnadenlos übergangen; heute schätze ich sie sehr, weil sie mir sagen: »Warst mal wieder zu stürmisch, Fadumo! Das musst du jetzt büßen!« Ich nehme diese Buße dankbar und ohne schlechtes Gewissen an, denn ich weiß: Ich habe nur den einen Körper, ich habe keinen anderen im Kofferraum.

Doch Walter hatte offenbar einen Körper in Reserve. Er hatte einen schweren Unfall und überlebte seinen Fast-Genickbruch nur mit Müh und Not. Es passierte ausgerechnet an einem »unserer« Tage – es war der 23. Jahrestag unseres Kennenlernens, der 30. Januar 2003, ein Sonntag. Walter hatte Bereitschaftsdienst und das Telefon klingelte schon in der Früh. Mit einem Satz sprang er aus dem Bett. Er rutschte auf dem Parkett aus, verlor das Gleichgewicht und schlug rücklings mit der Schulter auf der Bettkante auf. Trotz unerträglicher Schmerzen ging er zur Arbeit. Als er spätabends um 23 Uhr wieder nach Hause kam, legte er sich erst einmal in die Badewanne, um den Schmerz zu lindern, und dann ins Bett. Weder ging der Schmerz noch kam der Schlaf. Nicht nur seine Schulter, sondern auch die ganze rechte Hälfte seines Körpers taten so weh, dass wir nachts um drei Uhr ins nächstgelegene Krankenhaus liefen. Vier Kilometer zu Fuß, denn Walter konnte vor Schmerzen nicht mehr sitzen oder liegen, nur noch stehen und gehen. Im Krankenhaus untersuchten ihn übermüdete Ärzte, hängten Gewichte an seine rechte Hand und röntgten ihn, konnten aber nichts feststellen. Mit einem Rezept für Schmerzmittel schickten sie ihn nach Hause. Nach drei Tagen unerträglicher Schmerzen brach Walter im Flur unserer Wohnung zusammen. Er hatte schwerste Lähmungserscheinungen, seine Hand hatte sich zusammengezogen und stand grotesk vom Körper ab. Ich rief einen Krankenwagen, der auch sofort kam.

Im Krankenhaus aber musste ich erst noch einen hysterischen Anfall bekommen, bevor wir von einem Orthopäden ernst genommen wurden: Der hatte sich doch tatsächlich erdreistet, Walter einen Simulanten zu schimpfen, der sich nur vor der Arbeit drücken wolle; er solle mal besser 20 Liegestützen machen und zur Arbeit gehen. Wenig später stellte sich heraus: Zwei Halswirbel waren angebrochen und zwar so unglücklich, dass es nicht sicher war, ob Walter nicht bleibende Schäden – Lähmung! – davontragen würde. Walter spielte trotz seiner starken Schmerzen den Tapferen und versuchte, mich aufzumuntern. Auch ich biss die Zähne zusammen und versuchte, ihn aufzumuntern. Dabei kroch mir die Angst so sehr durch den Körper, dass ich nicht mehr ein noch aus wusste. Würde er je wieder gesund? Oder würde er für immer gelähmt bleiben? Ich hatte schlaflose Nächte und bange Tage, die ich an Walters Seite verbrachte.

Mit Hoffen und Beten quälte ich mich durch die Ungewissheit – ich hatte Angst, den Verstand zu verlieren. Ich begann also, meine bisherige Lebensgeschichte aufzuschreiben; ich musste etwas tun, musste meine Energie, die in dieser Situation nur in sinnlose Sorge münden würde – was natürlich niemandem half –, irgendwohin kanalisieren. So saß ich nächtelang zu Hause an meinem PC und schrieb mir meine Erinnerungen von der Seele. Ich wollte meinem Kind ein paar Erinnerungen zurücklassen, für den Fall, dass ich tatsächlich durchdrehen würde. Jama Philip sollte wissen, dass seine Mutter nicht immer verrückt war.

Ich war 39 damals – ich hatte schon eine Menge Leben angehäuft – und schrieb meine Erlebnisse als Nomadenmädchen im fernen Afrika nieder, meine Freuden, aber auch meine bitteren Schmerzen nach meiner Beschneidung und meine vielfältigen Erfahrungen als junge Frau in Deutschland. Hierher war ich mit zwölf und dann noch einmal mit 16 geschickt worden, um geheilt zu werden von meinem Rheuma, hier hatte ich mit 18 Walter kennengelernt, meinen Frankenstein vom Faschingsball, hier hatten wir geheiratet und für unsere Liebe gekämpft, hier hatten wir im März 1990 unseren wunderbaren Sohn Jama Philip bekommen, hier hatten wir unser geborgenes Leben. Und hier saß ich nun an Walters Krankenbett und fragte mich, ob es je wieder werden würde wie früher.

Ich vertiefte mich schreibend in die Vergangenheit. Dass aus diesen Notizen später mein erstes Buch werden sollte, konnte ich damals nicht ahnen. Dafür waren meine Geschichten auch nicht gedacht. Das Schreiben und Erinnern machte mir bewusst, wie viel ich schon erlebt und – später gemeinsam mit Walter – durchgestanden hatte, und so schöpfte ich die Kraft für die schwere Situation unserer Familie in der Gegenwart aus der Vergangenheit.

WEIHNACHTEN IN MOGADISCHU

Viele dieser Kindheitserinnerungen brachten mich zurück nach Mogadischu.

Alle Jahre wieder ereilte uns Kinder dort pünktlich zwischen dem 24. und 26. Dezember eine eigenartige Krankheit. Wir durften zu Hause bleiben; meine Tante Madeleine ließ uns fünf – Saida, Idil, Qaman, Ahmed und mich – von der Schule befreien; und zwar jedes Jahr wieder mit derselben Begründung für unser Fehlen. Tante Madeleine rechnete dabei fest mit dem Kurzzeitgedächtnis des Schuldirektors, der auch tatsächlich nie misstrauisch nachfragte, warum alle ihre fünf Schützlinge partout zum selben Zeitpunkt dieselbe Krankheit hatten, die dann mit dem 27. Dezember prompt wieder verschwand. Das der Krankheit zugrunde liegende Phänomen hieß Weihnachten. Tante Madeleine war katholisch – doch wir lebten ja in Somalia, das zu 99,9 Prozent muslimisch ist. Christen wie Tante Madeleines Familie waren also eine absolute Seltenheit im islamischen Somalia. Daher war es auch kein Wunder, dass Tante Madeleine sich einige Tricks einfallen lassen musste, um in Mogadischu Weihnachten im Kreis ihrer Familie feiern zu können. Tante Madeleine hatte es weiß Gott nicht leicht, aber wir Kinder machten es ihr noch schwerer, vor allem an Weihnachten. Es wollte uns einfach nicht einleuchten, warum sie einen solchen Aufwand betrieb und uns Kinder inständig beschwörte, ja keiner Menschenseele davon zu erzählen, dass wir hier Weihnachten feierten und eben nicht sterbenskrank im Bett lägen. Natürlich musste Tante Madeleine auf das Ansehen der Familie achten, denn sie war mit Onkel Abdulqadir verheiratet, der ein hohes Tier in Somalia war, kein Politiker zwar, aber jemand, der im Licht der Öffentlichkeit stand. Präsident Siad Barre – zu dessen Clan wir gehörten – hatte ihm die Aufsicht über das gesamte Druckereiwesen übertragen: von der Tageszeitung bis hin zu Pässen. Tante Madeleine musste also die Fassade wahren – und ein christliches Weihnachtsfest in einem muslimischen Staat würde da doch sehr aus dem Rahmen fallen. Zumal Saida, Ahmed und ich, die wir nicht Tante Madeleines eigene Kinder waren, sondern die von Onkel Abdulqadirs Brüdern und Halbbrüdern, Muslime waren.

Die Weihnachtsvorbereitungen waren für uns das reinste Mysterium. Tante Madeleine wieselte hektisch durchs Haus und war am Ende eines Vorweihnachtstages völlig erschöpft. Kein Wunder, denn wir wohnten standesgemäß in einem sehr großen Haus in der besten Gegend von Mogadischu – im ehemaligen sowjetischen Botschaftsgebäude. Darin stand als besonderer Luxus eine acht Meter lange Quelle-Küche, die Onkel Abdulqadir in Deutschland bestellt hatte. Sie war per Schiff angeliefert und aufgebaut worden. Allerdings blieb der Strom für all die Geräte ein ständiges Problem, denn er war nicht so konstant, wie er hätte sein sollen. Also war zum Beispiel unser Quelle-Kühlschrank wegen der häufigen Stromausfälle stets von einer Wasserlache umspült. Stand man barfuß auf den Marmorfliesen davor und öffnete die Kühlschranktür, bekam man meist einen heftigen Stromschlag. Wie stark er ausfiel, hing unmittelbar mit dem eigenen Körpergewicht zusammen: Es war ausschlaggebend dafür, wie weit man rückwärts durch die Küche geschleudert wurde.

Hinter dem Haus standen zwei große Garagen. Eine davon war für Tante Madeleines Mitbringsel aus England reserviert. Sie hatte als junges Mädchen in England studiert, bevor sie ihr katholisches Herz an einen wunderschönen somalisch-muslimischen Mann verlor und ihm nach Mogadischu folgte: Onkel Abdulqadir. Auch er steckte voller europäischer Bildung, denn er hatte in den

Niederlanden Agrarwirtschaft studiert. Gemeinsam kehrten sie 1969 nach Somalia zurück, bekamen zwei Kinder und nahmen später auch uns andere – ihre Neffen und Nichten – bei sich auf.

Auch Onkel Abdulqadir war seinerzeit von einem Verwandten in Mogadischu aufgenommen, zur Schule und später zum Studium nach Europa geschickt worden. In Tante Madeleines Garage waren seltsame Dinge aus ihrer europäischen Zeit untergebracht: große Seemannskisten, Schrankkoffer und ein mannshoher, geheimnisvoller Karton, der fest mit Klebeband umwickelt war. Es war uns strengstens verboten, die Garage zu betreten; abgesehen davon hatte Tante Madeleine starke Sicherheitsvorkehrungen getroffen: Eine doppelte Sicherheitskette wurde mit einem massiven Vorhängeschloss zusammengehalten – und den Schlüssel dazu hatte Tante Madeleine gut versteckt. Aber wie wohl alle Kinder wussten wir ganz genau, wo er war. Eines von uns musste immer Schmiere stehen, wenn die Eltern außer Haus waren und wir uns an das Versteck heranpirschten; denn es hätte ja immer noch das Kindermädchen auftauchen können.

Geschickt machten wir uns ans Werk: Erst mussten wir leise zum zweiten Schrank im Schlafzimmer schleichen, dann die dritte Türe öffnen, den dicken dunkelblauen Mantel mit dem roten Kragen von Onkel Abdulqadir nach links schieben und dann den Knopf an der kleinen Schublade mit der Geheimnummer drehen: Zweimal nach rechts, einmal nach links, und wenn es »klick« machte, vorsichtig öffnen. Hier lag Tante Madeleines Garagenschlüssel und Onkel Abdulqadirs Pistole. Wir haben seine Pistole oft für militärische Spiele missbraucht und auch der dicke russische Mantel musste dafür herhalten: Schließlich konnte ein General ohne Mantel und Pistole keine Befehle erteilen – zumindest hatten wir das immer genauso in den indischen Originalfilmen mit englischen Untertiteln gesehen. Obwohl wir natürlich darauf achteten, die Pistole nur am Griff zu fassen und nicht versehentlich den Abzug zu drücken, wird mir heute immer noch ganz mulmig, wenn ich daran denke, was im Spiel alles hätte passieren können. Auch der Garagenschlüssel wanderte regelmäßig durch unsere Hände und so konnten wir durch die geheimnisvolle Garage stöbern. Als Nomadin besaß ich nur sehr wenige persönliche Gegenstände und war sehr neugierig auf all die schönen Dinge, die sich da vielleicht in dem großen Karton verbergen mochten; doch als wir schließlich davorstanden, verließ mich der Mut, ihn zu öffnen und so zogen wir unverrichteter Dinge von dannen. Wir brachten den Schlüssel zurück ins Versteck, verwischten alle Spuren und warteten als brave Kinderschar auf die Rückkehr unserer Eltern.

Onkel Abdulqadir war ein wunderschöner, immer gut duftender Mann und Tante Madeleine die Eleganz in Person mit täglich wechselnden Frisuren – toupiert, geflochten, hochgesteckt, lang und glatt oder mit Tüchern verfeinert. Onkel Abdulqadirs und Tante Madeleines leibliche Tochter Idil hingegen war eine Zumutung von einem Kind: Ständig heckte sie neue Streiche aus, vor allem, wenn große Ereignisse ins Haus standen. Sohn Qaman brauchte zum Glücklichsein nur Kekse, er war ein ganz braves Kind und ein lieber Spielgefährte, der einfach ausgeglichen seine Kekse mampfte. Außer mir hatten Onkel Abdulqadir und Tante Madeleine noch zwei weitere Kinder bei sich aufgenommen: meine Cousine Saida, die Tochter eines Halbbruders meines Onkels, und Ahmed, unseren gemeinsamen Cousin. Saida war damals schon ein rechter Pummel, doch trotz ihrer Leibesfülle beweglich wie eine Gummipuppe. Sie zögerte nicht, ihren Mathelehrer mit einem gezielten Karatekick ins Land der Träume zu schicken, als er einmal unverschämt wurde. Er hatte sie und ihre Mitschülerinnen immer mit blöden Sprüchen aufgezogen – wozu sie denn überhaupt etwas lernen würden, sie würden doch ohnehin bald Kinder kriegen und zu Hause bleiben. Und Saida verletzte er mit gemeinen Späßen über ihre Figur und ihr Gewicht, weil sie so viel schwitzte. Eines Tages war ihr schlecht, aber der Lehrer ließ sie nicht nach Hause gehen. Da schlug sie ihn kurzerhand k.o. Auch 30 Jahre später sollte ich Saida so dick und resolut wie eh und je in London wiedertreffen. Saidas und mein Cousin Ahmed war als Kind ein Lausbub, wie er im Buche steht: Er war oft damit beschäftigt, die Regenrinnen des Hauses mit Steinen zu füllen, sodass es heftige Überschwemmungen von oben gab, sobald es regnete. Oder er baute nur so zum Spaß die Batterie aus dem alten VW-Käfer in Garage Nummer zwei aus und setzte damit mal eben die Badezimmertüre unter leichten Strom. Natürlich wusste er, dass durch die 12-Volt-Batterie niemand ernstlich Schaden erleiden würde. Aber ein paar heftige Stromschläge setzte es schon, wenn man die Türgriffe berührte. Doch das kannten wir ja schon vom Kühlschrank.

Ich war in dieser bunten Familie also einiges gewohnt und konnte mir mit meiner kleinen Nomadenseele nicht vorstellen, dass das alles noch zu toppen sein würde. Doch ich täuschte mich ganz gewaltig! Ich erlitt einen hysterischen Anfall, als ich eines schönen Tages auf dem Bügelbrett Tante Madeleines Haare liegen sah. Ihre langen Haare lagen fein säuberlich ausgebreitet da und unser Kindermädchen traktierte sie mit einem zischenden und fauchenden Dampfbügeleisen. Ich begann wie am Spieß zu schreien, denn ich hatte menschliche Haare noch nie woanders gesehen als auf den Köpfen der Menschen! Es dauerte lange, bis ich begriff, dass es sich bei den Haaren nicht um Tante Madeleine persönlich handelte, die da gebügelt wurde. Das Kindermädchen lachte und lachte und freute sich tierisch über den gelungenen, wenn auch unbeabsichtigten Streich. Sie forderte mich auf, den Schopf doch einmal anzufassen, doch ich starrte sie nur entgeistert an und schrie und schrie. An diesem Tag hatte ich also das Geheimnis der vielen verschiedenen Frisuren gelüftet, die sich Tante Madeleine täglich aufs Neue auf ihren Kopf zauberte.

Die Welt in Mogadischu war voller Überraschungen. Eines Morgens im Dezember weckte uns Tante Madeleine sehr aufgeregt. Wir fragten sie verwundert und verschlafen, was denn los sei. Statt einer Antwort scheuchte sie uns zum Kindermädchen, das auch Fadumo hieß. Fadumo putzte uns groß heraus. Aber womit! Leider hatte Tante Madeleine die schreckliche Angewohnheit, uns Mädchen alle mit den gleichen Kleiderstoffen, Mustern und Schnitten auszustatten. Und das, obwohl wir alle nicht nur unterschiedlich groß, sondern auch sehr unterschiedlich füllig waren: Saida war äußerst korpulent, ich ein Hauch von Etwas, die kleine Idil – unsere wildeste Maus – war extrem dünn. Doch wir alle trugen dieselben Blumenmuster mit afrikanischen Motiven und Rüschen am Hals – in den Kleidergrößen 32 bis 44. Dazu zogen uns unsere zu Zöpfen geflochtenen Haare die Kopfhaut bestimmt drei Zentimeter nach hinten, sodass wir kaum blinzeln konnten. (So muss sich Lifting anfühlen.) Kurzum: Dick und Doof und Dünn, das trifft das Bild, das wir Orgelpfeifen abgaben, genau. Nur die Jungs, Ahmed und Qaman, hatten es besser: Sie trugen einfach Hemd und Hose.

Tante Madeleine führte uns ins Wohnzimmer. Es verschlug uns den Atem und die Sprache: Gestern Abend war doch dort auf dem schwarz-weißen Ziegenfell noch die Afrika-Ecke gestanden mit den Klapphölzern und dem Tisch mit dem kenianischen Häuptlingskopf ... Jetzt stand da ein merkwürdig aussehendes glitzerndes Etwas – wir konnten es nicht so schnell erkennen. Da sagte Tante Madeleine mit feierlichem Gesichtsausdruck: »Kinder, es ist Weihnachten! Und das ist unser Weihnachtsbaum!« Sie deutete auf das Ding auf dem Ziegenfell mit Glitzerkugeln, wunderschönen langen, silbernen Fäden und flimmernden Elektrokerzen. Woher hatte sie bloß einen solchen Baum bekommen? Hier im tropischen Somalia bei über 40 Grad Hitze und 80 Prozent Luftfeuchtigkeit? »Na ja«, fuhr Tante Madeleine fort, »er ist zwar aus Plastik, aber ohne

Zweifel ein Weihnachtsbaum.« »Was ist Weihnachten?«, fragten wir Kinder wie aus einem Mund, denn das Wort hatten wir noch nie gehört! Erst machte Tante Madeleine ein leise enttäuschtes Gesicht, dann fasste sie sich: »Wisst ihr noch, wie wir vor sechs Wochen Iid gefeiert haben? Das ist das muslimische Fest des Fastenendes. Und heute feiern wir eben ein christliches Fest – und das heißt Weihnachten.« Das leuchtete uns ein, auch wenn wir nun eine Geschichte erzählt bekommen sollten, die uns reichlich seltsam erschien. Es war Tante Madeleines stark verkürzte Version der Weihnachtsgeschichte: Eine Frau, die Maria Muttergottes hieß, hatte ohne einen Ehemann ein Kind empfangen. Sie musste dann noch während ihrer Schwangerschaft die Heimat verlassen und immigrierte nach Bethlehem, wo sie in einem Stall einen Sohn bekam. Der hieß Jesus, also Isa. Und dieser Sohn wurde dann Prophet. Aber weil er so revolutionäre Ideen hatte – von Frieden und so –, wurde er schließlich ans Kreuz genagelt; die Menschen waren eben einfach noch nicht reif für solche Ideen.

Während die Tante das erzählte, wurden wir Kinder immer blasser und unsere Augen immer größer vor Schreck; so viel Brutalität hatten wir nicht erwartet, wir dachten, wir würden heute etwas ganz Tolles feiern, zumindest hatte das doch die Tante so gesagt ... Sie erklärte uns, dass heute, an Weihnachten, eben die Geburt von Jesus-Isa gefeiert würde, alle Christen täten das auf der Welt. Später würden sie auch Jesus Tod betrauern und seine Auferstehung von den Toten feiern – das würde man dann an Ostern tun. Sie bemerkte unsere verstörten Blicke und sprach beruhigend auf uns ein: Nein, nein, wir bräuchten uns nicht zu fürchten, es sei ja alles gut ausgegangen: Jesus sei dann in den Himmel aufgefahren (aha, wie mochte so was wohl gehen?!) und würde nun mit seiner Mutter und seinem Vater (soso, also doch ein Vater?) dort oben sitzen und auf uns aufpassen. Mit dieser seltsamen Geschichte konnten wir rein gar nichts anfangen und waren froh, als sie endlich vorbei war. Dann übergab uns Tante Madeleine sehr feierlich einige wunderbar verpackte Geschenke, die unter dem Glitzerplastikbaum gelegen hatten. Sie hatte sie – so erzählte sie uns später – bis zu diesem Tag in einem riesigen Karton in ihrer Garage versteckt. Nun war also auch dieses Geheimnis gelüftet. Ich war so gerührt, dass ich mein wunderschönes Geschenk auf gar keinen Fall öffnen wollte. Und zugleich beschämt – wie wir alle –, denn wir hatten kein Geschenk für die Tante. Aber es war unser erstes Weihnachten, wir konnten es nicht wissen.

Der Tag ging so aufregend weiter, wie er begonnen hatte. Für den Abend wurden viele Gäste erwartet, fast ausschließlich Diplomaten aus aller Welt – mein Onkel und Tante Madeleine gaben einen Weihnachtsempfang, den sie aber offiziell nicht so nannten, sie bezeichneten es einfach als festlichen Empfang. Der Koch musste zur Feier des Tages eine schneeweiße Schürze umbinden und eine Kochmütze aufsetzen. Außerdem musste er zu seinem größten Bedauern ausnahmsweise in Schuhen servieren; normalerweise lief er immer barfuß durchs Haus. Natürlich erwartete Tante Madeleine von uns Kindern ein Höchstmaß an gutem Benehmen und deshalb spielten wir eine Generalprobe für das Empfangen und Begrüßen der Gäste durch: Wir wurden in Reih und Glied auf der unteren Terrasse postiert. Onkel Abdulqadir spielte den Gast und wir alle übten das artige Handgeben. Wir Mädchen mussten dazu einen leichten Knicks machen, die Jungs einen perfekten Diener – und natürlich wurde ein festerer Händedruck von ihnen erwartet.

Meine Tante ging wie ein General neben meinem Onkel her und verfolgte mit Adleraugen, ob wir auch alles richtig machten. Es lief wie am Schnürchen und Tante Madeleine war entzückt über das gute Benehmen ihrer Kinder. Sie lobte uns und versprach uns – vorausgesetzt, alles würde gut gehen –, dass wir einen Monat lang ins Kino gehen dürften, sooft wir wollten, um uns dort indische

Filme mit englischen Untertiteln anzusehen. Cowboyfilme waren verboten, denn dort würde geküsst und es seien auch allzu tiefe Dekolletes und Cowboys in langen Unterhosen zu sehen – das sei nichts für uns Mädchen.

Die Vorbereitungen gingen weiter: Der Garten wurde kräftig gegossen, damit es ja nirgends staubte, die Autos wurden gewaschen; ganz besonders herausgeputzt wurde der neue, schicke Audi 80 aus Garage Nummer eins. Tante Madeleine lief den ganzen Tag mit Lockenwicklern und Schönheitsmaske durchs Haus. Wir Kinder wurden geduscht und bekamen dann noch Henna aufs Haar, damit es schön glänzte. Außerdem mussten wir uns schon wieder umziehen: Diesmal hieß es für uns Mädchen: alles in Rosa mit schwarzen Lackschühchen. Die Jungs durften sich wieder humaner kleiden: Hemd und Hose, dafür aber mit gelacktem Haar!

18 Uhr. Rüschenkleidchen gebügelt, Schuhe poliert, bereit zum Empfang. Wie die Orgelpfeifen standen wir Seite an Seite und erhielten letzte Anweisungen. Noch zehn Minuten Countdown bis zum ersten Gast. Dann geschah es: Mit einem Mal riss sich die kleine Idil von der Hand unseres Kindermädchens los und sprintete wie wild durch den Garten, quer durch das frisch gegossene Blumenbeet und durch die Hibiskusbüsche. Die Generalprobe war einfach zu gut verlaufen, die Katastrophe passierte jetzt während der Uraufführung. Idil warf sich wie ein alter Maulesel in den Staub und wälzte sich kichernd in der frischen Matsche. Meine Tante war der Ohnmacht nahe, und wir anderen sahen unsere schönen Kinoabende in weite Ferne rücken. Eigentlich war es zu erwarten gewesen; es hatte schließlich noch kein großes Ereignis ohne Idils Streiche gegeben. Immerhin hielt sich das Ausmaß dieser Bescherung noch in Grenzen, denn die Gäste waren noch nicht da. Das letzte Mal, als wir hohen Besuch hatten, wollte Idil den Koch beim Servieren der kalten Speisen zu Tode erschrecken. Sie legte sich also zum Spaß in den Kühlschrank.

Doch sie hatte nicht mit der Langsamkeit unseres Kochs Sheekh Hasan gerechnet: Er öffnete die Kühlschranktür weitaus später, als von Idil berechnet, und sie wäre beinahe erfroren. Ein anderes Mal wollte sie partout nicht mit zu einem Besuch gehen. Also rannte sie in voller Absicht gegen das aus der Wand ragende Ende der Klimaanlage. Dass sie dabei eine Zahnecke einbüßte – damit hatte sie wohl auch nicht gerechnet. Idil war eben ein echtes Teufelchen mit Sturkopf: Wenn sie etwas nicht essen wollte und man sie dazu zwang – übergab sie sich kurzerhand auf den Tisch. Kaum zu glauben – dabei sah sie wie ein Engel aus mit ihrem glatten, pechschwarzen Haar, riesengroßen Augen und einer Hautfarbe wie Milchkaffee.

HAUSFRIEDEN ODER EINE GANS NAMENS MATHILDA

Dieses erste Weihnachtsfest wird mir immer unvergesslich bleiben. Es steht so sinnbildlich für die Weihnachtsfeste in aller Welt, für all die Familien, die mit großen Erwartungen in dieses Fest gehen. Es steht auch für die Sorge der Eltern, ein Fest könne nicht schön, harmonisch und glücklich verlaufen. Mit meiner eigenen kleinen Familie hatte ich nun schon viele schöne Weihnachtsfeste gefeiert, in München meist im Kreis meiner lieben Nachbarn und Freunde. Nun saß ich an Walters Krankenbett und fragte mich, ob wir je wieder ein unbeschwertes Weihnachten feiern würden? Was, wenn Walter gelähmt bliebe und wir mit seiner Behinderung leben müssten? Ich wusste, auch damit würden wir zurechtkommen, das war mir sonnenklar. Schließlich hatten wir über die Jahre gelernt, immer wieder mit schwärzesten Nachrichten und Schicksalsschlägen zu leben; immer wieder hatten wir Schreckensmeldungen aus dem Bürgerkrieg in Somalia verkraften müssen, wussten wochenlang nicht, ob meine Brüder und meine Schwester, mein geliebter Vater oder Onkel Abdulqadir noch lebten. Immer wieder banges Hoffen und oft auch niederschmetternde Gewissheit: mein Lieblingscousin – umgebracht, meine Cousine – zwischen zwei Autos gespannt und bei lebendigem Leib zerrissen, eine Tante – gesteinigt, mein Vater – auf einem LKW von einer Mine in die Luft gesprengt. Meine einzige, geliebte Schwester – gestorben, weil keine Medikamente aufzutreiben waren. Diesen Horror auszuhalten gelang uns nur, indem wir uns sagten: »Wir haben doch immer noch uns. Und wenn die Erde auf vier Eckpfeilern ruht, dann sind wir – Walter, Fadumo, Jama Philip –

schon mal drei davon; und das ist die Mehrheit.« Es würde weitergehen, ganz klar.

Wochen später dann ein Lichtstreif am Horizont; Walter konnte seinen rechten Arm wieder spüren und bewegen. Bis dahin hatte er nichts mehr greifen und halten können, alles war gleich zu Boden gefallen; er hatte kein Gefühl mehr in den Fingern und verbrannte sie sich an heißen Tassen. Hätte er sich die Finger in einen Schrank eingeklemmt, er hätte hinsehen müssen, um sich den Schmerz vorstellen zu können. Die Ärzte sagten uns, seine Halswirbel würden zwar gut zusammenheilen, aber seine Knochen seien doch sehr brüchig – wohl durch seine atemberaubende Sportlerkarriere in früheren Jahren; Walter war als Jugendlicher bayerischer Bundeswehrmeister im Weitsprung gewesen, später sportelte er lange Jahre als Handball- und Fußballtorhüter. Sein Spitzname war »Korni Katapult«. Eigentlich war er zu klein für das Tor, aber er machte durch seine unglaubliche Sprungkraft alles wett. Er wurde bayerischer Juniormeister mit der Schnellfeuer-Pistole, und natürlich war er auch Tennisspieler. Weil nun die Knochen nicht mehr die besten waren, wollten die Ärzte ihm eine Titanplatte ins Genick operieren, damit er sich nicht noch weiter den Hals bräche. Gesagt – getan. Jetzt hat Walter Metall im Nacken. Das Fliegen mit ihm ist seither sehr lustig, denn jetzt piepst es bei ihm während jeder Sicherheitskontrolle. Und weil er vergessen hat, seine Metallplatte in den Pass eintragen zu lassen, wird er von den Sicherheitsbeamten immer ins Separee gebeten, wo sie dann aber nie etwas finden.

Walter wurde also wieder gesund – und das hieß: Wir würden in diesem Jahr an Weihnachten nicht nur die Geburt Jesu, sondern ein bisschen auch Walters Wiedergeburt nach schwerer Krankheit feiern. Die Vorbereitungen dazu beginnen üblicherweise im Oktober. Unser ganzes Haus ist daran beteiligt. Wir leben in einer fantastischen Nachbarschaft und freundschaftlichen Solidarität in unserem Mietshaus in München-Haidhausen. Unkompliziert und völlig selbstverständlich helfen wir einander, wann immer Not am Mann oder an der Frau ist.

Im Nachhinein kann ich lachen über meine Erinnerung an einen speziellen Einsatz seitens meiner Nachbarn, damals war mir alles andere als lustig zumute: Mein kleiner Sohn und ich hatten gleichzeitig Windpocken bekommen. Was für ihn eine normale Kinderkrankheit war, war für mich als erwachsene Frau sehr schmerzhaft. Ich hatte als Kind keine Windpocken gehabt – trotz der verzweifelten Bemühungen meiner Mutter, mich mit anderen kranken Kindern zusammenzubringen, damit ich mich ansteckte. Ich blieb völlig verschont von Windpocken – erst mein damals fünfjähriger Sohn Jama Philip schaffte es schließlich, mich anzustecken. Als ich meinen ersten Pickel am Steißbein bekam, meinten die Ärzte: Unmöglich, das können keine Windpocken sein. Am nächsten Morgen lag ich allerdings schon im Delirium mit 40 Grad Fieber. Ich war felsenfest davon überzeugt, ich könne fliegen, den Türrahmen habe ich nicht mehr ernst genommen und bin einfach dagegengelaufen – ich halluzinierte und sah die Türe, wie sie sich verbog und auflöste, bis sie nicht mehr da war, sodass der Weg frei war und ich hindurchfliegen konnte. Ich wollte auch durchs Fenster hinaus- und dann spazierenfliegen. Nun mussten auch die Ärzte einsehen: Ja, es sind wohl doch Windpocken. Ich bekam eine klebrige weiße Paste, musste mich von Kopf bis Fuß einschmieren und lag leidend in meinem Bett. Da kam meine Nachbarin Uschi vorbei und brachte mir eine Suppe ans Bett mit den Worten: »Ja so was! Da liegt aber ein wunderschönes Gespenst im Bett!« Aber mir war gar nicht zum Lachen. Auf das Tablett mit der Suppenschüssel hatte Uschi noch ein Röslein gestellt und mein Herz ging auf. Die Freude über so liebe Nachbarn, die Freunde wurden und immer Freunde blieben, überwältigte mich.

Auch später, als ich es wagte, meine rheumatisch verkrümmte Hand operieren zu lassen, sorgten Uschi, Evi,

Margret und Marina für mich – nein, für uns: Sie kochten abwechselnd und gingen mit Jama Philip spazieren oder nahmen ihn mit auf ihre Fahrradausflüge, damit ich ohne schlechtes Gewissen gesund werden konnte.

Unsere Nachbarn sind unsere Familie, deshalb feiern wir Weihnachten zusammen. Die Gans, die später für unser Weihnachtsmahl geschlachtet wird, lernen wir im Oktober kennen. Sie wohnt auf einem Bauernhof in der Nähe von Wasserburg, beim »Gansbauer«. Wir dürfen uns dort eine Gans aussuchen – und Walter gibt ihr immer einen Namen, zum Beispiel Mathilda, obwohl ich ihn jedes Mal bitte, es nicht zu tun: »Walter, bitte, gib ihr keinen Namen, sonst kann ich sie nicht essen!« Aber ich esse sie dann natürlich doch – im Kreise unserer Lieben aus dem Haus, mit Blaukraut, Knödel und Wein oder herrlichem bayerischen Weißbier.

Unser Weihnachtsfestessen, das traditionell am 25. Dezember stattfindet, wird generalstabsmäßig geplant. Walter holt die Gans Mathilda am 23. Dezember ab. Dann ist es meine Aufgabe, den Hals und die sonstigen Kleinteile zu kochen – das gibt eine schöne Sauce für die Knödel. Bevor Walter noch einmal in die Arbeit muss, salzt er seine Mathilda liebevoll ein und packt sie in einer extragroßen Gefriertasche ins leergeräumte Tiefkühlfach. Ein solches Tier ist ja nicht gerade klein, sondern wiegt schon gut und gerne sieben Kilo, und wir brauchen ja auch mindestens sechs Portionen. Unsere Mathilda hat zum großen Erstaunen der Kinder meist mehr als sechs Haxen. Denn je nach Anzahl der Kinder müssen wir welche dazulegen – alle unsere Jungs essen nämlich so gerne die Gänsekeulen.

Am 25. Dezember wird Mathilda dann gegen 13 Uhr in den Ofen geschoben. Nachbarin Evi macht sich unterdessen am Blaukraut und den Kartoffelknödeln zu schaffen; und da sie das Blaukraut mit frischem Gansfett zubereitet, wuseln wir immer zwischen Evis und unserer Wohnung hin und her. So geht das bis 17 Uhr, dann geht

Walter erst einmal in die Badewanne, weil er jedes Mal sagt: »Ich rieche schon selbst wie eine Gans!« Während Walter wieder zu Walter wird, beobachte ich Mathilda im Ofen und übergieße sie mit kaltem Wasser, damit sie nicht anbrennt. Nachbarin Uschi kommt dann mit der Nachspeise dazu, die sie bei sich vorbereitet hat; leider wohnt sie nun nicht mehr bei uns im Haus, aber der Hausfamilie und ihrem Weihnachtsritual bleibt sie treu. Und dann kommt die duftende, dampfende, krosse Mathilda auf den Tisch, an dem wir uns alle versammelt haben – wie eine richtige Großfamilie eben. Dabei denken wir oft gemeinsam an die vielen Menschen, die an Weihnachten einsam sind, weil sie sich nicht so wie wir eine eigene Familie haben basteln können.

SOMALIA –
ZERRISSEN VOM BÜRGERKRIEG

Ich bin dankbar für eine solche Hausgemeinschaft, sie erinnert mich immer wieder daran, dass ich in einem Familienclan aufgewachsen bin – inmitten von Menschen, die alle irgendwie zur weiteren oder näheren Familie gehörten und mit denen wir als Nomaden von Weideplatz zu Weideplatz zogen – damals, als in Somalia noch Frieden herrschte. Als ich geboren wurde – 1964, im Jahre des Großen Regens –, da war Somalia gerade vier Jahre unabhängig von den Kolonialmächten Italien, Großbritannien und Frankreich, unter dessen Oberherrschaft dieser äußerste Teil Ostafrikas seit dem Ende des 19. Jahrhunderts gestanden hatte.

Somalia war immer ein armes Land, Bodenschätze gibt es dort nicht außer ein paar unbedeutenden Ölfeldern am Horn von Afrika. Die Menschen lebten schon immer von der Landwirtschaft: In den fruchtbareren Gebieten vom Ackerbau, sonst von ihren Herden. Sie zogen als Nomaden mit Kamelen, Ziegen und Schafen durch die Lande, seltener auch mit Rindern. Als ich fünf Jahre alt war, 1969, da stürzte pro-sowjetisches Militär die Regierung und der neue Präsident Siad Barre rief die Sozialistische Republik Somalia aus. Er war mein Onkel. Siad Barres Großvater und der Großvater meines Vaters waren Brüder gewesen. Wir gehörten zum Clan der Marehan. Der neue Präsident war eigentlich angetreten für eine Modernisierung des Landes nach neuen, sozialistischen Ideen. Er wollte eine gleichberechtigte und mündige Gesellschaft, und seine Reformen waren zunächst von Erfolgen gekrönt: Er führte eine einheitliche Schriftsprache ein und die Schulpflicht, bis dahin waren über 95 Prozent der Menschen in Somalia Analphabeten. Endlich gab es eigene Zeitungen, und das neu eingeführte Gesetz zur Gleichstellung der Frau führte dazu, dass Frauen nicht nur studieren, sondern in alle Ebenen der Gesellschaft vordringen konnten als Ärztinnen, Juristinnen, Ministerinnen, Journalistinnen. Es herrschte Aufbruchsstimmung und der Fortschritt war nicht zu stoppen.

Anfangs ging mein Onkel Siad Barre auch scharf ins Gericht mit dem Clanwesen, das Somalia bislang beherrschte: Die Clanzugehörigkeit sollte nun keine Rolle mehr spielen, man durfte sie offiziell nicht einmal erwähnen; wir alle seien Somalis, hieß es fortan. Doch so schnell ließen sich diese jahrhundertealten, verwurzelten Traditionen nicht abschaffen, und auch Siad Barre machte sich angreifbar, denn – obwohl er sich auch den Kampf gegen Vetternwirtschaft auf die Fahnen geschrieben hatte – er besetzte wichtige Positionen in Politik, Wirtschaft und Verwaltung des Landes mit Familienmitgliedern, mit Marehan. Mein Onkel Abdulqadir wurde auf diese Weise zu einem hohen Funktionär im Druckereiwesen, ein anderer zum Geheimdienstchef, ein dritter zum Finanzminister. Der Unmut gegen diese Praxis wuchs nicht nur bei anderen Clans – über die Jahre hinweg wurde die gesamte Bevölkerung immer unzufriedener, denn Somalia war nach wie vor ein bitterarmes Land, in dem soziale Spannungen und Grenzkonflikte gärten, in dem das Militär über Gebühr finanziell gehätschelt wurde, Betriebe unwirtschaftlich produzierten und die Korruption grassierte. Die Stimmung schlug um. 1977/1978 verlor Somalia einen Grenzkrieg gegen Äthiopien; dann brach Siad Barre mit der Sowjetunion und wandte sich dem Westen zu. Doch den interessierte das arme Land am Horn von Afrika nicht wirklich. Ende der 70er-Jahre kam es zu wiederholten Aufständen und Putschversuchen gegen Siad Barre, der wiederum die Zügel strammer zog und zunehmend mit Repression reagierte und regierte.

Anfangs bekam ich gar nichts davon mit. Meine Kindheit als Nomadin im Kreis meiner Eltern und anderer Familienmitglieder verlief gänzlich unpolitisch und ohne jegliche Privilegien, auch wenn Onkel Abdulqadir ein hohes Tier im Clan des Präsidenten war. Wie viel Macht, Einfluss und Geld der Regierungsclan hatte, zu dem auch Onkel Abdulqadir gehörte, spürte ich erst, als ich mit acht Jahren zu meinem Onkel nach Mogadischu kam und dort ein märchenhaftes, privilegiertes Leben kennenlernte – in einer großen Villa am Meer mit einer Quelle-Küche und höchster Eleganz. Aber auch in diesem Alltag bei Onkel Abdulqadir spielte Politik keine Rolle. Es wurde nie darüber gesprochen, wir hatten ein heiles und harmonisches Familienleben – es waren ja noch die euphorischen Jahre des Aufbruchs in Somalia.

Erst sehr viel später, als ich eine denkende junge Frau geworden war und wegen meiner Gesundheitsprobleme in Deutschland lebte, entwickelte ich allmählich eine Außenperspektive auf mein Land Somalia – und auf die Politik, die dort gemacht wurde. Zunächst wollte ich nicht wirklich wahrhaben, was in der westlichen Presse geschrieben wurde: dass Somalia eine Diktatur sei. Doch spätestens, als ich dann 1986 mit meinem Mann Walter nach Somalia fuhr, um ihn meiner Familie vorzustellen, war es ganz klar: Somalia war eine Diktatur. Viele Mitglieder des regierenden Clans missbrauchten ihre Macht; im Land herrschte Angst vor dem Regierungsclan der Marehan, und die Willkürherrschaft und Repression waren offensichtlich. Wie hatte das passieren können? Ich war ratlos und begann Siad Barres Herrschaft zu hinterfragen – erst nur für mich, dann im Gespräch mit meinem großen Bruder Jama. Doch der reagierte gereizt. Onkel Abdulqadir fragte ich nichts, ich spürte eine fast despotische Selbstherrlichkeit in meiner ganzen Familie. Ein Jahr später, 1987, flog ich noch einmal alleine nach Somalia. Diesmal traute ich mich, Onkel Abdulqadir anzusprechen auf all das, was ich nun aus der

Presse wusste; doch er tat das alles als Lügenmärchen der westlichen Medien ab. Dabei sah ich die traurigen Zustände mit eigenen Augen.

Es gab einen leisen Bruch zwischen mir und meinem Onkel. Die einst harmonische Familie war schon lange auseinandergebrochen, Onkel Abdulqadir und Tante Madeleine hatten sich bereits 1979 scheiden lassen – in dem Jahr, als ich endgültig nach Deutschland ging. Onkel Abdulqadir hatte nun wechselnde Frauen, und Tante Madeleine lebte isoliert. Der einstige Glanz und die märchenhafte Eleganz aus Kindertagen hatten einen schalen Nachgeschmack bekommen. Mit meinem Onkel war nicht mehr zu reden. Bei diesem Besuch in Somalia sah ich meinen Vater und meine Schwester Khadija zum letzten Mal. 1988, ein Jahr später, brachen blutige Unruhen aus, als grausame Vorstufe zu einem langen Bürgerkrieg, in dessen Verlauf nicht nur sie, sondern so viele meiner Verwandten sterben würden. Und so sollte ich mein Land bis heute nicht mehr wiedersehen.

Der lang angestaute Unmut und der offene Widerstand der Bevölkerung gegen Siad Barre entlud sich 1988. Der Präsident ließ den Aufstand blutig niederschlagen und schickte auch gegen die nun eskalierenden Anschläge und Überfälle Militär ins Feld. Die Regierung kämpfte gegen die eigene Bevölkerung – mit Massakern, willkürlichen Verhaftungen, Blutbädern. Die Lage war außer Kontrolle, die somalische Armee löste sich auf, es herrschte Chaos, blinder Hass – und Tod. 1991 musste Siad Barre schließlich aus Mogadischu fliehen – und so begann der Bürgerkrieg.

Es war das Jahr, in dem unser Sohn Jama Philip geboren wurde und ich Gefahr lief, zwischen höchstem Mutterglück und verzweifelter Sorge um meine Familie zerrieben zu werden. Mein heiles Leben in München schien mir unwirklich und unverdient angesichts der grausamen Ereignisse, die aus Zeitungen und Fernsehen zu mir drangen. Ich konnte nichts tun, musste aber ständig neue Schreckensmeldungen verkraften: Mittlerweile kämpfte jeder gegen jeden, rivalisierende Clans, Rebellen- und Regierungstruppen, Parteien und Splittergruppen. Marodierende Banden und Meuchelmörder hinterließen zusätzliche Spuren der Verwüstung und der Gewalt. Die Marehan wurden systematisch eliminiert. Sie bezahlten nun kollektiv die Jahrzehnte der Herrschaft mit dem Leben – darunter waren auch viele meiner Angehörigen, die gar nichts mit der Politik zu tun hatten. Ich konnte nur hoffen und beten, dass meine Brüder und meine Schwester überleben würden, denn mein Vater war schon tot – ohne dass ich in meiner Schreckensstarre um ihn weinen konnte. Das konnte ich erst viele Monate später, als klar war, dass meine geliebte Schwester Khadija eine abenteuerliche Flucht nach Kenia überlebt hatte und dass auch mein großer Bruder Jama, nach dem wir unseren Sohn Jama Philip benannt hatten, in Sicherheit war – in Uganda. Mein Bruder Mohamed war in ein Gebiet geflohen, in dem vor allem Marehan lebten, wo er also in relativer Sicherheit war, und Ahmed wurde von seiner Frau versteckt gehalten; sie stammte aus dem Clan der Hawiye – aus dem Clan, der gerade das Land in die Zerstörung trieb. Dass Menschen über Stammesgrenzen hinweg heiraten sollten, um sich zu vermischen und damit es nicht zu Brüderkriegen kommen sollte, war auch eine der revolutionären Ideen Siad Barres gewesen; doch leider half auch dies nicht. Und wirklich sicher war mein Bruder dort nicht.

Ich war fassungslos darüber, dass die Welt nur halbherzig handelte. UN-Resolutionen liefen ins Leere, Embargos oder Waffenstillstände wurden nicht eingehalten, Übergangsregierungen blieben schwach oder flohen ins Ausland. Erste Blauhelm-Soldaten der Vereinten Nationen (UNOSOM) versuchten, Waffenstillstandsabkommen zu überwachen und humanitäre Hilfslieferungen zu beschützen – meist vergeblich. Die Kämpfe gingen weiter, die humanitäre Katastrophe war nicht mehr aufzuhalten. Menschen verhungerten infolge von Dürreperioden, viele Hunderttausende flohen vor Hunger und Mord. Zwar entschlossen sich die Vereinten Nationen Ende 1992 zu einer militärischen Intervention, nachdem offensichtlich war, dass die UNOSOM-Kräfte die Lage nicht in den Griff bekommen würden, und entsandten fast 40 000 UNITAF-Soldaten nach Somalia. Die meisten waren Amerikaner, doch auch Soldaten der deutschen Bundeswehr waren darunter, die in Beled Weyne stationiert wurden, ungefähr 200 Kilometer von Mogadischu entfernt. Doch auch diese Intervention sollte letztlich scheitern: An dem Labyrinth aus zerstrittenen Clans und Regierungen, an Interessenskonflikten im Waffen- und Drogenhandel und schlicht an der Unkenntnis des Landes und seiner Menschen. Drei Jahre später zog die UNITAF wieder ab, und auch die restlichen UNOSOM-Blauhelme verließen 1995 das Land.

Die Welt schaute weg. Somalia blieb sich selbst überlassen. Anders als beim Golfkrieg 1991 in Kuwait ging es hier in diesem armen Land nicht um stattliche Ölvorkommen, die für den Westen gesichert werden mussten. Somalia verschwand aus dem Blickfeld der Öffentlichkeit. Doch der Krieg ging weiter. Menschen wurden niedergemetzelt, flohen oder verhungerten. Heute lautet die traurige Bilanz: Bis zu einer Million Menschen ist in Somalia seit 1991 ums Leben gekommen, eine weitere Million ist innerhalb Somalias vertrieben worden oder konnte fliehen – in andere Gebiete oder ins unmittelbar angrenzende Ausland. Viele Hunderttausende Somalier sind in die Welt hinausgeflohen, auf der Suche nach Frieden, Schutz für ihr Leben – Asyl. Onkel Abdulqadir war in die Niederlande geflohen, Cousine Saida nach Großbritannien und auch Ahmed war mittlerweile dorthin nachgekommen. Tante Madeleine lebte nun in Kanada. Andere Nichten hatten in Norwegen politisches Asyl erhalten. Walter und ich schickten Geld – nicht nur an unsere Verwandten in Somalia, auch an die, die nun im Westen gestrandet waren. Fast 50 Menschen hatten wir in diesen ersten Kriegsjahren zu unterstützen – eine ungeheure finanzielle Belastung. Sie dauert teilweise noch heute an, denn immer wieder sind unsere weltweiten Familienrettungsaktionen nötig, wenn zum Beispiel dringend medizinische Hilfe nötig ist, wie im Fall von Amina, die wir letztlich doch nicht retten konnten, oder aber wenn es darum geht, Blutrache auszuhebeln, indem man sogenanntes Blutgeld zahlt. Das war erst vor Kurzem wieder der Fall, als einer meiner Neffen in Somalia von einem verfeindeten Stamm gekidnappt wurde; angeblich habe er jemanden aus diesem Stamm umgebracht. Das ungeschriebene Gesetz der Blutrache will es, dass als Ausgleich jemand von unserem Stamm, am besten mein Neffe selbst, der angebliche Täter, als Sühne getötet wird. Der Stamm, der ihn gefangen hielt, forderte Blutgeld – dann würde er nicht geköpft. Wir zahlten sofort 700 Dollar, die wir nach einem kurzen Familienrat mit Oberhaupt Jama im Familiennetzwerk gesammelt hatten. Eigentlich hatte die Summe erst bei 500 Dollar gelegen, aber wenn man nicht sofort reagiert, steigt sie täglich. Die Kidnapper haben dafür eine zynische Begründung: Wir mussten ihm ja schließlich zu essen geben. Also tut man gut daran, schnell zu handeln, das Geld zusammenzutrommeln und die Kidnapper sofort wissen zu lassen, dass das Geld schon so gut wie unterwegs ist. Das ist wie Piraterie, nur ohne Schiff.

Bei all dem Krieg und Chaos in Somalia erstaunt mich eins immer wieder: wie zuverlässig das somalische Finanzsystem funktioniert. Neben der Telefongesellschaft sind die somalischen Finanzservices die einzige Dienstleistungsbranche, die trotz fehlender Regierung und zerstörter staatlicher Ordnung reibungslos läuft; ihre Geschäfte blühen, weil alle Menschen in Somalia – alle! – dringend darauf angewiesen sind. Es gibt Hunderte privater Finanzdienstleister in Somalia, auf die absolut Verlass ist. Die Banken funktionieren also hervorragend, und eine nutzen auch wir für unsere Überweisungen: Der Somalische Finanzservice ist eine anerkannte und legale Bank mit Sitz in Frankfurt. Von dieser Bank kann ich Geld in alle Welt versenden. Ich überweise also das Geld an das Frankfurter Bankkonto, und einige Tage später haben die Somalis das Geld in ihren Händen. Zuvor schicke ich eine E-Mail an diese Bank: »Das Geld ist für Herrn Sowieso vom Stamm X mit dem Spitznamen Y.« Dann dauert es drei bis fünf Tage, bis ich die Antwort erhalte – wieder per E-Mail: »Danke, wir haben das Geld erhalten.« Der Betreffende wird von den Mittelsmännern des Services aufgesucht – trotz des Krieges – und erhält das Geld in Dollar ausgezahlt. Das kostet uns 6 Prozent der Summe. Nur während des Ramadan ist der Transfer gebührenfrei.

Die Somalis hängen bis heute am Tropf ihrer ins Ausland geflüchteten Verwandten: Ohne ständige Geldüberweisungen und Familienrettungsaktionen, wie auch wir sie betreiben, wäre die humanitäre Tragödie in Somalia eine humanitäre Katastrophe. Diese Familienrettungsaktionen durch eine schnelle Geldspritze sind für uns, die wir außerhalb Somalias leben, Alltag. Leid, Bedrohung und Tod sind für unsere Familie dort Alltag. Was wir aus der Ferne für sie tun können, tun wir. Hinfahren und helfen können wir nicht, das wäre lebensgefährlich – und deshalb habe ich mein Land seit 1987 nicht mehr betreten. Was ich mir an sinnlichen Erfahrungen in meine Münchner Welt hinübergerettet habe, ist das wunderbare Essen und mein geliebter Shaah, der würzige Tee mit Milch, Zimtstangen, Gewürznelken und Kardamom. Wir trinken ihn literweise – auch unser mittlerweile halbwüchsiger Sohn Jama Philip kocht ihn oft schon morgens für uns alle. Natürlich habe ich Sehnsucht nach meinem Land; aber mehr noch nach meinen engsten überlebenden Verwandten, die ich nicht einfach mal so sehen oder besuchen kann: Sie leben ja entweder in Somalia oder verstreut in alle Welt: USA, Kanada, Norwegen, England, Niederlande, Dänemark, Frankreich, Kenia, Uganda. Das Telefon ist unsere Verbindung. Mein großer Bruder Jama, der jetzt – nach dem Tod unseres Vaters und später unseres ältesten Bruders Ahmed – unser Familienoberhaupt ist, schaffte es, von USA aus telefonisch diese ganze versprengte Familie – eine Riesensippe! – zu managen und zusammenzuhalten. Das ist eine enorme Belastung für ihn, gerade wenn es um Rettungsaktionen geht. Aber auf der anderen Seite ist es für ihn auch eine Bestätigung: Es tut ihm gut, als Oberhaupt um seine Meinung gebeten oder um Erlaubnis gefragt zu werden. In den Augen der Amerikaner ist er »nur« ein mittelloser Flüchtling, für unsere Familie ist er *das* Oberhaupt schlechthin. Es gibt dabei durchaus Diskussionen zwischen mir und ihm – denn Jama spricht sehr viel mit mir ab und nimmt meine Ratschläge durchaus an. Wir sind uns als Geschwister sehr nah.

Ich erinnere mich an eine heftige Diskussion, fast einen Streit: Es ging um eine Ehe zwischen Cousin und Cousine ersten Grades; diese sogenannte Cousin-Ehe wird oft praktiziert, da sie als günstige Verbindung innerhalb einer Familie angesehen wird. Als Oberhaupt der Familie wurde Jama von den Eltern der Brautleute – denn nur sie dürfen mit dem Familienoberhaupt verhandeln – um seine Erlaubnis und Zustimmung gebeten. Ich stemmte mich gegen diese Tradition und gab zu bedenken, dass das eine zu enge Verwandtschaft sei. Wir stritten – auch mit anderen Familienmitgliedern in einer Telefonkonferenz –, doch ich wurde überstimmt: Cousin und Cousine heirateten und bekamen ein Kind – Gott sei Dank war es gesund.

Auch ich frage Jama um Rat und erweise ihm damit Respekt. Natürlich nur in den Dingen, die die Beziehung zu meiner somalischen Familie betreffen – denn ich bin selbstbewusst und selbstbestimmt genug, um mir in mein Münchner Leben und meine kleine Familie nicht hineinreden zu lassen. Schon die Tatsache, dass ich damals mit 19 meinen Mann Walter – einen Deutschen! – geheiratet hatte, ohne groß um den familiären Segen zu bitten, war eigentlich ein Fauxpas und sorgte für Verstimmung in meiner somalischen Sippe. Aber es wurde akzeptiert – auch wenn Walter ein »Weißer« war, also keiner von uns; immerhin war er kein »Ungläubiger« mehr, denn Walter war schon lange, bevor wir uns kennenlernten, zum Islam konvertiert, was dann noch nachträglich die Gemüter besänftigte. Mein Alleingang wurde aber vor allem deshalb akzeptiert, weil ich durch meine rheumatisch verkrümmten Hände und Füße als behindert galt – also als »schwer vermittelbar« an einen somalischen Ehemann. Das hatte mir mein Bruder Jama bei meinem Antrittsbesuch mit Walter in Somalia an den Kopf geworfen. Er war sehr nervös damals, denn er wollte gerade selbst heiraten und wartete voller Anspannung auf die Entscheidung des Familienrats. Die Frau, die er sich ausgesucht hatte, war geschieden. Aber sie war sehr wohlhabend, und nach islamischem Familienrecht wäre mein ärmerer Bruder ihr damit gesellschaftlich nachgeordnet. Als der Familienrat, in dem neben meinem damals noch lebenden Vater viele andere Männer – nur Männer! – zusammenkamen, nach Stunden beschloss, dieser Verbindung nicht zuzustimmen, fügte sich Jama klaglos, wenn auch traurig. Ich konnte es nicht fassen, dass er wirklich andere über sein Leben, sein Glück entschieden ließ. Er gehorchte der Tradition.

Jama heiratete später eine andere Frau, floh mit ihr nach Uganda, wo ihr Kind auf die Welt kam; dann ging er allein weiter in die USA. Seine Familie konnte er nicht nachholen, sie blieb in Uganda zurück, wo er sie ein paar Wochen im Jahr besucht und ihnen ansonsten Geld für ihren Lebensunterhalt schickt. Fast sein ganzes Gehalt geht dafür drauf – und für die sonstigen Rettungsaktionen. Er kann keine großen Sprünge machen: In Ohio sind Wohnungen sehr teuer, sodass er sich die Räume mit seiner Cousine, unserer kleinen Halbschwester und einer Nichte mit ihrem Baby teilt. Und selbst die vier Wochen pro Jahr, die er sich mit seiner Familie gönnt, sind von Unsicherheit geprägt: Er muss mit der Belastung leben, sich nach seiner Rückkehr in die USA vielleicht einen neuen Job suchen zu müssen, weil sein Arbeitgeber während seiner Abwesenheit einen anderen Mitarbeiter eingestellt hat.

Zu alledem ist Jama nun also seit 2006 Familienoberhaupt. In diesem Jahr starb unser ältester Bruder Ahmed an einem Gehirnschlag in den Armen meiner älteren Halbschwester Halimo. Er hinterließ elf Kinder. Jetzt sind es nur noch zehn, denn meine Nichte Amina starb ja auf tragische Weise an den Spätfolgen der Beschneidung. Der älteste Sohn von Ahmed hat den Familienvorstand von seinem Vater übernommen, doch Jama steht über ihm. Er ist das Oberhaupt der gesamten Abdi Hersi-Familie. Dutzende Menschen, mit denen er reden, telefonieren und die er »lenken« muss. Seine Pflichten als Oberhaupt nimmt er wie eine Art Zweitjob neben seiner Tätigkeit bei einer Autovermietung wahr. Wenn die Gelder für den Fastenmonat Ramadan zur Verteilung an die Familie anstehen, rufe ich ihn nur an und frage, wer was zuerst und wie viel bekommen soll. Dann erstellt er eine Liste und schickt uns genaue Anweisungen: bitte an meine Schwester X in Somalia die Summe Y, damit die Ahnen eine Gedenkfeier bekommen; das geschieht, damit unsere Ahnen uns nicht böse gesonnen sind, sondern versöhnt mit uns leben. Das ist dann ein großes Fest ein-, zweimal im Jahr.

Als unser Sohn Jama Philip schon größer war und mitbekam, was wir mit dem Familiengeld alles unternehmen und bewirken, kam er eines Tages zu mir und sagte: »Ich möchte gern von meinem ersten Geld jemanden aus der Familie in Somalia unterstützen. Ich hab zu essen, mir geht's doch gut. Ich will was abgeben. Aber: Es soll auf jeden Fall ein Mädchen sein, damit du's weißt. Nur ein Mädchen! Kennst du eins?« Ich musste erst einmal von ganzem Herzen weinen vor Rührung. Dann riefen wir meinen Bruder Jama an und fragten um Rat, wen Jama Philip nun unterstützen könne. Mein Bruder war fassungslos: »Hast du dein Kind dazu gedrängt?!«, fragte er mich. »Na, hör mal«, sagte ich, »mein Kind kann ich zu nichts drängen oder zwingen, der war doch schon als Baby stur.« »Wirklich nicht?«, fragte er. »Nein, Jama, wirklich nicht!« Daraufhin musste auch Jama weinen, mein großer, schöner, starker Bruder, Familienoberhaupt des Abdi-Hersi-Clans. Später sollte er allen ganz stolz davon erzählen, dass sein Neffe Jama Philip, das einzige Kind seiner Schwester in Deutschland, die Pflichten eines Mannes übernommen hat – ganz von allein und ohne Zwang. Daraufhin wurden in Somalia Fürbitten für Jama Philip gelesen und Gebete gesprochen für seine gute Seele, inklusive des klassischen Segensspruchs: Möge er viele Söhne bekommen! Doch zunächst machte mein Bruder Jama eine seiner berühmten Listen und nach seinem ausgeklügelten Ranglisten-Verfahren fiel die Wahl auf eines der Mädchen meines verstorbenen Bruders Ahmed. Jama Philip richtete daraufhin von seinem spärlichen Lehrlingsgehalt als Mediendesigner einen monatlichen Dauerauftrag von 25 Euro für das Mädchen ein. Später will er die Summe aufstocken oder ein zweites Mädchen unterstützen.

BESCHNITTEN, ABER NICHT BLÖD

Dass unser Sohn Jama Philip nur Mädchen unterstützen will, hat unmittelbar mit meiner Arbeit zu tun. Seit Jahren bekommt er mit, dass ich mich gegen Mädchenbeschneidung einsetze; dass ich Vorträge halte, auf Konferenzen spreche, Aufklärungsseminare für Ärzte und Hebammen gebe, mich sehr für die Hilfsorganisation Forward e.V. einsetze, Einzelfallhilfe leiste, wo es nur geht – und dass ich tatkräftig Hilfsprojekte in Afrika unterstütze. Lange hatte es gedauert, bis ich den Mund aufmachen konnte gegen diesen Brauch, der auch mein Leben für immer veränderte. Ich hatte mit niemandem in Deutschland darüber geredet – nur mein Mann Walter wusste, dass ich beschnitten war. Unsere Hochzeitsnacht fand lange nach unserer Trauung statt. So lange hatte es gedauert von meiner ersten Bereitschaft, einen Arzt zu konsultieren, über die Operation, in der ich geöffnet wurde, bis zu meiner seelischen Offenheit für diesen körperlichen Aspekt der Liebe. Diese Sinnenfreude sollte mir ja gerade – wie fast jeder anderen Somalierin auch – durch die Beschneidung ausgetrieben werden. Es ist ein uralter Brauch.

Ich wurde mit sieben Jahren beschnitten – auf einer weiten Lichtung mitten in der somalischen Steppe. Meine Mutter hatte für meinen »großen Tag« – wie ihn alle nannten – mehrere Ziegen an die Beschneiderin gezahlt. Die alte Frau brach eine Rasierklinge in zwei Hälften; eine davon steckte sie in ein Stöckchen. Mit diesem kleinen Beil schnitt sie mir tief in meine noch kindliche Weiblichkeit, entfernte mit meinen inneren Schamlippen und meiner Klitoris auch sämtliche unbändige Lebensfreude aus meiner Seele und nähte mir mit Dornen nicht nur meine äußeren Schamlippen zu, sondern auch meine Lust am Leben. Der Schmerz schnitt mir die Kehle zu. Ich konnte nicht schreien, ich wurde bewusstlos. Als ich aus der Ohnmacht erwachte, kam endlich ein verzweifeltes »Mama, hilf mir!« aus meiner Kehle.

Ich hatte Glück – ich starb nicht an der Beschneidung wie so viele andere Mädchen. Aber ich sollte eine schlimme Entzündung bekommen, von der ich mich lange nicht erholte. Wundfiebrig, vereitert, halluzinierend und mit dem Tod ringend lag ich wochenlang in einer Art Hütte unter den Zweigen einer Schirmakazie am Rande jener Lichtung. Dann heilte die Wunde, doch meine Seele blutete aus. Nun fingen meine Gelenke zu schmerzen an und begannen, sich zu verkrümmen. Meine Fröhlichkeit und Unbeschwertheit waren verschwunden, ich aß nichts mehr und war traurig, todtraurig. Deshalb entschlossen sich meine Eltern schließlich ratlos, mich zur Heilung in die Hauptstadt zu schicken, nach Mogadischu zu Onkel Abdulqadir. Dort wartete so viel Neues und faszinierend anderes auf mich, dass ich meine Schmerzen erst einmal ignorierte. Heute weiß ich: Ich hatte nicht nur eine lebensgefährliche Infektion überlebt, deren Spätfolge mein Rheuma sein würde, sondern ich war auch schwerst traumatisiert – daher kamen die Depressionen und schweren Essstörungen. Das war mir natürlich nicht bewusst, denn in Somalia achtete kein Mensch darauf, ob ein Kind Depressionen hatte oder nicht. Kinder überleben, sie wachsen heran oder sie sterben. Doch die Bilder der Beschneidung stiegen immer wieder in mir auf. Solche Flashbacks sind typisch für nicht verarbeitete Traumata – und Millionen Mädchen und Frauen haben sie. Weil sie beschnitten wurden wie ich.

Weltweit sind zwischen 100 und 140 Millionen Mädchen und Frauen beschnitten, schätzte die Weltgesundheitsorganisation WHO im Jahr 2008. Nach Schätzung des Kinderhilfswerks der Vereinten Nationen UNICEF kommen jährlich zwei Millionen Mädchen zwischen vier und zwölf Jahren hinzu. Nicht nur in Afrika – auch in Europa. Und auch in Deutschland. Am weitesten verbreitet ist dieser uralte Brauch in 28 von 54 afrikanischen Ländern. Vor allem in Ostafrika – Somalia, Sudan, Äthiopien, Dschibuti und in Teilen Ägyptens – sind zwischen 90 Prozent und 100 Prozent aller Frauen beschnitten. Und zwar mit der schlimmsten aller Varianten – mit der sogenannten pharaonischen Beschneidung. Dabei werden erst die Klitoris und die inneren Schamlippen entfernt – mit Rasierklingen, Glasscherben, Messern oder Scheren – und dann die äußeren Schamlippen ausgeschabt und zugenäht oder mit Dornen zusammengeheftet; bis auf eine kleine, maiskorngroße Öffnung, durch die der Urin und später das Menstruationsblut nurmehr mit Müh und Not abtröpfeln kann. Der Fachausdruck für dieses Zusammennähen lautet Infibulation. In anderen Ländern Afrikas – um den Äquator herum und nördlich davon – ist auch eine weniger radikale Beschneidungsmethode weit verbreitet, die sogenannte Sunna: Hier wird »nur« die Klitorisspitze, ihre Vorhaut oder die gesamte Klitoris beschnitten. Ein Mittelding zwischen pharaonischer Beschneidung und Sunna ist die sogenannte Exzision: Es werden zwar die Klitoris und die inneren Schamlippen beschnitten – manchmal auch die äußeren –, aber es wird danach nichts mehr zusammengenäht.

Die Folgen der Beschneidung sind verheerend: Viele Mädchen sterben infolge von unstillbaren Blutungen, Wundschock oder aufgrund der unhygienischen Vorgehensweise und Wundversorgung an Blutvergiftung. Oft verletzen die Beschneiderinnen auch Harnleiter, Blase, Damm oder Vagina, entweder weil sie keine Ahnung vom menschlichen Körper haben oder weil die wild um sich schlagenden Kinder ihnen das Instrument aus der Hand schlagen oder treten. Kein Mensch kann stillhalten, wenn ihm bei lebendigem Leib Fleisch aus dem Körper geschnitten wird. Das Messer, die Scherbe, die Rasierklinge – oder mit welchem Instrument auch immer die Beschneidung vorgenommen wird – landet dann auf dem Boden, im Dreck oder Staub. Die Beschneiderin hebt es wieder auf und schneidet damit weiter. Dreck und Bakterien gelangen in die Wunde und es kommt zu schlimmsten Infektionen. Ein Wunder, dass Mädchen dieses grausame Ritual überhaupt überleben. Chronische Entzündungen der Harnwege oder Eierstöcke sind häufige Spätfolgen; auch Unfruchtbarkeit ist eine ungewollte, aber gängige Folgeerscheinung.

Ein Mädchen, das zugenäht – infibuliert – wurde und nur noch ein maiskorngroßes Löchlein hat, leidet lebenslang an starken Schmerzen während der Periode und kann nur mühsam Wasser lassen. Toilettengänge, die eine halbe Stunde und länger dauern, sind für derart beschnittene Frauen normal. Auch Verstopfungen durch nicht abfließendes Menstruationsblut können lebensgefährlich werden – wie im Falle von Amina, meiner Nichte, der unsere Familienrettungsaktion nicht mehr helfen konnte. Frauen, deren Klitoris entfernt wurde, haben vermutlich oft eine verminderte Orgasmusfähigkeit – aber sie kennen es nicht anders. Oft aber geht die Lust auf sexuelle Begegnungen auch ganz verloren.

Eine infibulierte Frau muss später, wenn sie verheiratet ist, ja wieder geöffnet werden, damit Geschlechtsverkehr überhaupt möglich wird. Diese sogenannte Defibulation führt entweder der Ehemann mit seiner Frau durch, indem er versucht, sie mit seinem Glied zu öffnen – ein für beide Seiten höchst unangenehmer, schmerzhafter, oft tagelang wiederholter Vorgang, der nicht selten damit endet, dass der Mann zum Messer greift, um seine Frau aufzuschneiden, oder aber sie tut es selbst; im besten Fall wird eine Hebamme oder ein Arzt aufgesucht, um die Frau zu defibulieren, zu öffnen. Wir Somalierinnen sprechen oft vom »dreifachen Schmerz« der Frauen: Das erste Mal muss eine Frau Schmerzen ertragen, wenn sie als Mädchen beschnitten wird; das zweite Mal, wenn sie als Braut geöffnet wird; und das dritte Mal bei der Geburt, wenn sie Mutter wird. Denn bei der Entbindung muss eine ehemals infibulierte Frau noch weiter aufgeschnitten werden als in der Hochzeitnacht fürs weitere Sexualleben. Afrikanische Ärzte nehmen dafür meist seitliche Schnitte vor, damit das Kind besser austreten kann. Frauen, die bei der Geburt nicht richtig geöffnet werden, können verbluten – oder ihre Babys ersticken. In den stark traditionellen Gebieten mit pharaonischer Beschneidung/Infibulation werden Frauen nach der Geburt wieder zugenäht – meist nicht mehr auf Maiskorngröße, wie noch zu vorehelichen Zeiten, sondern auf eine Größe, die Geschlechtsverkehr möglich macht. Das geschieht auf Wunsch ihrer Männer; manche Frauen äußern aber auch selbst den Wunsch, wieder auf Jungfrauengröße zugenäht zu werden, denn sie glauben, so »schön eng« seien sie attraktiver für ihren Mann, der vielleicht neben ihnen noch mit anderen Frauen verheiratet ist. Bei der nächsten Geburt beginnt der Kreislauf wieder von vorne. Eingriffe um Eingriffe. Narben auf Narben müssen diese Frauen über sich ergehen lassen. Weil die Tradition es so will. Weil der Druck der Gemeinschaft groß ist. Und weil alle anderen Frauen und Mädchen auch beschnitten sind. Weil es also normal ist.

Dass Beschnittensein keineswegs normal ist – zumindest nicht in Europa – erfuhr ich erst mit 19, als ich Walter heiraten wollte. Nun stand ich genau vor dem Problem, dass ich irgendwie geöffnet werden musste, um später einmal Kinder zu bekommen. Ich war allein in Deutschland, konnte niemanden fragen, ich hatte keine Ahnung, wie ich das bewerkstelligen sollte. Ich ging also zum Frauenarzt. Nur hatte dieser Münchner Arzt offenbar noch nie eine infibulierte Frau gesehen und schickte mich entsetzt wieder weg. Auch ich war entsetzt und schockiert von seiner Reaktion und wandte mich an eine Freundin – aber erst nach tagelangem Weinen. Ich spielte sogar mit dem Gedanken, einfach zu sterben, weil alles so peinlich war. Sie erklärte mir dann, dass deutsche Frauen und Mädchen nicht beschnitten seien. Ich erinnere mich noch genau an meine fassungslose Reaktion: »Wie ekelhaft! Du meinst, alle Frauen in diesem Land sind unrein?!« Denn das ist es, was man uns in Somalia von klein auf eintrichtert: Mit dem

Tag der Beschneidung – unserem großen Tag – würden wir rein werden. Schön und rein und eine Frau. Das waren auch die Worte meiner Mutter damals auf der Lichtung, als sie mich nach der Beschneidung in ihren Armen wiegte: »Jetzt bist du ein reines Mädchen. Du wirst strahlen. Du wirst leuchten.« Ich mache meiner geliebten Mutter keine Vorwürfe, dass sie tat, was sie tat. Sie handelte im Rahmen ihrer Kultur. Sie war Teil eines Systems. Sie folgte nach bestem Wissen und Gewissen der Tradition, deren Opfer seinerzeit auch sie geworden war – so wie alle anderen Frauen, die sie kannte. Sie wollte – wie alle Eltern – nur das Beste für mich. Mich nicht beschneiden zu lassen, hätte mich und sie und die ganze Familie außerhalb der Gesellschaft gestellt, hätte mich dem Schutz der Gemeinschaft entzogen. Ein nicht beschnittenes Mädchen wird in den Augen der Gesellschaft später unweigerlich zu einer zügellosen Frau, deren ungebändigte Sexualität sozialen Sprengstoff birgt; man sagt einer Unbeschnittenen nach, sie habe einen weitaus stärkeren Sexualtrieb als Männer und würde daher zur unersättlichen Verführerin – zu einer Hure, »Sharmuuto«. So bringt sie nur Schande über ihre Familie.

Deshalb werden Mädchen beschnitten – damit die Lust verschwindet. Damit das Begehren erlischt. Damit die vermeintlich lüsterne Frau einen Mann nicht zu unmoralischen Taten reizt und ihn verführt. Damit die Familienehre gewahrt bleibt. Die Ehre einer Familie, das ist die Ehre der Männer einer Familie. Sie steht und fällt mit der Sexualität der Frauen. Die Ehre einer Familie – das heißt absolute männliche Kontrolle über den weiblichen Körper.

Mädchenbeschneidung ist also ein patriarchalischer Brauch. Frauen unterstützen ihn und tragen ihn weiter von Generation zu Generation. Frauen setzen ihn tagtäglich um – die Beschneiderinnen, deren grausames Handwerk sehr angesehen ist und gut bezahlt wird. Männer profitieren von dieser Tradition: Eine jungfräuliche Braut ist ein wertvolles Gut. Für sie liegt der Brautpreis auch viel höher als für eine geschiedene oder verwitwete Frau, die ja schon einmal »geöffnet« wurde.

Mädchenbeschneidung ist kein islamischer Brauch – wie oft irrtümlich angenommen und verbreitet wird –, denn auch christliche Minderheiten in Ägypten, die Kopten, praktizieren ihn bis heute. Aber man sollte schon einen genaueren Blick darauf werfen, was der Koran und die muslimischen Rechtsschulen dazu sagen, denn zweifelsohne wird dieses patriarchalische Ritual vor allem in afrikanischen Ländern praktiziert, in denen der Islam dominiert. Tatsächlich gibt es gerade in den afrikanischen Staaten, in denen Mädchenbeschneidung praktiziert wird, viele Anhänger eines muslimischen Volksglaubens, die den Brauch als religiöses Gebot verstehen. Dabei steht im Koran gar nichts darüber: Mädchenbeschneidung wird darin weder empfohlen noch wird sie verboten – übrigens kennt der Koran auch keine Beschneidung von Jungen. Aber allein die Tatsache, dass Mädchenbeschneidung nicht explizit verboten ist, heißt für so manchen einfachen Mufti, dass die Praxis eben Ermessenssache sei – und deshalb empfehlen sie die Infibulation sogar als bewährtes Mittel, um die Keuschheit der Frau sicherzustellen. In medizinischer Unkenntnis wird vom einfachen Volksislamprediger bis hin zu namhaften Theologen auch oft geraten, die Klitoris als hygienische Maßnahme zu entfernen: Es sei eine überflüssige Hautwucherung, die man stutzen müsse, wie zu lange Fingernägel oder ungepflegte Bärte.

Es gibt durchaus eine lebhaft geführte innerislamische Diskussion über die Mädchenbeschneidung. Einige islamische Glaubensrichtungen bekennen sich zu ihr, sehen sie als »Gott wohlgefällig«, »ehrenhaft« oder eben »empfohlen« an. Viele Schaafiten – und dieser Richtung gehören rund 80 Prozent aller Somalier an – sehen Mädchenbeschneidung als »religiöse Pflicht«. Allerdings wird gerade in letzter Zeit Mädchenbeschneidung von höchsten muslimischen Instanzen scharf verurteilt. Staatlicherseits ist sie in vielen afrika-

nischen Ländern ohnehin verboten – auch in Somalia – nicht
zuletzt auf internationalen Druck hin, der seit den 80er-Jah-
ren von den Vereinten Nationen, der Weltgesundheitsorganisation und Menschenrechtsorganisationen wie Amnesty International ausgeübt wird. Was vorerst nicht viel daran
ändert, dass sie immer noch praktiziert wird. Der Brauch ist
zu tief verwurzelt in den Gemeinschaften der Dörfer, Stämme,
Clans. Eine so uralte Tradition verschwindet nicht einfach
von heute auf morgen, nur weil eine ferne staatliche, internationale oder auch religiöse Instanz sie ächtet oder verbietet.
Eher gleitet der Brauch dann in die Heimlichkeit ab, die
Menschen führen ihn fort, ohne es zuzugeben.

Hier kann nur unermüdliche Aufklärungsarbeit helfen. Und zwar echte Aufklärung, keine Mission von oben
herab – wie sie leider oft geschieht, wenn westliche weiße
Frauen oder Männer nach Afrika reisen und predigen, wie
unmenschlich und zurückgeblieben dieser Brauch doch sei.
Ja, es ist ein archaischer Brauch. Ja, er ist grausam. Ja, er
gehört abgeschafft. Aber nicht so. Nicht von oben herab.
Nicht nach dem Motto: Wir, die neunmalklugen Europäer
oder Amerikaner aus der höherstehenden westlichen Zivilisation, kommen und sagen euch unterentwickelten Afrika-
nern, wie ungebildet ihr doch seid, dass ihr eure Mädchen
beschneidet. Ich möchte dagegenhalten: Unterschätzt nicht
die Macht der Tradition! Unterschätzt nicht die Intelligenz
der Menschen, nur weil sie in Afrika leben! Echte Aufklärung, wirksame Prävention und damit langfristige Abschaf-
fung eines solchen tief verwurzelten Brauchs kann man nur
auf Augenhöhe erreichen: von Frau zu Frau, von schwarzer
Frau zu schwarzer Frau, von Betroffener zu Betroffener, im
emotionalen und vertrauensvollen Austausch – und nicht in
dozierendem Frontalunterricht. Das entmündigt und de-
mütigt die Betroffenen. Wie oft habe ich es schon hier in
Deutschland selbst erlebt auf Vorträgen über »Genitalverstümmelung« – ich lehne diesen Begriff übrigens ab, ich
empfinde mich nicht als verstümmelt, keine Betroffene tut

das –, dass *über* die betroffenen Frauen und Mädchen gesprochen wird, aber nicht *mit* ihnen. Dass dieser Brauch und mit ihm die Menschen, die ihn ausführen und erleiden, an den Pranger gestellt wurden, als zurückgeblieben und dumm. Das bedeutet doch in logischer Konsequenz, dass auch ich dumm, verstümmelt und zurückgeblieben sein müsse. Dass ich also als Betroffene gar nicht objektiv arbeiten könne; dass mir die Fähigkeit, objektiv zu denken, bei einer Beratung gänzlich fehlen würde. Fassungslos, aber auch protestierend nahm ich als Zuhörerin an solchen Vortragsveranstaltungen teil, damals, Ende der 90er-Jahre, als ich anfing, mich selbst gegen Mädchenbeschneidung einzusetzen. Damals hatte ich, wie so viele andere Menschen auch, das Buch *Wüstenblume* von Waris Dirie gelesen, die Geschichte einer Somalierin, die erstmals über ihr Schicksal als Beschnittene schrieb. Mit ihrem Bestseller ging ein Aufschrei durch die Welt – nichts hatte die Aufmerksamkeit für Mädchenbeschneidung bislang mehr befördert und das Thema mehr in die internationale Öffentlichkeit transportiert als das Bekenntnis dieser prominenten Frau, dieses Models. Damals dachte ich: Ja, das ist es. Diese Frau hat den Mut, ich habe ihn auch. Also nahm ich Kontakt zu Hilfsorganisationen auf, zunächst, um mich zu informieren. Und dann machte ich endlich selbst den Mund auf.

Das war mir schließlich in meiner Tasche mitgegeben worden. Jeder Mensch – so erzählte mir meine Oma damals, als ich noch ein Kind in der Steppe Somalias war – bekommt bei seiner Geburt eine Tasche mit, eine Art Nomadenrucksack; darin befindet sich die Augenfarbe, der Charakter, die Größe, das Maß der Tapferkeit usw. Jungs bekommen mehr Tapferkeit hineingelegt, damit sie später einmal Krieger werden können, und Mädchen bekommen die Kinder hinein, die Sonne und das Glück. »Nach und nach – im Laufe des Lebens – holt sich dann jeder Mensch das heraus, was er will«, erklärte mir meine Oma. »Siehst du, meine Söhne sind ganz unterschiedlich geworden. Dein Onkel Yussuf ist klein und dunkel, und dein Papa ist groß und hell. Er hat sich das so herausgeholt, weil er Krieger sein wollte. Manche Menschen bekommen ihre Tasche aber nicht auf – und das sind dann die Verlierer der Menschheit. Wenn ihnen nicht andere helfen, die Tasche aufzubekommen.« Ich hatte mir auf jeden Fall schon ganz früh meine Neugier aus meiner Tasche geholt. Und jetzt – über 30 Jahre später im fernen Deutschland – griff ich wieder hinein und fasste mir ein Herz zum Kampf. Ich bin ja geboren, um zu kämpfen. Und das habe ich sicher auch von meiner Oma. Sie war eine mutige, wenngleich sture und strenge Frau. An ihr war ein somalischer Mann verloren gegangen, so tapfer war sie. Einmal wollte sie meinem Vater eine Ohrfeige geben. Sie – ein kleines altes Weiblein, er – ein riesengroßer Mann. Da sagte sie zu ihm: »Hol mir mal einen Hocker.« Er tat es. »Gib mir deine Hand!« Sie hielt sich an meinen Vater fest, damit sie nicht vom Hocker fiel, stieg hinauf und – verpasste ihrem Sohn eine Ohrfeige. »So, und jetzt hilf mir mal runter«, und er tat es mit einem verkniffenen Lächeln. »So alt«, sagte sie, »kannst du gar nicht werden, dass ich dir keine Ohrfeige mehr gebe ...« Dabei war er selbst schon mehrfacher Großvater.

Die Situation sollte sich übrigens so ähnlich wiederholen, als ich vor ein paar Monaten völlig entnervt nach einem langen Tag im Flüchtlingsheim nach Hause fuhr. In der S-Bahn regte sich ein riesiger Kerl lautstark über das Geschrei eines Babys im Kinderwagen auf. Die Mutter konnte es nicht beruhigen und es war ihr sichtlich peinlich vor den anderen Fahrgästen. Doch nur dieser Typ meckerte herum. Ich sprang der Mutter bei und raunzte den großen Kerl gedankenlos an; dabei drohte ich ihm Schläge an. Er guckte nur verdutzt von hoch oben auf mich herunter und meinte amüsiert: »So so, Sie wollen mich also schlagen ...« – aber dann war er still. Die Taktik meiner Oma hatte gewirkt; auf eines, so dachte ich mir, kann ich mich verlassen: Wenn ich den Mund aufmache, kann ich etwas bewirken. Also mache ich ihn weiterhin auf.

MUND AUFMACHEN GEGEN MÄDCHENBESCHNEIDUNG

Ich meldete mich zu Wort, wenn mir auf Vorträgen zum Thema Mädchenbeschneidung mal wieder diese »Gutmenschenhaltung« von oben herab auf die Nerven ging, ich protestierte bei Fernsehanstalten, wenn sie wieder einmal Schreckensbilder von Mädchenbeschneidungen sendeten – sicherlich ohne die Eltern oder das Kind jemals um Erlaubnis gebeten zu haben, ob diese Szenen ausgestrahlt werden dürften, die ihr Kind so ausgeliefert, würdelos und im Moment größter Not um Hilfe flehend zeigen. Oder wenn im Zusammenhang damit vom unterentwickelten Afrika die Rede war, so, als ob die Menschen dort geistig minderbemittelt seien und nicht die Wirtschaft unterentwickelt ist. Und ich begann schon vor acht Jahren, den Bundestag mit Petitionen zu bombardieren – teils mit politischer Unterstützung –, damit Mädchenbeschneidung auf den politischen Tisch kommt; weil es eben nicht nur eine afrikanische Angelegenheit ist, sondern auch eine deutsche. Denn mit den afrikanischen Flüchtlingen im Land ist auch der Brauch plötzlich mitten unter uns angekommen. Diese Menschen haben ihre Kultur hierher mitgenommen – es ist für sie selbstverständlich, dass sie etwas für sie so »normales« wie die Mädchenbeschneidung auch hier weiterführen. So wie ein Deutscher, der von seiner Firma für ein paar Jahre nach Japan versetzt wird, vermutlich auch dort sein für ihn »normales« deutsches Weihnachtsfest feiern wird. Doch es ist ebenso selbstverständlich, dass einem grausamen Brauch wie der Mädchenbeschneidung hier durch Aufklärung begegnet wird, durch Prävention und durch eine klare politische Position, die eine konkrete Arbeit will und möglich macht.

Eine Antwort auf all diese Schreiben erhielt ich nie. Stattdessen sollte ich am eigenen Leib erfahren, wie es ist, als »Betroffene« gesehen zu werden, als »Opfer«. 2007 fand endlich eine Expertenanhörung zu »Genitalverstümmelung« im Bundestag statt. Doch ich – die ich mir mittlerweile in der Menschenrechtsszene einen Namen gemacht hatte und mit dem Verein Forward e.V., für den ich mich schon lange engagierte, aktiv gegen Mädchenbeschneidung vorging – war nicht geladen. Also schrieb ich wieder einen Brief: Wer spricht für die Betroffenen? Diesmal kam eine Antwort – nach dem Motto: Liebe Frau Korn, wir wollten das Thema auf einem höheren Niveau diskutieren. »Oho«, dachte ich mir, »so ist das also!« und schrieb zurück, dass ich durch meine Anwesenheit keinesfalls beabsichtige, das Niveau der Veranstaltung zu senken. Gleichzeitig gelang es mir, durch meine politischen Kontakte doch eine Einladung als Referentin zu bekommen. Drei Minuten Redezeit wurden mir eingeräumt.

Vermutlich hatten alle Anwesenden damit gerechnet, ein vermeintlich typisches Opfer vor sich zu haben, ein Häufchen heulendes Elend auf einem Stuhl. Aber sie bekamen das genaue Gegenteil von ihrem Bild einer Betroffenen. Eine Frau, die eine Chance bekommen und ergriffen hat. Mit großer Ruhe sagte ich: »Ich bin eine schwarze Bayerin aus Somalia, die hierher gekommen ist, um den Bundestag aufzumischen. Ich bin nämlich das einzige Praxisbeispiel in dieser theoretischen Sitzung.« Während meiner kurzen Rede konnte ich den Wandel in den Augen der Anwesenden sehen. Ich wusste: Ich habe die Würde der betroffenen Afrikanerinnen verteidigt und den Respekt vor ihnen wiederhergestellt. Ich bin eine ganze Frau, keine geistig behinderte oder geistig verstümmelte Frau – ich kann deutsch sprechen und ich versuche, über Klischees und Vorurteilen zu stehen. Ich bin zwar beschnitten, aber ich bin deswegen nicht blöd. Schlimmer wäre es, man hätte mir damals meine Zunge herausgeschnitten, dann hätte ich wohl wirklich nicht mehr kämpfen können. Nach meinen drei Minuten Redezeit – Stille. Danach prasselte ein fast einstündiges Fragenbombardement auf mich ein.

Ich hatte den Vortrag meines Lebens gehalten. Und ich konnte alles zur Sprache bringen, was ich auch sonst in meinen Vorträgen und Schulungen loswerden möchte, was mir auf der Seele brennt, wenn es um Mädchenbeschneidung geht. Vor allem, dass ich nicht möchte, dass afrikanische Frauen auf ein kleines Dreieck reduziert werden, in dessen drei Ecken genau die drei Buchstaben FGM passen: Female Genital Mutilation, englisch für »Weibliche Genitalverstümmelung«. Man könnte jahrelang streiten über Begrifflichkeiten, aber man könnte auch einfach betroffene Afrikanerinnen fragen, die hier in Deutschland leben; wie mag es einem Mädchen oder einer Frau gehen, die von anderen als »verstümmelt« bezeichnet wird. So etwas möchte doch wohl niemand gesagt bekommen.

Das Wort »Verstümmelung« gegenüber einer Betroffenen zu gebrauchen, muss absolut tabu sein. Mädchen, die sich per Telefon an Hilfsorganisationen oder Ärztinnen wenden, haben ohnehin schon viel Mut aufbringen müssen, um diesen Schritt überhaupt zu tun. Wenn man ihnen dann begegnet mit der Haltung: »Oh, Sie arme Genitalverstümmelte …« – müssen sie sich ja völlig unverstanden und abgelehnt fühlen. Man muss diesen Menschen doch ihre Würde lassen und ihnen mit Respekt begegnen. Deshalb fordere ich, dass Ärzte, Hebammen, Lehrer und Menschen, die in eine Beratungssituation mit den Mädchen und Frauen kommen, sensibilisiert und geschult werden, damit sie den Begriff »Genitalverstümmelung« aus ihrem Wortschatz streichen und statt dessen »Mädchenbeschneidung« verwenden. Nach außen – in der breiten Öffentlichkeit und in der Wissenschaft – kann man meinetwegen bei dem Begriff FGM bleiben. Ich jedenfalls bin nicht »FGM«, bin nicht verstümmelt, sondern beschnitten.

Ich war nach dieser Anhörung vollkommen ausgelaugt

und müde. Aber ich hatte einen Umbruch bewirkt: Als Opfer war ich gekommen, als Expertin bin ich gegangen.

Zu dieser Bundestagsanhörung war jeder gekommen, der in der Menschenrechtsszene Rang und Namen hat: Beratungsstellen, Frauenrechtsorganisationen wie Terre des Femmes, die GTZ (Gesellschaft für Technische Zusammenarbeit), Entwicklungshilfeorganisationen, Kinderhilfswerke, das Bundesministerium für wirtschaftliche Zusammenarbeit, der Juristinnenbund und und und. Bei so viel geballter Kompetenz im Raum war ich dennoch erstaunt über die teils haarsträubenden Vorschläge: Es wurde geredet über die Bestrafung der Täterinnen, ohne zu sehen, dass eine Beschneiderin einen durchaus angesehenen und traditionsreichen Beruf hat, und sie ohne ihn ihres Lebensunterhalts beraubt würde. Es wurde über die Höhe des Strafmaßes für Beschneiderinnen und für Eltern, die ihre Kinder beschneiden lassen, diskutiert und darüber, dass man verhindern müsse, dass afrikanische Eltern mit ihren Kindern in die Heimat reisen, weil man sie ja dort beschneiden könne. Sollen sie denn nie die Möglichkeit haben – frage ich mich –, ihre Großeltern kennenzulernen? Oder ihre andere kulturelle Hälfte – im Falle nur eines afrikanischen Elternteils? Schert man nicht alle über einen Kamm? Und wo bitte bleibt dann die Prävention? Es ist doch genau diese Basisarbeit, die Beschneidung im Vorfeld verhindern kann, weil sie bei den Eltern und in der Gemeinschaft einen Bewusstseinswandel einläutet.

Doch darüber wurde nicht gesprochen; aber über Strafe. Und über Pflichtuntersuchungen für afrikanische Mädchen. Wie bitte? Nur für afrikanische Mädchen, warum nicht für alle? Eine solche Fokussierung auf Minderheiten sollte uns eigentlich unsere deutsche Geschichte verbieten. Es kamen mir hässliche Bilder in den Kopf: Jedes Jahr Zwangsuntersuchungen nur für Afrikaner ... Wozu diese Diskriminierung? Ich bin mir sicher, bei einer Pflichtuntersuchung für alle Mädchen käme auch so manch ein dunkles Geheimnis – sexueller Missbrauch – in deutschen

Familien ans Tageslicht. Und bei Jungs wird ja ohnehin schon eine Pflichtuntersuchung wegen Phimose (Vorhautverengung) gemacht. Ein anderer Verein hatte die zweifelhafte Idee, in Münchner U-Bahnhöfen einen Videospot gegen Genitalverstümmelung zu zeigen. Du meine Güte! Wie bloßgestellt wären denn da die wartenden schwarzen Frauen – sie würden doch sofort unter einen Generalverdacht fallen! Und so ging es fast eine Stunde lang. Ich versuchte klarzustellen: Wenn wir etwas ändern wollen, dann geht es nur mit den Betroffenen, nur sie können wirklich etwas ändern. Ein Haus, das man mit eigenen Händen aufgebaut hat, reißt man nicht so leicht wieder ein.

Diese Bundestagsanhörung fand 2007 statt. Davor lagen für mich bereits acht Jahre Engagement gegen Mädchenbeschneidung. Nachdem ich 1999 Waris Diries Buch gelesen hatte, nahm ich Kontakt zu Forward Germany e.V. auf, dem deutschen Ableger eines international tätigen Vereins gegen Mädchenbeschneidung. Forward Germany kümmert sich hier und in Afrika um Betroffene. Es war damals nur ein kleiner Verein, der Hilfsprojekte in Afrika und Einzelfallhilfe in Deutschland betrieb.

Ich war durch eine Fernsehreportage auf Forward Germany gestoßen, vielmehr auf eine Mitstreiterin des Vereins, Dr. Asili Barre-Dirie, eine somalische Ärztin, die in Deutschland studiert hatte. Das Porträt dieser wunderbaren Frau und ihrer Hilfsprojekte machte solchen Eindruck auf mich, dass ich sie unbedingt kennenlernen wollte. Die Adresse des kleinen Vereins herauszufinden war damals noch nicht so leicht – 1999 war das Internet ja noch nicht so verbreitet –, aber gemeinsam mit Walter gelang es mir, Kontakt zu Asili und zur Vereinsvorsitzenden, Tobe Levin Freifrau von Gleichen herzustellen. Tobe kam dann nach München und erzählte mir von ihrer Arbeit mit Migrantenkindern in Frankfurt und den Hilfsprojekten in Afrika. Später sollte ich auch Asili treffen, die vor allem ein somalisches Hilfsprojekt gegen Mädchenbeschneidung betreute.

Zwischen uns beiden Somalierinnen hatte es sofort gefunkt. Nach ersten gemeinsamen Vorträgen, die Amnesty International organisiert hatte, die damals aber noch wenig öffentliche Resonanz fanden, wusste ich genau: Hier ist mein Platz, ich kann aufklären und informieren über diesen Brauch und ich kann hier in Deutschland – mitten unter uns – Betroffenen helfen. Ich wusste, ich könnte auf Asilis Hilfe zählen, wie auf die einer großen Schwester. Mit ihr würde ich den richtigen Weg finden, denn Asili hatte die nötige Erfahrung, um mir unter die Arme zu greifen. Das war ein so gutes Gefühl: zu wissen, da ist jemand, dem man nicht immer wieder alles erklären muss. Wir sind wie eine Person. Also machte ich mich beherzt auf, besuchte Afrikanerinnen in ihren Asylunterkünften, sprach mit den betroffenen Frauen, mit Heimleitern, Behörden und Ärzten, mit meinen Vorträgen ging ich in Schulen und weckte so über die nächsten Jahre hinweg allmählich in ganz München Interesse für das Thema.

An einen Vortrag in einer bekannten Münchner Frauenklinik kann ich mich besonders erinnern. Um sieben Uhr früh ging es los. Ich war noch relativ unerfahren im Vortragen, eine Medizinerin war ich schließlich auch nicht, und so betrat ich den Hörsaal mit etwas Fracksausen: Ich war geblendet, alles leuchtete weiß vor lauter Ärzten in ihren Kitteln. Vor mir sprachen zwei hochwissenschaftliche Referenten, die unter anderem davon erzählten, wie man Babys von HIV-infizierten Müttern auf die Welt bringen kann, ohne dass sie bei der Geburt mit dem Virus angesteckt werden. Diese Ärzte wussten so viel und hatten zum Teil jahrelang in Afrika gelebt, was könnte ich denen schon erzählen? Als ich dann an der Reihe war, hatte ich weiche Knie. Ich begrüßte das Publikum und stellte mich vor: Das Glück hätte mich nach Deutschland geführt, entlang eines roten Fadens – meiner Beschneidung. Dann packte ich meine Vortragsunterlagen kurzentschlossen zurück in die Tasche und sagte: »Ich werde Ihnen jetzt am besten ganz frei

erzählen, wie ich meine Beschneidung erlebt habe.« Gelang-
weilter Blick auf die Uhr – ich las in den Augen der Ärzte
soviel wie: Hoffentlich macht sie nicht zu lange. Und dann
erzählte ich von meinem großen Tag auf der Lichtung in der
somalischen Steppe. Nach zwei Minuten schlugen die meisten der Ärzte die Beine übereinander, eine Schutzreaktion.
Da wusste ich: Der Schmerz war bei ihnen angekommen.
Ich half den Ärzten dabei zu fühlen, was es bedeutet, als
Kind beschnitten zu werden. Dann versuchte ich zu vermitteln, dass man die pharaonische Beschneidung, die Infibulation, vergleichen könne mit dem Schmerz, der entsteht,
wenn bei einem Mann die Hälfte des Glieds abgeschnitten
würde. Da gehörten sie mir, endgültig! Keiner guckte mehr
auf die Uhr. Bevor ich weitererzählte, stellte ich zwei Dinge
klar. Erstens: Ich bräuchte kein Mitleid – keine Frau braucht
das –, Mitgefühl aber sei gut und gewünscht. Und zweitens:
Jeder, der hier insgeheim den Brauch der Beschneidung und
die ungebildeten Afrikaner belächelt, hat die Freiheit, den
Raum zu verlassen. Keiner tat es.

Manchmal, wenn ich in Schulen spreche, haben die
Lehrer Angst, die Schüler würden tatsächlich gehen. Es ist
noch nie passiert, nie. Bei Hebammen-Schulungen gibt es
manchmal Situationen, in denen eine junge Frau den
Raum verlässt, weil ihr schlecht wird. Ich führe dann Ein-
zelgespräche. Das kostet natürlich viel Kraft und Energie.
Ich will aber auch nicht, dass die jungen Frauen ihren
neuen Job mit schlechten Energien beginnen. Dann versuche ich ihnen klarzumachen: »Die Frauen brauchen euch
doch, ich bau auf euch! Vielleicht geht ihr ja auch mal
nach Afrika …? Dann wisst ihr, was Sache ist.« Außerdem
können sie den Frauen nach der Geburt unmittelbar mit
Rat zur Seite stehen und sie über ihre Rechte aufklären:
ihre Rechte auf eine Dolmetscherin oder auf eine Einzelbe-
ratung ohne ihren Mann. Die Frauen wissen oft nicht, dass
der Mann nicht ständig dabei sein muss – woher auch? –,
und ihm ist so etwas in der Regel auch peinlich.

ENDLICH WIEDER AFRIKA!

Meine Aufklärungsarbeit über Mädchenbeschneidung schafft es immer mal wieder in die Medien. Das ist ja nicht selbstverständlich bei einem sozialen Thema, das vor allem Ausländerinnen aus Afrika – Asylbewerberinnen – betrifft und auch noch so eine »Igitt«-Komponente in sich trägt, die oft Vorurteile vertieft: »Igitt, die beschneiden ihre Mädchen, dann fressen die bestimmt auch Menschen ...« Ich übertreibe jetzt, aber über soziale Themen würdig zu berichten, ohne Opfer bloßzustellen, sich den Voyeurismus zu sparen – das ist eine Gratwanderung und leider nicht die Regel. Irgendwann war in der Zeitung wieder ein Bericht über mich erschienen – mit einem Foto, das nur meine Augen zeigte –, da meldete sich eine junge Fernsehredakteurin bei mir: Ob ich mich denn trauen würde, zu Johannes B. Kerner in die Talkshow zu kommen. Klar, ich traue mich alles ... Die junge Frau kam zu mir zu einem Vorgespräch nach Hause und als sie wieder ging, waren Nicole und ich Freundinnen. Ich sollte also die Möglichkeit bekommen, vor einem breiten Publikum mein Anliegen und unsere Vereinsarbeit vorzustellen. Ich fragte Nicole, ob ich mir einen weiteren Studiogast wünschen dürfte. Klar, sagte sie. Dann würde ich mir Karlheinz Böhm wünschen; ihn bewunderte ich schon so lange und seine Projekte beeindrucken mich immer mehr. Karlheinz Böhm wurde eingeladen und er sagte zu.

Im März 2003 war es dann so weit: In der Talkshow von Johannes B. Kerner würde ich nicht nur Karlheinz Böhm kennenlernen, sondern vor einem Millionenpublikum über mein Schicksal als beschnittenes Mädchen und meinen Einsatz gegen dieses grausame Ritual sprechen. Natürlich war ich erst sehr aufgeregt. Karlheinz Böhm saß schon mit Kerner im Studio und empfing einen Riesenapplaus vom anwesenden Publikum. Ich stand nervös hinter der großen schweren Studiotür und musste noch eine Viertelstunde auf meinen Auftritt warten. Auf den Monitoren konnte ich mitverfolgen, wie das Gespräch lief. Karlheinz Böhm, dieser wunderbare charismatische Mensch, der mich ein bisschen an meinen Onkel Abdulqadir erinnerte, sprach gerade über seine Hilfsprojekte in Äthiopien, ländliche Entwicklungsprojekte, die er bereits über zwei Jahrzehnte hinweg zusammen mit seiner äthiopischen Frau Almaz aufgebaut hatte. »Menschen für Menschen« ist eine so grandiose Organisation – wie gerne würde ich mir diese gelungene Hilfe zur Selbsthilfe einmal selbst ansehen! Karlheinz Böhm sprach von seinem Leben und der Liebe zu seiner Frau – auch dieser Verbindung war hinter vorgehaltener Hand keine große Chance eingeräumt worden und sie hielt doch schon seit fast 20 Jahren – wie gut kannte ich das selbst! Auf der anderen Seite der Studiotür warteten auch Walter und Jama Philip auf mich, denn sie saßen im Publikum. Walter war gerade erst am Vortag aus der Reha zurückgekehrt – genesen zwar, aber er konnte nicht lange stehen oder gehen. Dennoch hielt er sich sehr tapfer nach seinem schweren Unfall und um zwei Metallplatten am Genick reicher – und Jama Philip hatte just an diesem Tag seinen 13. Geburtstag. Die junge Redakteurin Nicole bot mir ein Glas Wasser an: »Du schaffst das schon, ich weiß es!«, sagte sie aufmunternd. Ich brachte keinen Schluck hinunter, sondern verfolgte das Geschehen im Studio weiter auf dem Monitor. Dann öffnete sich die Metalltüre und ich hörte Kerner sagen: »Bitte begrüßen Sie mit mir Fadumo Korn.«

Applaus. Mein Auftritt. Meine Nervosität – einfach weg! Ich wurde mit einem Mal ganz ruhig, setzte mich und konnte wirklich ohne Aufregung, dafür mit voller Energie den Zuschauern mein Anliegen vermitteln. Auch Karlheinz Böhm war offenbar beeindruckt und sagte es mir vor laufender Kamera direkt ins Gesicht. Dann lud er mich ein, doch seine Hilfsprojekte in Äthiopien besuchen zu kommen. Ich nahm sofort freudig an. Das hatte ich mir so gewünscht! Ich würde also endlich Afrika wiedersehen. Nach über 16 Jahren! Nach der Sendung kam Johannes B. Kerner auf mich zu und gratulierte mir von Herzen zu meinem gelungenen Auftritt. Er verriet mir seinen Mittelnamen – Baptist – und dann versprach er mir in die Hand, dass, sollte er jemals zu einem Prominentenquiz eingeladen werden, er für mich und meinen Verein Forward Germany spielen und uns die gewonnene Summe spenden würde. Ich war so glücklich an dem Abend: Karlheinz Böhm, die Einladung nach Äthiopien, Kerners Versprechen, der gelungene Auftritt, mein genesener Mann Walter und mein jetzt 13-jähriger Sohn – das war doch pures Glück ...

Dass ich den Flug nach Addis Abeba selbst würde zahlen müssen, hatte ich nicht geahnt. Ich dachte, ich wäre als Gast eingeladen. Pustekuchen. Karlheinz Böhm sagte klar: »Wir geben kein Geld aus für Reisekosten, alle Spenden gehen ausschließlich in die Projekte.« Klar konnte ich das verstehen. Und mittlerweile – seitdem ich selbst schon lange in humanitärem Einsatz unterwegs bin – weiß ich, dass das selbstverständlich sein sollte, Reisekosten selbst zu tragen; doch damals nach Walters Unfall waren wir eigentlich knapp bei Kasse. Aber ich musste einfach fliegen! Und so riss das teure Flugticket nach Afrika eben ein gehöriges Loch in unsere Familienkasse – auch wenn mein Verein Forward Germany zum Glück etwas beigesteuert hatte, denn mein Besuch bei Karlheinz Böhm war ja keine Urlaubsreise, sondern eine Informationsfahrt. Ich wollte mir für unsere eigenen Vereinspläne – weitere Hilfsprojekte in Afrika gegen Mädchenbeschneidung – etwas von Karlheinz Böhms Erfahrungen abschauen: welche logistischen Herausforderungen uns erwarten würden und wie man sie meistern kann.

Im Frühjahr 2004, fast ein Jahr nach der Sendung, war es endlich so weit: Ich hatte mein Visum in der Tasche, war geimpft und hatte sogar eine neue Digitalkamera dabei. Walter hatte darauf bestanden, damit ich schöne Fotos mitbringen würde – mein Hoffotograf konnte schließlich nicht auch noch mitkommen. Dafür begleitete mich eine liebe Freundin, Kathrin Seyfarth, eine Reporterin vom Bayerischen Rundfunk – sie wollte über diese Reise zu Karlheinz Böhms Projekten eine Radioreportage machen. Wie es wohl sein würde – nach so langer Zeit das erste Mal wieder in Afrika …? 17 Jahre lagen mittlerweile zwischen meinem letzten Familienbesuch noch zu Friedenszeiten in Somalia und meinem humanitären Besuch jetzt in Somalias Nachbarland Äthiopien. Ich freute mich unbändig auf die Reise. Wir würden in Addis Abeba auf einem neugebauten Flughafen landen, erzählte mir Kathrin, die Böhms Projekte schon kannte und darüber berichtet hatte. Ich war so aufgeregt, dass ich den ersten Schritt auf afrikanischen Boden unbedingt zusammen mit ihr tun wollte. Doch als wir dann die Gangway hinuntergingen und die anderen Passagiere durch unseren gemeinsamen ersten Schritt etwas blockierten, da spürte ich – gar nichts. Kein Wunder, dachte ich mir, das hier auf dem Boden ist ja italienischer Marmor und keine afrikanische Erde. Auch als wir das Flughafengebäude verließen und diesmal echten afrikanischen Boden betraten, änderte sich nichts. Nur die Luft war anders, sie roch nach Land und Leben und – Abgasen.

Das echte Gefühl des Wiedererkennens stellte sich bei mir erst ein, als wir weit weg von Addis Abeba waren, in Babile, einem der vielen Orte, wo »Menschen für Menschen« ländliche Entwicklungshilfe nach dem Hilfe-zur-Selbsthilfe-Prinzip leistet. Mit Almaz Böhm, Karlheinz Böhms Frau, reisten wir quer durch das riesengroße Land und besuchten die vielfältigen und beeindruckenden Projekte, die immer die nachhaltige Verbesserung von Lebensqualität für die ländliche Bevölkerung zum Ziel hat: Brunnen bauen für hygienische Lebensbedingungen, agroökologische Projekte für eine erfolgreiche Landwirtschaft, Krankenhäuser und -stationen für eine elementare Gesundheitsversorgung und nicht zuletzt: Förderung von

Frauenprojekten, denn Frauen sind die Stütze der Gesellschaft. Ich war begeistert von dem, was ich sah. Almaz Böhm erklärte mir, dass es nicht immer so gut ausgesehen und funktioniert habe, aber 20 Jahre seien eine lange Zeit und man habe gelernt, wie man trotz der vielen Rückschläge, die »Menschen für Menschen« immer wieder einstecken musste, effektiv helfen kann.

Diese Reise war für mich unglaublich informativ und inspirierend, interessant und schön. Doch zugleich emotional sehr anstrengend. Immer wieder wurde ich daran erinnert, was ich durch den Bürgerkrieg in Somalia alles verloren hatte: meine Heimat, meine Familienmitglieder, die entweder tot oder in der Welt verstreut waren; und die, die noch in Somalia lebten, konnte ich nicht besuchen, sie waren für mich, obwohl sie im Nachbarland lebten, unerreichbar. Auf dieser Reise traf ich viele Somalis, Flüchtlinge zumeist, die hier im Nachbarland Äthiopien Zuflucht gesucht hatten, Schutz vor Gewalt, Krieg, Verfolgung. Ich traf auch auf Somalis in Dörfern, die schon immer von Somalis bewohnt waren. Denn es gibt eine große somalische Minderheit in Äthiopien, vor allem in Ogaden, einer Region in West-Äthiopien, um die schon 1977/78 Krieg zwischen Äthiopien und Somalia geführt wurde, weil der damalige somalische Präsident Siad Barre, mein Onkel, diese hauptsächlich von Somalis besiedelte Region wieder Somalia angliedern wollte. Somalia verlor den Krieg und Ogaden blieb bei Äthiopien. Die somalische Minderheit in Äthiopien leidet unter dem klassischen Schicksal von Minderheiten: Sie ist unbeliebt, wird schikaniert und unterdrückt. Auch in Karlheinz Böhms Projekten – die ja vor allem von Einheimischen getragen werden, weil nur so Hilfe zur Selbsthilfe funktionieren kann – gibt es kaum Somalis. Immer wenn wir auf dieser Reise Somalis begegneten, entwickelte ich mich zum Alptraum unserer kleinen Reisegruppe, denn ich war plötzlich weg, tauchte in die Gespräche mit den Menschen ein, deren Sprache ich sprach, und war einfach eine von ihnen. Mehr als einmal mussten Almaz Böhm und Kathrin Seyfarth mich suchen gehen. Aber dadurch ergaben sich auch spontane, interessante Begegnungen. Ich konnte mich nützlich machen – gelernte Dolmetscherin, die ich bin – und übersetzte für Almaz Böhm, als wir mit Dorfältesten zusammentrafen, oder ich übersetzte, als ich mit ihr durch Elendsviertel ging, die vor allem von somalischen Flüchtlingen bewohnt waren. Wir sollten eine neue Universität einweihen, die ganz in der Nähe lag. Ich hatte Probleme, meine Tränen zurückzuhalten angesichts des Elends. Ich war erschüttert zu sehen, dass die Somalis in Hütten lebten – ausgeschlossen von Bildung und Zukunftsperspektiven. Extreme Armut, Diskriminierung und Isolation – das ist der Alltag der somalischen Flüchtlinge in Äthiopien. Es herrscht ein innerafrikanischer Rassismus, den man hier in Deutschland kaum erklären kann. Afrikaner sind eben nicht alle gleich, ebenso wenig wie Europäer alle gleich sind.

Die Somalis, mit denen ich in Kontakt kam, erwarteten natürlich viel von mir, aber ich konnte ihnen nichts versprechen. Ich bin eine Somali aus Deutschland und kann in diesem Land, Äthiopien, das Somalis unterdrückt, wenig ausrichten. Vielleicht wird das ein späteres gezieltes Projekt von Karlheinz Böhm einmal tun können.

Als ich nach dieser Afrika-Reise zurückflog nach Deutschland, war ich voll von Eindrücken und Informationen, aber auch voller Trauer. Ich hatte gesehen, dass echte Hilfe weiterhin bitter nötig, aber auch, dass sie möglich ist. Und das gab mir wieder Mut und Hoffnung, für meine Projekte zu kämpfen und am Ball zu bleiben – so wie ich es schon lange für meine versprengte somalische Familie tat. Als ich am Münchner Flughafen meine eigene kleine Familie in die Arme schließen konnte, wurde mir wieder stark bewusst, wie wichtig es ist, Menschen zu haben, die zu einem stehen, die füreinander da sind, die Sorgen und Nöte, Freude und Glück miteinander teilen, kurz: wie wichtig es ist, zu wissen, zu wem man gehört.

MEIN ERSTES BUCH

Nach meiner Rückkehr aus Äthiopien überraschte mich Walter nicht nur mit einem tollen asiatischen Essen, sondern auch mit Post von meinem Verlag. Ja, ich hatte vor einigen Monaten tatsächlich einen Verlag gefunden und seither einen Vertrag über mein erstes Buch in der Tasche. Meine Notizen, die ich vor über einem Jahr nach Walters Unfall in den Computer getippt hatte, um nicht verrückt zu werden und meinem Kind Erinnerungen zu hinterlassen, waren also nicht umsonst gewesen. Walter und ich hatten nach seiner Genesung meine Entwürfe zu einem Probemanuskript zusammengestellt. Dann hatte Walter diese Leseprobe an einen ehemaligen Arbeitskollegen geschickt, der Chefredakteur einer großen deutschen Zeitung ist. Ihm hatte die Leseprobe gefallen und so hatte er ihn einem befreundeten Verleger empfohlen. Und der würde nun in wenigen Monaten mein Buch herausbringen! Ich würde durch meine Geschichte in Buchform viele Menschen erreichen und aufrütteln und so sensibilisieren für mein großes Thema – die Mädchenbeschneidung.

Juni 2004. Mein erstes Manuskript war nach gründlicher Überarbeitung fertig und zufällig fanden in München zu der Zeit die ersten Afrika-Tage statt – sie sollten später zu einer alljährlich stattfindenden Veranstaltung werden. Ein ideales Podium für eine Vorab-Präsentation meines Buches. Ich war so aufgeregt! Der Vortragssaal im Münchner Völkerkundemuseum war bis auf den letzten Platz belegt. Auch Asili, meine liebe Mitstreiterin von Forward Germany, war extra aus Frankfurt gekommen, denn im Rahmen der Lesung sollte ein Spendenscheck überreicht werden. Die »Sternstunden«-Stiftung des Bayerischen Rundfunks wollte uns stattliche 10.000 Euro für unser »Hühnerprojekt« in Ogaden spenden. Was für ein glänzender Abend voller Freude und Hoffnung! Mein Lampenfieber befeuerte meine Energien und ich konnte mich dieser Lesung stellen. Dabei las ich gar nicht selbst. Edith von Welser-Ude, die Frau des Münchner Oberbürgermeisters und eine sehr liebe Freundin von mir, lasen aus meinem Manuskript und ich saß als Dekoration daneben. Ich spürte die guten Gefühle im Publikum und sein gebanntes Lauschen.

Dann wurde Asili feierlich und offiziell der Sternstunden-Scheck überreicht und Asili erklärte in ihrer Dankesrede genau, wie das Geld verwendet werden würde. Das »Hühnerprojekt« heißt so, weil es rund 600 Familien mit Hühnern versorgt. Kostenlos. Doch ist daran eine ganz einfache Bedingung geknüpft: Die Familien werden erst in das Projekt aufgenommen, wenn sie ihre Mädchen nicht mehr beschneiden. Die Kinder kommen dann in die Schule, die Forward Germany dort gebaut hat. Das Schulgeld dafür bezahlt der Verein ebenfalls. Die Kinder können sechs Jahre lang zur Schule gehen und danach haben sie die Möglichkeit, in einer Lernwerkstatt von Forward einen Handwerksberuf zu erlernen; einen praktischen Beruf, den sie auf jeden Fall vor Ort anwenden können. Die Mädchen lernen nähen, schneidern, sticken und korbflechten. Die neueste Errungenschaft war ein Schreibbüro, das 2004 eröffnet wurde, damit für Menschen, die weder lesen noch schreiben können, Briefe aufgesetzt werden können. Auch Jungs sind von den Bildungseinrichtungen nicht ausgeschlossen: Sie werden ausgebildet zu Dachdeckern, Maurern, Fensterbauern und Metallverarbeitern. So können sie dann später ihre eigenen Schulen und Krankenhäuser selbst bauen.

Was so hoffnungsvoll begann und erfolgreich lief, nicht zuletzt dank der Spende von »Sternstunden«, wurde Ende 2006 jäh durch den Ausbruch eines erneuten äthiopisch-somalischen Kriegs mitten in den Wirren des somalischen Bürgerkriegs zunichte gemacht. Diesmal waren es die Äthiopier, die Ende 2006 Somalia den Krieg erklärten, am 24. Dezember, dem Weihnachtstag, an dem die westliche Welt kaum nach Afrika blicken würde, weil sie zu sehr mit Weihnachten beschäftigt ist. Die Äthiopier marschierten in Somalia ein und zogen erst Anfang 2009 wieder ab. Seit Ausbruch des Krieges und bis heute ist Forward Germany der Zugang zum »Hühnerprojekt« verwehrt, wir mussten es einstellen, denn die äthiopische Regierung verbietet die Fortführung. Es handelte sich bei den Begünstigten schließlich um Somalis, gegen die ja Krieg geführt wurde. So traurig es klingt: Aus diesem Grund müssen wir auf ruhigere Zeiten warten, bis die Auseinandersetzungen endgültig vorbei sind und wir unsere Arbeit vor Ort wieder aufnehmen dürfen.

Im Moment liegt das Projekt brach und die Not der Familien wächst von Tag zu Tag. Asili hatte mit dem Hühnerprojekt den ersten Stein für Forward Germany gelegt – es ist sozusagen ihr »Baby« – und für sie ist es unerträglich, dass es nicht mehr weitergeht. Als praktizierende Tierärztin hatte sie alle nötigen Impfungen mit den Hühnern durchgeführt, den Familien gezeigt, wie man Krankheiten verhindert, hatte tatkräftig beim Aufbau von Hühnerställen geholfen, das richtige Futter besorgt und den Familien die artgerechte Freilandhaltung beigebracht. Diese wunderbare Frau hatte immer allen Gefahren getrotzt, hatte sich sogar zunächst nicht einmal von der äthiopischen Armee abschrecken lassen. Sie flog mit abenteuerlichen Ruinen herum, die sich Flugzeuge schimpfen, Seite an Seite mit schwer bewaffneten Banditen und Drogendealern, nur um das Projekt aufrechtzuerhalten. Wenn die mutige Asili jetzt nicht mehr dorthin reist, dann ist das wirklich ein Zeichen dafür, dass die Gefahr viel zu groß ist.

Damals, bei meiner ersten, noch inoffiziellen Lesung im Münchner Völkerkundemuseum, an jenem festlichen Abend, der von der Spendenüberreichung gekrönt wurde, konnten wir noch nicht ahnen, dass die Zukunft diesen herben Rückschlag für Asilis Forward-Projekt bereithalten würde. Wir waren so glücklich darüber, mit einer stattlichen Summe viel bewegen zu können. 10.000 Euro ist für einen kleinen Verein viel Geld, auch wenn es für eine Projektumsetzung hier in Deutschland eine vergleichsweise kleine Summe sein mag; in Afrika kann man damit jedoch nachhaltige, längerfristige Hilfe leisten – wenn einem Bürgerkriege oder die Willkür von Politikern nicht einen Strich durch die Rechnung machen. So etwas macht den Erfolg von Hilfsprojekten natürlich unberechenbar.

Doch wir hatten und haben andere Projekte, die gut laufen. Jedes Vorstandsmitglied bei Forward Germany ist verantwortlich für »sein« Projekt – ich habe eines in Burkina Faso, Asili Barre-Dirie hatte das »Hühnerprojekt« und jetzt eine neue Hilfsaktion in Somalia: Asili ist dafür in einem Brennpunkt Somalias unterwegs, in Garàd. Als der Tsunami zu Weihnachten 2004 über den Indischen Ozean kam, ist Garàd fast ausgelöscht worden. Garàd liegt in Nordwest-Somalia – in Puntland, direkt an der Küste – und war dem Tsunami schutzlos ausgeliefert. Ganze Friedhöfe kamen durch die Wucht des Wassers nach oben, Knochen lagen überall herum, und das Wasser, das von unten hochstieg, war vergiftet.

Asili hatte sofort gehandelt, hatte in Deutschland viel Geld gesammelt und war an die somalische Küste gefahren. Das allein war wieder ein Abenteuer für sich: Mit einem Flugzeug der somalischen Fluggesellschaft – die Gefährte dieser Seelenverkäufer verdienen die Bezeichnung Flugzeug eigentlich nicht – flog sie von Dubai nach Hageysa. Es gab keine Sicherheitsgurte, keine Gepäckabteilung – die Koffer wurden einfach irgendwo im Flugzeug gestapelt, mit Seilen notdürftig gesichert und rumpelten bei Turbulenzen durch den Passagierraum. Dann musste sie sich von Hageysa aus weiter durchschlagen bis nach Garàd: Sie tat es in einem Jeep, obwohl das gefährlich für eine alleinreisende Frau ist. Sie kleidete sich muslimisch – Asili ist praktizierende Muslima – mit Kopfbedeckung und langem Gewand; darunter aber trug sie ein Gewehr. Sie musste sich bewaffnen, um sich im Notfall verteidigen zu können. Denn trotz ihrer Kleidung fiel Asili auf – sie ist recht hellhäutig und sticht daher von den dunkleren Frauen vor Ort ab, die der gnadenlosen somalischen Sonne ausgesetzt sind. Asili fuhr also mit ihrem Jeep nach Garàd. Ihr Mut und ihre Beharrlichkeit zahlten sich aus. Wieder baute sie eine Schule – für Jungs und Mädchen, denn beide Geschlechter sollten gleiche Chancen bekommen; zugleich kaufte sie Fischernetze für eine große Frauengruppe. Sie spannte einen Lehrer ein, der den Frauen zeigte, wie man die Netze repariert, wie man sie knüpft und neue Netze herstellt. Eine andere Frauengruppe bekam Hummer-Reusen. Ein Hummer kostet auch in Somalia bis zu 30 Dollar das Stück. Ein gutes Geschäft also: Man hängt das Netz über Nacht ins Meer und am Morgen ist es voll. Alles Handarbeit, denn Industrialisierung oder Automatisierung gibt es dort nicht. Und unter diesen Frauen sind immer ein paar aufgeklärte, gebildete Frauen, die sich als Multiplikatorinnen innerhalb der Gruppe gegen Mädchenbeschneidung aussprechen und die anderen Frauen überzeugen können. Und so funktioniert das wunderbar: Katastrophenhilfe und zugleich Kampf gegen Mädchenbeschneidung.

Wirtschaftliche Aufbauförderung in der Dritten Welt kann nur gelingen, wenn man fantasievoll, flexibel und äußerst improvisierfreudig vorgeht. Zugleich macht es diese Art und Weise für die bürokratische Vereinsarbeit hier in Deutschland oft schwierig. Denn ein ordentlicher Verein muss ordentliche Projektabrechnungen machen, ist doch klar. Doch grenzt es meistens an organisatorische Meisterleistungen, für jeden Kleinkram im oft chaotischen Afrika überhaupt eine Art Quittung zu bekommen. Zum Beispiel hatte Asili einmal Steine im Steinbruch gekauft; sie wollte damit das Grundstück abgrenzen auf dem unsere neuerbaute Schule stand. Nun ist es für die Vereinsbuchhaltung wichtig, über diese Ausgabe einen Beleg zu haben. Und Asili weiß das natürlich. Aber der Mann im Steinbruch verstand nicht, was Asili wollte, und sagte: »Ich weiß, dass du die Steine bei mir gekauft hast. Sag doch deinen Leuten in Deutschland, bei uns zählt das Ehrenwort!« Zudem konnte er ihr keine Quittung geben: Er konnte weder lesen noch schreiben und wusste vermutlich noch nicht einmal, was eine Quittung überhaupt ist – niemand hatte wohl jemals so etwas von ihm verlangt. Wenn es nur um einen einzigen Beleg ginge, wäre das vermutlich nicht weiter tragisch – dafür hat das deutsche Finanzsystem ja den Eigenbeleg erfunden –, aber wer in der Entwicklungshilfe arbeitet, weiß, dass es ja sehr häufig so läuft. Und dann heißt es: Beweise, dass es ins Projekt geflossen ist!

Man ist also im Afrika-Einsatz auch ständig damit beschäftigt, zweigleisig zu denken: Was brauchen die Menschen im afrikanischen Projekt und was brauchen die Menschen in Deutschland, die das Projekt schließlich finanzieren und dafür geradestehen, die Spender und die Vereinsmitglieder. Glaubwürdigkeit und Vertrauen sind unser wichtigstes Gut, das wir nicht verspielen dürfen. Ganz klar. Aber oft könnte ich verrückt werden bei dem Gedanken, dass Asili sich für ihr Hilfsprojekt in risikoreiche Abenteuer stürzt und hier mäkelt man in Vereinssitzungen herum, wie sie beweisen kann, dass sie beispielsweise Geld für die Steine aus dem Steinbruch oder für 5000 Nägel für die Schule ausgegeben hat. Allein diese unendlich mutige Frau ist für mich die Glaubwürdigkeit in Person. Ich werde in Vereinssitzungen regelmäßig zur Löwin, in denen es um solchen Kleinkram geht. Einmal schreibt sie mir in ihrem unerschütterlichen Humor eine E-Mail aus Garàd, wo sie gerade die Schule aufbaute. Bling, die E-Mail kam eben an, als ich den Computer ausmachen wollte, um zu unserer Vereinssitzung zu fahren. »Wie geht's dir?«, schrieb sie. »Mir geht's hier ganz gut, es wurde zwar gerade geschossen, aber ich und das Projekt – wir sind halbwegs heil.« In der anschließenden Sitzung diskutierten wir dann endlos um eine Bahnfahrkarte in Höhe von 35 Euro oder eine vergleichbar lächerliche Kleinigkeit. Und als es später nach Asilis Rückkehr um die Steinbruch-Quittung ging, hätte ich wieder einen Aufstand machen können. Ich dachte mir: »Diese Frau riskiert ihr Leben und der Verein würdigt es nicht, sondern quatscht wegen einer blöden Quittung rum!« Das ist mein persönliches Dilemma, denn natürlich weiß ich, dass korrekte Arbeit sein muss. Entwicklungshilfe – Hilfe zur Selbsthilfe – besteht jedoch zu einem ganz großen Teil aus Improvisation und die ist buchhalterisch oft schlecht erfassbar. Ich übe dennoch laut Kritik, wenn mir Diskussionen zu theoretisch erscheinen und an der Wirklichkeit vorbeigehen. Man kann die Kirche auch im Dorf lassen.

Ich bin selbst mittlerweile Vereinsvorstand und muss meinen Kopf dafür hinhalten, dass in meinem Projekt alles seine Richtigkeit hat. Also kommen wir alle nicht umhin, ständig viel zu erklären und zu rechtfertigen, warum man manchmal unkonventionelle Wege eingeschlagen hat –weil es konventionelle einfach nicht gab oder weil man damit nur in einer Sackgasse gelandet wäre. Wie oft stehen zum Beispiel lokale Politiker in Afrika einem Hilfsprojekt ablehnend gegenüber – sei es, weil sie nicht »geschmiert« wurden, sei es, weil sie keinen anderen persönlichen Profit daraus ziehen konnten – und dennoch muss man versuchen, sie irgendwie mit ins Boot zu holen, damit das Projekt nicht von vorneherein scheitert. Aber erkläre es nachher in Deutschland, dass der Typ, mit dem du bei einem Pressetermin fotografiert wurdest, der örtliche Diktator ist, den du eben gut stimmen musstest. Mit dem Erfolg, dass er nun zwar nicht mehr dagegen ist, aber auch nicht dafür, immerhin aber das Projekt in Ruhe lässt. Auch im Verein selbst gibt es Mitglieder, die es zu überzeugen gilt. Forward

Germany ist ein gemischter, überkonfessioneller Verein, der eine klare anti-rassistische Grundhaltung hat. Natürlich sind auch einige Idealisten dabei, deren Sichtweisen ich manchmal zu realitätsfern oder zu europazentriert empfinde. Menschen, die Afrika nur in der Theorie kennen und deren weise Ratschläge mich bisweilen zur Weißglut treiben. »Junge, fahr doch einfach mal mit und erlebe es selbst!«, denke ich mir dann; aber ich sage nichts, denn auf der anderen Seite haben auch diese Menschen recht, und diesen Spagat zu schaffen zwischen Anspruch und Wirklichkeit ist ja das Schöne, aber auch Anstrengende in der gemeinsamen und visionären Hilfe zur Selbsthilfe.

Forward Germany war ein kleiner Verein, als ich dazukam. Ich ging sehr in meinem Einsatz für die praktische Arbeit des Vereins auf – für die Projekte in Afrika und die Einzelfallhilfe in Deutschland. Allmählich bekamen wir durch unsere Auftritte und Vorträge Spendengelder in die Kasse und konnten unsere bescheidene Arbeit ausbauen. Aber immer noch scheiterten viele gut geplante Projekte an der Finanzierung. Was für eine Riesenüberraschung sollte es dann für uns geben, als Johannes B. Kerner tatsächlich sein Versprechen wahr machte und bei einem Prominenten-Quiz für meinen Verein spielte!

Es war am 28. Mai 2003 – nur ein paar Wochen nach unserer Talkshow im März 2003. Ich kam eines Abends völlig erschlagen von einem langen Tag ständiger Übersetzung und Sozialarbeit im Flüchtlingsheim nach Hause. Walter hatte schon etwas Leckeres gekocht und nach unserem Abendessen kuschelten wir uns glücklich, zufrieden und satt auf unserer Couch aneinander, um noch ein bisschen fernzusehen. Wir zappten durch die Programme, als wir Günther Jauch sahen, wie er gerade sagte: »Jetzt begrüßen wir Johannes B. Kerner in unserer Mitte.« Verblüfft und mit Herzrasen blieben wir dran. Ich dachte nur: »Wird er sich an sein Versprechen erinnern? Wo er doch so viele Gäste hat, so viele Schicksale kennt und vielleicht auch anderen Menschen versprochen hat, sie zu unterstützen?«

Als Günther Jauch fragte, für wen er denn seinen Gewinn spenden wolle, sagte Johannes B. Kerner: »Für zwei besondere Menschen. Vor einiger Zeit war Fadumo Korn bei mir in der Sendung. Diese Frau und ihr Anliegen – ihr Kampf gegen Mädchenbeschneidung – haben einen sehr nachhaltigen Eindruck bei mir hinterlassen. Sie war zusammen mit Karlheinz Böhm bei mir und ich möchte je eine Hälfte von dem Betrag, den ich gewinnen werde, an diese beiden Personen und ihre Vereine spenden.« Innerer Jubel! Und was für ein Bangen! Wie viel würde er schaffen? Wir vergaßen fast zu atmen. Die ersten Fragen waren leicht – wie immer in diesem Quiz. Die Summe kletterte alsbald auf fünfstellige Beträge. Und auch wenn ein Joker schon verbraucht war, hielt Johannes B. Kerner sich wacker bis zur 250.000 Euro-Frage. Und die lautete: »Welches der genannten vier Länder wird nicht als nächstes in die EU aufgenommen?« Kerner wusste die Antwort nicht! Mit seinem ganzen Charme versuchte er Günther Jauch zu bewegen, ihm einen Tipp zu geben. Schließlich stand er sogar von seinem Stuhl auf, ging zum Platz des Moderators und stellte enttäuscht fest, dass auch auf dessen Monitor keine Antwort zu lesen war. Günther Jauch erklärte ihm, dass auch er die richtige Antwort nicht wisse und dass bei ihm nie etwas eingeblendet sei, damit er seinen Kandidaten nicht unabsichtlich Hilfestellung leisten könne. Die Antwort würde immer erst nach der endgültigen Entscheidung des Kandidaten bekannt gegeben.

Also setzte sich Johannes B. Kerner wieder enttäuscht auf seinen Platz und sagte: »Wissen Sie was, Herr Jauch? 125.000 Euro sind sehr viel Geld und ich weiß es einfach nicht! Deswegen höre ich jetzt auf.« Großer Jubel! Walter und ich fielen uns in die Arme, wir konnten es einfach nicht fassen! 62.500 Euro! So viele geplante und unrealisierte Projekte wurden nun auf einen Schlag möglich! Am nächsten Morgen rief ich sofort im Büro von Johannes B. Kerner an und wurde auch gleich durchgestellt. Ich bedankte mich herzlich bei ihm; es war ein so freudiges Gespräch. Natürlich wollte er wissen, was wir mit dem Geld nun alles anschieben wollten, und ich versprach ihm, ihn auf dem Laufenden zu halten. »Auf zu neuen Taten!«, dachte ich mir. »Wir werden schon voneinander hören!« Und so erblickten viele tolle Ideen und fertige Projekte, die bislang in Schubladen Zwischenstation gemacht hatten, in den nächsten Jahren das Tageslicht. So wurden unter anderem Asilis Somalia-Projekt und meine späteren Hilfsaktionen in Burkina Faso möglich, wo wir mit mehreren Tausend Euro eine Krankenstation unterstützen und unmittelbare, konkrete Arbeit gegen Mädchenbeschneidung leisten.

SCHEINWERFER UND LICHTBLICKE

Im Herbst 2004 – ein paar Monate nach der ersten Lesung im Münchner Völkerkundemuseum – hielt ich endlich mein erstes Buch in Händen und freute mich so sehr darüber, dass ich die Anstrengung der vergangenen Monate fast vergaß. Denn nach dieser Lesung hatte ich viele Interviewanfragen von Funk, Fernsehen und Zeitungen bekommen, außerdem jagte ein Vortrag den nächsten. Dieser Einsatz – neben meiner »normalen« Flüchtlingsarbeit, die schon anstrengend genug war – ging nicht spurlos an mir vorüber. Kurz vor der offiziellen Buchvorstellung Anfang Oktober bekam ich eine so heftige Halsentzündung, dass ich meine Stimme verlor. Dabei sollte ich doch eine Woche später lesen! Voller Sorge ging ich zum HNO-Arzt. Er verordnete mir drei Wochen Bettruhe – mit absolutem Sprechverbot! »Na toll«, dachte ich mir, »eine Somalierin bekommt Sprechverbot. Völlig unmöglich!« Und hielt mich natürlich nicht daran. Doch ich hatte Glück. Schon am Tag vor der Buchvorstellung war meine Stimme wieder da! Ich brauchte sie auch dringend, denn wieder gab es unzählige Interviewanfragen. Ich kam vom Telefon kaum mehr los.

Natürlich freute mich das sehr, denn es bedeutete vor allem: Ich konnte Interesse für unsere Sache wecken; für ein Thema, das so weit weg erscheint und dessen Opfer doch auch mitten unter uns leben. Auch der Bayerische Rundfunk hatte sich angekündigt: Man plante dort eine lange Filmdokumentation über mein Leben und wollte bei der Buchvorstellung drehen! Ich war also ohnehin schon sehr aufgeregt, als wir am nächsten Abend zum Veranstaltungsort fuhren – doch dann rutschte mir mein Herz fast in die Kniekehlen: Die Münchner Seidlvilla war zum Bersten voll. Mit einem solchen Ansturm hatte ich nicht gerechnet! Die vielen E-Mails, Plakate und Flyer, auch die Mund-zu-Mund-Propaganda hatten wohl ihre Wirkung nicht verfehlt. Die Lesung war ausgebucht. Selbst liebe Freunde konnten kaum mehr im Saal Platz finden. Walter und Jama Philip taten ihr Bestes, um die Menschenmassen zu dirigieren. Ich schlich mich durch den Hintereingang hinein. Meine Knie waren schon ganz wacklig vor lauter Aufregung. Schön, dass Waris und Detlef, meine lieben Freunde und ehemaligen Gasteltern aus Augsburg, auch gekommen waren. Es beruhigte mich ein kleines bisschen: Waris massierte mir die Schläfen – das tat gut! Im Saal waren unzählige Fernsehkameras und Scheinwerfer aufgebaut, nicht nur vom Bayerischen Rundfunk, sondern auch vom Privatfernsehen. Ein Mitarbeiter vom Bayerischen Rundfunk verkabelte mich mit einem kleinen Ansteckmikrofon. Mein Herz raste. Das Blut pochte laut in meinen Ohren, ich konnte kaum etwas hören. Wie sollte ich unter solchen Umständen überhaupt etwas vorlesen können? Zum Glück musste ich nicht allein in diese Feuerprobe. Denn die Lesung war nicht als gewöhnliches Vorlesen konzipiert, sondern als eine Art Choreografie mit verteilten Rollen: Abwechselnd würden verschiedene Vorleser – in diesem Fall Freunde von mir – unterschiedliche Parts der Geschichte übernehmen. Besonders stolz war ich, dass meine liebe Freundin Edith von Welser-Ude, die Frau des Münchner Oberbürgermeisters, und mein guter Freund, der Schauspieler Michael Schwarzmaier, mit mir lesen würden. Diese Lese-Choreografie hatte sich die Vorsitzende des Münchner Seerosenkreises so ausgedacht, Brigitta Rambeck. Der Seerosenkreis ist einer der angesehensten Lesekreise in Süddeutschland und war der Organisator der Buchvorstellung.

Licht an! Kamera ab! Ich betrete die Bühne. Zu unseren Füßen und um uns herum sitzen Zuhörer – so voll ist der Saal. Mein automatisches Notfallprogramm schaltet sich ein. Mit einem Mal werde ich ganz ruhig. Die Scheinwerfer blenden mich. Ich sehe das Publikum kaum, aber dafür die anderen Vorleser auf ihren Stühlen ganz deutlich: Wir tragen gemeinsam die Last dieser Lesung, teilen uns das Lampenfieber. Es läuft wie am Schnürchen. Manchmal kommt das Gefühl hoch, mit meinem Kopf in einem Eimer zu stecken: Ich höre meine Stimme kaum, sie kommt mir dumpf vor. Doch die Choreografie ist eine Wucht. Ich merke, dass das Publikum gebannt lauscht. Der proppenvolle Saal ist ganz still. Immer wieder gehen Laute der Erschütterung, der Verstörung, des Erstaunens durch den Raum. Auch Lachen und Erleichterung an den witzigen Stellen. Die Menschen sind einfach bewegt. Ich spüre es so deutlich; es macht mich glücklich; ich kann sie erreichen mit meiner Geschichte und mit meiner Art. Am Ende – tosender Applaus. Ich bin Fadumo Abdi Hersi Farah Husen Korn, eine Somalierin in Bayern. Ich habe lange gebraucht, um mich selbst zu bewegen, um ins Rollen zu kommen und dadurch andere zu bewegen. Und jetzt weiß ich es ganz sicher: Es ist mein richtiger Weg.

In den folgenden zwei Jahren sollte ich kaum mehr zur Ruhe kommen: Ich hielt Vorträge und viele choreografierte Lesungen – jetzt mit Freiwilligen aus dem Publikum in den verteilten Rollen – in Deutschland, Österreich und der Schweiz. Mein erstes Buch wurde ein voller Erfolg. Ich fand überall Unterstützer, darunter auch prominente Förderer, die mir sogar den Weg in die Parlamente ebneten und Kontakte zu Ministerien vermittelten, in denen mein Anliegen auch aufmerksam gehört wurde. Durch all das kamen Spenden in unsere Vereinskasse und so konnten wir neue Projekte starten und die laufenden ausbauen. Was für eine bewegte Zeit! Eines Tages im Herbst 2006 war ich mit fliegendem Mantel und wehendem Haar unterwegs zwischen zwei Terminen – eine Übersetzung vor Gericht hatte länger als geplant gedauert und so würde ich zu spät kommen zu einer Verabredung mit einem meiner Flüchtlingsmündel im Wohnheim, wenn ich mich nicht beeilte. Da klingelte mein Handy. Halb genervt ging ich dran, ich dachte: »Au Mann, das ist jetzt sicher das Sozialheim, ja ja, ich komm ja schon ....«

»Hallo?«, tönte mir eine angenehme, aber unbekannte Stimme entgegen. »Hier ist Claudia Guter vom Büro des Ausländerbeirats München. Spreche ich mit Frau Fadumo Korn?«

»Ja, ich bin selbst am Apparat«, keuchte ich außer Atem. Ich setzte gerade zu einem Sprint zur Straßenbahnhaltestelle an, denn meine Tram fuhr eben ein. »Ich habe eine erfreuliche Nachricht für Sie!« Aufspringen auf die Tram in letzter Sekunde, mit der freien Hand in meiner Tasche nach der Fahrkarte fummeln.

»Die Landeshauptstadt München will Sie für Ihr unermüdliches Engagement bei der Flüchtlingsarbeit auszeichnen mit dem Integrationspreis, dem ›Lichtblicke‹-Preis der Stadt München.«

»...«

»Hallo, Frau Korn?? Sind Sie noch dran?«

Ich bin Fadumo Abdi Hersi Farah Husen Korn, ich bin als Nomadenkind in der Steppe Somalias geboren, nach einer langen Odyssee in München gelandet und als Fremde meist freundlich aufgenommen worden. Ich habe mir diese Stadt als meine neue Heimat ausgesucht – und jetzt wird mir diese Ehre zuteil ...

»Ich rufe Sie gleich zurück«, sagte ich mit zitternder Stimme. Mitten in der überfüllten Straßenbahn kamen mir die Tränen. Dann fing ich an, wie eine Wahnsinnige herumzutanzen und zu jubeln. Die anderen Menschen im Waggon dachten sicher: »Die ist wohl nicht ganz dicht.«

Obwohl ich bis zur Preisverleihung noch mehrere Monate Zeit hatte, mich an den Gedanken zu gewöhnen, dass meine Wahlheimat mich auszeichnen würde, konnte ich es einfach nicht fassen. Nie war ich aufgeregter als am Tag der Preisverleihung, am 30. Januar 2007, noch fühlte ich mich je geehrter als in diesem Moment. Die Münchner Presse war gekommen und lokale Fernsehsender berichteten. Eine Zeitung schrieb einen Artikel über mich mit der Überschrift »Schwester Löwenherz« und ich fand, dass sie ins Schwarze traf. Gerne und mit Stolz adoptierte ich diese Bezeichnung für mich. 500 Vertreter aus Botschaften und Konsulaten, aus Wirtschaft und Kultur, die Leiter »meiner« Sozial- und Asyleinrichtungen waren gekommen. Zu meiner besonderen Freude war auch Hildegard Hamm-Brücher anwesend, deren Lebenswerk ich sehr bewundere. Münchens Oberbürgermeister Christian Ude hatte es sich nicht nehmen lassen, die Laudatio zu halten. Ich erinnere mich an seine augenzwinkernden Worte: »Fadumo Korn hat eine harte Schale und einen weichen Kern. Aber lassen Sie sich ja nicht von ihrer äußeren Sanftheit beirren. Sie ist knallhart!« Seine Rede – witzig und bewegend zugleich – machte mich und meine kleine Familie sehr stolz. Seine Würdigung gab mir neuen Antrieb, weiterzumachen; mich weiter dafür einzusetzen, das Zusammenleben von Einheimischen und Menschen, die die Not hierher verschlagen hat, ein bisschen besser zu machen; weiter zu kämpfen – mit aller Kraft – gegen die grausame Tradition der Mädchenbeschneidung und gegen das Nicht-Verstanden-Werden, auch wenn es immer wieder Rückschläge geben würde, auch wenn ich manchmal verzweifeln würde. »Fremd ist der Fremde nur in der Fremde«, mit diesen Worten des großen Münchner Kabarettisten Karl Valentin begann ich meine Dankesrede. Diese Worte nahmen mir sofort meine Nervosität. Ich konnte frei von meiner somalischen Leber weg erzählen über meine Geschichte und über das, was ich alltäglich in meiner humanitären Arbeit tat. Als mir dann Christian Ude den Preis übergab und mich dabei herzlich umarmte, war das für mich nicht nur ein unvergesslicher, großartiger Augenblick, sondern ein Moment, ab dem ich mich wirklich angenommen – heimisch – fühlte. Wie eine echte Münchnerin eben.

SELTSAME VERWANDTSCHAFTEN: SCHUTZMÜTTER UND VIRTUELLE BRÜDER

Ich fühlte mich sogar als noch echtere Münchnerin, denn ich hatte bei der Preisverleihung eine Mutter dabei, meine Mamski. So nenne ich sie, es ist meine Bezeichnung für eine starke Mutter. Meine Münchner Mutter ist Edith von Welser-Ude, die Frau des Oberbürgermeisters. Ich hatte irgendwann im Jahr 2002 einen Bericht in der Münchner Abendzeitung darüber gelesen, dass die Udes aus Äthiopien zurückgekommen seien. Dort hatten sie Karlheinz Böhms Hilfsprojekte besucht. Edith von Welser-Ude hatte der Zeitung ein Interview gegeben. Als ich diese tolle, starke Frau auf dem Foto neben dem Interview sah, dachte ich mir nur: »Diese Frau musst du kennenlernen, unbedingt!« Ich besorgte mir Zeitungsartikel über sie und ihre Projekte. Und dann rief ich sie an. Als sie sich am Telefon meldete, sagte ich erst: »Grüß Gott, ich bin Fadumo Korn, eine Münchnerin aus Somalia« und ließ dann einen Wortschwall von bestimmt vier Minuten auf sie los, damit sie keine Chance haben würde, Nein zu sagen. Ich war aber so aufgeregt, dass ich mein eigentliches Anliegen, nämlich, dass ich sie kennenlernen wollte, gar nicht nannte. Und so fragte sie nach meinem Monolog einfach: »Jaaaa?« Und ich gab mir einen Ruck und sagte: »Frau von Welser-Ude, ich möchte Sie gerne kennenlernen und einen Termin bei Ihnen haben!« So – jetzt war es raus. Und sie sagte: »Moment, ich hol mal meinen Kalender.« Meine Hände waren nass vor Schweiß. »Ich guck mal«, sagte sie weiter, »morgen Nachmittag passt gut. Kommen Sie mich doch besuchen. Zu Hause. Aber ich habe nicht so viel Zeit, nur eine halbe Stunde.« Jippie! dachte ich – und sagte glücklich: »Ja, ja, das reicht völlig!«

Am nächsten Tag packte ich mutig alles zusammen, was ich von Forward hatte, machte mich ganz fesch zurecht und ging zu unserer Verabredung. Ich klingelte. Sie machte mir selbst auf und drückte den Türsummer: »Vierter Stock.« Ich stiefelte hinauf und als mir Edith von Welser-Ude oben die Tür öffnete, war ich sofort fasziniert von ihrer Art und ihrer Ausstrahlung. Es tat einen tiefen Plumps in meinem Bauch und ich war nur noch glücklich. Es war, als ob wir uns schon ewig kannten. Selig betrat ich die Wohnung. »Machen Sie die Tür zu, ich mach uns einen Tee«, sagte sie. Als der dampfende Tee dann vor mir stand, konnte ich ihn vor Seligkeit und Aufregung gar nicht trinken. Was wird sie bloß von mir denken, wenn ich den Tee jetzt nicht trinke, dachte ich mir. Na ja, zur Not würde ich meine Appetitlosigkeit auf mein Rheuma schieben, meine verkrümmten Hände waren ja offensichtlich. Ich war so aufgeregt und hatte Angst, den Tee zu verschütten. Außerdem schlich ständig Kater Giovanni unterm Tisch um meine Beine herum und beäugte mich neugierig. Das machte mich noch nervöser. Ich saß in der Küche mit der Frau des Münchner Oberbürgermeisters zusammen – und aus der halben Stunde wurden fast vier. Wir redeten und redeten. Auf meiner Schulter saß jedoch noch ein Teufelchen, das ständig versuchte, mitzureden und sich einzumischen. Es war die Stimme von Tante Madeleine, die aus meiner Kindheit zu mir herüberschallte: »Fall nicht mit der Tür ins Haus! Überstrapaziere deine Kontakte nicht!«, klopfte es da in meinem Kopf. »Geh weg aus meinem Kopf, Tante Madeleine!«, hielt ich in Gedanken dagegen, »lass mich nur machen, ich bin eine erwachsene Frau!« Eine erwachsene Frau, die selbst längst Mutter ist und nun eine Mutter sucht. Nein: die eine Mutter gefunden hat. »Eigentlich muss ich es ihr sagen«, dachte ich noch. Aber das traute ich mich nun doch nicht bei diesem ersten, langen und intensiven Treffen. Es brauchte noch ein paar Telefonate und Treffen in den nächsten Monaten, bis ich es zur Sprache bringen konnte. Denn wie sollte ich bloß eine gestandene Frau mit sechs eigenen Kindern fragen, ob sie meine Mutter werden will?

Ein Interview kam mir zu Hilfe. Ich sagte darin, dass ich in München eine Schutzmutter gefunden hätte, dass sie aber noch nichts von ihrem Glück wisse. Und das nahm ich zum Anlass für einen Anruf bei ihr: »Du, Edith? Ich hab ein Interview gegeben und gesagt, dass ich eine Schutzmutter hier in München habe. Und jetzt möchte ich dich ganz offiziell fragen: Möchtest du meine Schutzmutter sein?« Schweigen in der Leitung. Und dann: »Hmmm. Was machen denn Schutzmütter so?« »Nichts«, sagte ich, »nur das, was Mütter eben so machen: einem den Kopf waschen, wenn's nötig ist, einen guten Rat geben, zuhören. Aber nichts verbieten.« Da lachte sie: »Ja, das bin ich gern, Fadumo.« Ich freute mich wie ein Kind, das ich ja jetzt auch in gewissem Sinne war.

Meine Schutzmutter Edith ist Kraft pur. Eine dunkelhaarige Frau, weiblich, stur, klug, voller Energie, wunderschön. Sie hätte gut in die Pharaonenzeit gepasst – als machtvolle und gütige Pharaonin. Eine starke Mutter, meine »Mamski«. Vielleicht erhoffte ich mir, dass sie mich bemuttern und an die Hand nehmen würde. Aber nein. Sie hat etwas, das mir sagt: »Das kannst du schon selbst, das schaffst du schon!« Das ist echte Rückenstärkung – und felsenfester Glaube an mich. Was kann ich Wichtigeres von einer Mutter erhoffen als das? Edith unterstützt mich mental und tatkräftig – privat und bei meiner Arbeit. Sie tut es nicht mit der Einstellung: Da ist eine kleine Migrantin, die Hilfe braucht. Nein, sie sagt: »Ich kann nur das und jenes beitragen – und ich mache das gerne! Den Rest – das schaffst du schon selbst«. Und so ist es dann auch, selbst wenn ich im Vorfeld verzagt gewesen sein mag. So war es auch bei meiner Buchpräsentation in der Seidlvilla. Ich dachte, ich würde das nicht schaffen alleine. Und Mamski Edith übernahm eine der verteilten Leserollen. Aber alles andere – das schaffte ich tatsächlich alleine und war hinterher mächtig stolz auf mich.

Ich hatte meine eigene Familie – meinen Mann Walter, unseren Sohn Jama Philip, ich hatte eine Schutzmutter – meine Mamski Edith, und ich hatte meinen lieben großen Bruder – Jama. Allerdings hatte ich ihn schon fast 20 Jahre nicht mehr gesehen. Ich nannte ihn meinen virtuellen Bruder, weil wir immer nur miteinander telefonierten oder mailten oder uns Briefe schrieben. Mehr als 16 Jahre hatte er als Flüchtling in verschiedenen afrikanischen Ländern gelebt, bevor er in die USA flüchten konnte. In Somalia war Jama drei Mal zum Tode verurteilt worden, weil er dem Marehan-Clan angehörte, hatte aber immer wieder fliehen können. Zuletzt hatte es wieder einen Erschießungsbefehl gegeben und Jama war zusammen mit anderen Somalis aus dem Marehan-Clan frühmorgens an die Wand gestellt worden. Er stand in der zweiten Reihe – zu seinem großen Glück. Denn als die ersten Schüsse fielen, ließ er sich sofort fallen, sodass die vor ihm Niedergemähten auf ihn stürzten. Das Stöhnen der Sterbenden wurde überdeckt vom Geräusch seiner eigenen Angst, die in seinen Ohren pochte. Das Blut der Toten durchnässte seine Kleider. Jama blieb regungslos liegen, atmete ganz flach und stellte sich tot. Mehr als zehn Männerleichen lagen aufeinandergetürmt über ihm.

Das Erschießungskommando wollte auf Nummer sicher gehen, suchte nach Überlebenden und feuerte noch einmal auf die am Boden liegenden Leichen. Wie durch ein Wunder blieb Jama unverletzt. Den ganzen Tag lang verharrte er reglos und starr vor Angst unter den Leichen – umgeben vom Gestank der Toten, in der unerträglichen Hitze. Erst als es dämmerte, kroch er unten den Toten hervor und rettete sich in eine Ruine. Dort blieb er bis zum

Anbruch der Nacht und stolperte dann in eine rastlose Flucht. Sie führte ihn zunächst über Kenia, dann nach Uganda, wo er einige Jahre lebte, bis er schließlich in ein Flüchtlingsprogramm der USA aufgenommen wurde, das man speziell für Flüchtlinge aus gefährdeten Ländern eingerichtet hatte. So kam er schließlich mit einem amerikanischen Pass in die USA. Er fand dort Sicherheit, wenn auch keine Ruhe: Seine Frau und seine Tochter – sein Sonnenschein – waren ja in Uganda zurückgeblieben; dort, wo Jama geheiratet hatte und Vater seines einzigen Kindes geworden war.

Februar 2007. Ich würde Jama endlich wiedersehen! Bei mir bahnte sich nämlich eine USA-Reise an. Mein Buch war ins Englische übersetzt worden und hatte prompt den Kritikerpreis des angesehenen »People-Magazine« erhalten. Daraufhin wurde es als Lehrbuch für einige renommierte Universitäten zugelassen. Tobe Levin, meine Mitstreiterin bei Forward Germany und Übersetzerin des Buches ins Englische, überraschte mich mit dem Vorschlag, doch eine Lesereise durch die wichtigsten Universitäten der Ostküste zu unternehmen. Ich war sofort Feuer und Flamme, denn so konnte ich endlich meinen Bruder wiedersehen! Wie er wohl aussah – jetzt, fast 20 Jahre nach unserem letzten Treffen im damals noch friedlichen Somalia? Meine Begeisterung erhielt einen kleinen Dämpfer: Der amerikanische Verlag, der die Übersetzung veröffentlicht hatte und die Lesungen organisieren würde, erklärte uns, dass es leider keine finanzielle Unterstützung für mich, die Autorin, geben könne. Das hieß also wieder für mich: tief in die Familienkasse greifen, um alle Reisekosten meiner Lesereise selbst zu übernehmen.

Zum Glück kam mir Forward Germany wieder zu Hilfe. Wir beschlossen, eine Aufklärungskampagne für Amerikaner, die noch wenig über das Thema wussten, zu starten, wenn ich schon in den USA lesen würde. Die Lesereise wurde für Februar 2007 – kurz nach meiner Lichtblicke-Preisverleihung – geplant; Boston und New York waren die ersten Ziele. Tobe war schon in den USA – sie hatte Familie dort – und wollte mich vom Flughafen in Boston abholen. Doch es sollte alles wieder ganz anders kommen als geplant. Schon beim Umsteigen in London saß ich erst einmal fest: Wegen eines Schnee-Blizzards an der Ostküste der USA waren alle Flughäfen geschlossen. Also hieß es: Warten in London. Nun – den Londoner Flughafen hatte ich ja schon vom letzten Mal nicht gerade in positiver Erinnerung behalten. Mein Flug ging dann aber doch noch – allerdings mit vielen Stunden Verspätung. In Boston landeten wir spätnachts und saßen im Flugzeug fest: Die Türen waren so stark vereist, dass sie sich erst nach einiger Zeit und nur mithilfe von außen öffnen ließen. Dann hieß es wieder: stundenlang warten, diesmal in der Schlange vor dem Einreiseschalter. Und dann der Albtraum jedes USA-Reisenden: Meine Einladung war weg! Mein Beweis, dass ich hier erwartet wurde! All meine Kontaktdaten und Schreiben hatte ich in meinen Terminkalender gelegt – und der war nicht mehr in meiner Tasche zu finden! Hatte ich ihn wirklich zu Hause vergessen oder irgendwo auf dem Weg verloren? Wie konnte mir das nur passieren?

Den Beamten interessierte das natürlich nicht. Ohne jedes Verständnis – dafür mit großem Misstrauen mir gegenüber – forderte er mich auf, meine Finger auf einen Fingerabdruckscanner zu legen. Nun sind aber meine Hände und Finger durch das Rheuma so stark verkrümmt und nach innen gebogen, dass ich sie gar nicht flach auflegen kann. Der Apparat konnte also nichts scannen. Ungerührt sagte der Beamte: »Sie dürfen nicht einreisen!« In Panik versuchte ich nun, meine Finger irgendwie gerade zu biegen: Ich musste mich bücken und verdrehen, um meine Hand in eine günstigere Position zu bringen. Dabei verschwand ich wohl kurz aus dem Blickfeld des Beamten. Als ich mich wieder aufrichtete, blickte ich direkt in die Mündung einer gezückten Waffe! Die mittlerweile drei Beamten glaubten mir kein Wort und führten mich in ein kleines Büro zum Verhör ab. »Was wollen Sie hier? Wo werden Sie wohnen? Wen kennen Sie hier?« All das fragten sie gebetsmühlenartig immer wieder und ich hatte doch keinerlei Nachweis dabei. Auch Walter konnte ich nicht anrufen – in den USA funktioniert mein Handy nicht, er hätte mir als einziger die Daten aus meinem Computer durchgeben können.

In meinem Kopf ratterte es auf der Suche nach einer Lösung. Computer! Das war die Idee! Ich fragte meine Bewacher, ob wir nicht auf einem Computer die Website der Harvard-Universität aufrufen könnten, dort müsste ich als Rednerin angekündigt sein. Nach erstem misstrauischen Zögern organisierte einer der Beamten tatsächlich einen Laptop und siehe da! – mein Konterfei prangte auf der Titelseite der Harvard-Universität. Mit einem Schlag mutierte mein Status in den Augen meiner Bewacher von der Einwanderungsbehörde vom mutmaßlich illegalen Einwanderer oder Terroristen zum Super-Promi. Keine zehn Minuten später war ich mit Einreisestempel draußen aus dem Büro und stand mitten in der menschenleeren Ankunftshalle. Es war vier Uhr früh; ich war todmüde; im Flugzeug hatte ich schon nicht geschlafen. Mein Gepäck war weg – vermutlich auf dem Rückweg nach London. Auch von Tobe keine Spur. Aber ich war angekommen in den USA, dem Land der unbegrenzten Möglichkeiten. Und ich würde endlich meinen Bruder wiedersehen!

IM LAND DER UNBEGRENZTEN (UN-)MÖGLICHKEITEN

Jama und ich wollten uns am nächsten Abend nach meiner ersten Lesung in Harvard treffen. Er sollte von Ohio fliegen, wo er jetzt lebte. Bei dem Gedanken an unser Wiedersehen wurde ich innerlich ganz aufgewühlt, obwohl ich nach all den Reisestrapazen schrecklich müde war. Aber ins Bett sollte ich noch lange nicht kommen, denn die Odyssee ging weiter. Zum Glück hatte ich in Deutschland Geld gewechselt, sonst hätte ich nicht mal telefonieren können. Ich hatte zwar schnell ein Münztelefon im hintersten Winkel der riesigen, menschenleeren Ankunftshalle ausfindig gemacht und konnte endlich Walter anrufen, der schon in Sorge war, weil ich mich so lange nicht gemeldet hatte; aber die Telefonnummern und Adressen, die er mir nun durchgab, halfen mir nicht viel weiter. Ein Anruf bei Tobe ergab erst einmal, dass sie mit dem Auto in einer Schneewehe feststeckte – infolge einer Massenkarambolage. Sie war Gott sei Dank unverletzt, konnte mich aber nicht wie geplant abholen und riet mir, ein Taxi zur Harvard-Universität zu nehmen. Doch um diese Zeit – es war 4 Uhr früh – gab es keine Taxis mehr am Bostoner Flughafen. Draußen herrschten minus 20 Grad und Schneesturm, drinnen herrschte gähnende Leere, denn Flugzeuge wurden allenfalls wieder in drei Stunden erwartet, wenn sie bei dem Wetter überhaupt würden landen können. Also kein Taxi. Ich richtete mich notgedrungen für den Rest der Nacht in der Ankunftshalle, gleich neben dem US-Airways-Schalter ein, damit ich am Morgen gleich als Erste eine Suchanzeige für mein Gepäck aufgeben könnte. An Schlafen war natürlich auf den ungemütlichen Sitzbänken nicht zu denken. Die Nacht schien kein Ende zu nehmen und prompt machte der Gepäckschalter dann auch noch als Letztes auf. Flugs gab ich eine Gepäckbeschreibung ab und meine Adresse in Harvard. Dann stürzte ich hinaus in die Kälte – in ein Taxi. »Jetzt geht hier endlich etwas voran«, dachte ich mir und nannte dem Taxifahrer mein Fahrtziel: »Harvard-Universität«. Er sah mich ratlos an: »Harvard? Sehr schwierig, sehr schwierig. Ich muss denken.« Der etwa 80-jährige Russe hatte keine Ahnung, wo die Harvard-Universität lag! Obendrein war er schwerhörig und so musste ich meinen Ratschlag, doch mal im Stadtplan nachzugucken, wo sich diese bedeutende Universität befände, durch eine kleine Öffnung brüllen, die den Fahrgastraum vom Frontteil des Taxis trennte. Mein Rat war überflüssig: Der Russe konnte ohnehin nur Russisch lesen und kein Englisch, wie sich schnell herausstellte. Er war aber sicherheitshalber schon einmal losgefahren, damit ich es mir nicht anders überlegen und in ein anderes Taxi umsteigen konnte, und murmelte nun beschwörend vor sich hin: »Harvard-Universität.« Mir war das alles schon viel zu viel, ich hatte keine Nerven mehr, war wie betäubt vor lauter Müdigkeit. Ich wollte nur noch eins: ein Bett. Schlafen. Diesen Albtraum schnellstmöglich vergessen. Und später mit meinem geliebten Bruder darüber lachen.

Nun – ich war aber im Land der unbegrenzten Möglichkeiten und bekam gerade eine kleine Kostprobe davon. Mein Taxifahrer hielt vor einer riesigen Schneewand an, darin war eine klitzekleine Einfahrt freigefräst. »Harvard-Universität! Wir sind da!«, rief er. Und als ich ungläubig auf diese kleine Schneise starrte, die unmöglich das Portal von Harvard sein konnte, meinte er kleinlaut und verzweifelt: »Ich nix sicher mit Ort ...« Was konnte ich anderes tun, als ihm Mut zuzureden? Ich ermunterte ihn, Passanten zu fragen. Er tat es. Dann fuhr er wieder weiter – durch kahle, wintersteif gefrorene Wälder. Die Straße war kaum zu erkennen, hohe Eiswände umgaben uns, und mein Taxifahrer schimpfte und jammerte. Ich sah mich schon als Leiche in einem der vielen kleinen Flüsse und Bäche treiben, erstarrt wie der Winterwald, ein Rätsel für jeden Pathologen, der mich einst auf dem Seziertisch haben würde. Mir erschien die Fahrt wie eine Ewigkeit. Immer wieder nickte ich ein und schreckte dann wieder hoch – ich wollte jetzt nicht einschlafen. Denn langsam machte ich mir Sorgen. Endlich kamen wir durch einen kleinen Ort, der sehr nach Campus-Städtchen aussah. Wieder fragte sich mein russischer Taxi-Chauffeur mühsam durch, diesmal waren wir auf der richtigen Spur: Nach fast einer Stunde Fahrt und stattlichen 55 Dollar setzte er mich vor der Tür zur Club Lounge von Harvard ab. Nur noch ein paar Stufen trennten mich von einem warmen Bett, Erholung und später einem leckeren Essen!

Dachte ich zumindest. Doch es sollte wieder anders kommen. Für mich war nämlich gar kein Gästezimmer reserviert. Der teilnahmslose Portier am Eingang zuckte die Schulter und sagte: »Sie stehen nicht auf der Gästeliste.« Nein, er wüsste von keiner Lesung. Nein, ein Schlüssel für eine Autorin aus Deutschland sei nicht hinterlegt. Na ja, wenn ich schon so frage, dann könne er ja mal an der Hauptpforte anrufen. Was er dann aber eine geschlagene Stunde lang nicht tat. Er hatte nichts zu tun, sondern kramte nur an seinem Schalter herum, aber er rief einfach nirgends an. Und ich wartete. Und wartete. Nach einer Stunde fing ich an zu weinen. Vor Wut. Und dann explodierte ich. Ich wusste nicht, woher ich nach all den Stunden Schlaflosigkeit und Aufregung noch die Kraft dazu hernahm, aber ich simulierte den Urknall – denn so etwas ließ ich mir nicht bieten! Ich baute mich zu meiner vollen Größe von 1,68 m und schmetterte dem erstaunten Portier entgegen: »Ich bin Fadumo Korn und ich bin hierhergekommen, um den Studenten ein Kapitel aus meinem Leben zu erzählen und dann nach fast 20 Jahren meinen Bruder wiederzusehen. Ich will ein Zimmer und ein Bett und eher gehe ich hier nicht weg!« Und siehe da: Plötzlich griff der Portier nach dem Telefon und brachte binnen einer Minute in Erfahrung, dass doch ein Schlüssel für mich hinterlegt worden war. Er überreichte mir achselzuckend und gleichgültig den Schlüssel und ich schleppte mich nach oben, halb besinnungslos vor Müdigkeit. Das Zimmer war eiskalt, das Fenster hatte einen Riesenspalt, der Wind pfiff durch das Zimmer und draußen herrschten immer noch minus 20 Grad. Ich legte mich gottergeben mit all meinen dicken Klamotten ins Bett – mir war mittlerweile alles egal. Ich würde meinen Bruder wiedersehen – allein das zählte und ließ mich in einen süßen Schlaf fallen.

Rrring – das Telefon. Keine zwei Stunden hatte ich geschlafen. Offenbar hatte ich aber genug Energie getankt, um sofort auf hundertachtzig zu sein, als ich den Hörer aufhob. »Hallo Fadumo, hier ist die Tobe ...« Weiter kam sie nicht.

»Du kannst mir mal den Schuh aufblasen ...!«, schnaubte ich ins Telefon und knallte den Hörer auf. Es klingelte wieder. »Fadumo, ich weiß, wie du dich fühlen musst. Es tut mir leid. Aber unsere Lesung beginnt in einer Stunde ...«

»Mir egal, mach deine Lesung alleine!«, raunzte ich wieder und legte auf. Aber Tobe kannte mich ja schon – seit dem Jahr 2000 waren wir in unserer Forward-Arbeit durch dick und dünn gegangen – und sie wusste, dass meine Wutausbrüche nicht von Dauer sind. Sie ließ nicht locker. Beim dritten Anruf war ich wieder versöhnt. Natürlich würde ich die Lesung machen. »Ich komme gleich runter, Tobe« sagte ich. »Möchte mich noch ein bisschen frisch machen. Mein Koffer ist ja erst mal noch futsch.« Ich schaute an mir herunter: immer noch die gleichen Klamotten wie vor drei Tagen, als ich losgeflogen war; immer noch die gleiche super Unterhose, die gleiche super Strumpfhose, na toll. Gott sei Dank hatte ich mein Notfall-Equipment in der Handtasche: meine somalische Holzzahnbürste und eine Mini-Zahnpasta. Bei der Zahnbürste handelt es sich um einen Zweig aus einem somalischen Zahnbürsten-Baum. Er heißt wirklich so. Dieser Zweig wird – noch frisch und feucht – in heißes Wasser gelegt, dann wird er so lange gekaut, bis dadurch an seinem Ende ein Büschel entsteht. Dieses erste Büschel ist noch nicht weich; es muss rundum weggebissen werden. Dann kommt ein weiteres, weicheres und sehr zahnfleischfreundliches Büschel nach – mit dem man sich hervorragend die Zähne putzen kann. Naturgemäß wird der Zweig im Laufe der Zeit immer kleiner; aber über die ganzen Jahre hinweg, die ich nun nicht mehr in Somalia war, hatte ich mir immer solche Zweige mitbringen lassen – von somalischen Bekannten und Freunden, die nach Hause flogen. Oder aber ich ließ sie mir aus Kenia schicken. Und da der deutsche Zoll die Zweige nun mittlerweile kennt, werden sie auch nicht mehr durchgebrochen, angebohrt oder wegen Drogenverdachts einbehalten, daher bekomme ich sie auch mit der Post.

Ich stand also im Bad meines kleinen kalten Gästezimmers, klatschte mir zwei Handvoll kaltes Wasser ins Gesicht, putzte mir die Zähne und sagte dann laut zu meinem Spiegelbild: »Fadumo Abdi Hersi Farah Husen Korn, was passiert hier mit dir? Das lässt du nicht zu, dass etwas mit dir passiert. Los jetzt. Auf in den Kampf!« Und ich ging hinunter zu Tobe, hinein in die Hörsäle – zwei Lesungen standen heute auf dem Programm und danach ein Abendessen. Ich war ganz bei der Sache; bei *meiner* Sache. Der Blick in die interessierten Gesichter der Studenten gab mir Kraft und auch Mut – denn natürlich fühlte ich mich innerlich immer noch verloren, auch wenn ich mir selbst vorhin im Spiegel gut zugeredet hatte. Und dann war da noch das brodelnde Magma in meinem Bauch: Ich würde in ein paar Stunden Jama wiedersehen. Ich hatte fast 20 Jahre lang keines meiner Geschwister berührt, geküsst, hatte niemandem in die Augen blicken oder über den Kopf streichen können, nichts dergleichen. Das würde nun ein Ende haben. Im Verlauf der nächsten Stunden brodelte es in meinem Bauch so heftig, dass ich fürchtete, es würde jeden Moment »Buff« machen und mich zerreißen.

Nach den Vorlesungen gingen Tobe und ich erst einmal essen. Ich hatte zwar seit Tagen nichts gegessen, aber Hunger hatte ich auch nicht wirklich; doch der Besuch im Restaurant half, die Zeit zu überbrücken, bis wir gegen 22 Uhr zum Flughafen fahren würden, um Jama abzuholen. Wir fuhren los und meine helle Freude und das rotglühende Magma in meinem Bauch brachten nicht nur einen eiskalten, nachtblauen Himmel über Boston zum Strahlen, sondern ließen alle Häuser entlang des Wegs von innen leuchten – da war ich mir ganz sicher. Plötzlich klingelte Tobes Handy. Jama war dran: »Ich sitze in Washington fest, Fadu. Wir sind wegen des Wetters hierher umgeleitet worden.« Die leuchtenden Häuser erloschen, der eben noch blau strahlende Nachthimmel versank in dumpfem Schwarz. Ich war so unfassbar enttäuscht, am liebsten wäre ich sofort aus dem fahrenden Auto ausgestiegen. Ich brachte kein Wort heraus, aber weinen konnte ich auch nicht. Der brodelnde Vulkan in meinem Bauch erlosch mit einem leisen »Blubb«. Jama versuchte mich noch zu trösten: »Ich komme gleich morgen früh nach Boston.« Es gab aber keinen Trost. Denn am nächsten Morgen mussten wir von Boston weiterfahren auf unserer Lesetour. Also würde ich Jama doch nicht wiedersehen, wie sollte er denn nachkommen?

Eine riesengroße Müdigkeit und innere Leere kam über mich. Wir kehrten um, Tobe brachte mich zurück in mein Gästezimmer in Harvard. Zu allem Überfluss sah ich, als ich meine Tür aufschloss – nichts! Meine spärlichen Habseligkeiten waren verschwunden! Meine somalische Zahnbürste, meine Zahnpasta, die kleine Creme, mein Wörterbuch, mein Krimi – alles weg. Ich war einfach ausgecheckt worden. Mit mir hatte man hier offenbar nicht mehr gerechnet. Da explodierte mein stillgelegtes Magma in einem so irrwitzigen

Tobsuchtsanfall, dass der Hausmeister herbeilief. Ich hatte die Tür mit einer solchen Wucht zugeknallt, wie ich sie nicht in meinen Armmuskeln vermutet hätte. Dabei flogen alle Türnägel durch die Gegend. Außerdem muss ich ziemlich herumgebrüllt haben, als der Hausmeister mir ganz kleinlaut erklärte, dass man alles weggeworfen habe, in dem Glauben, ich hätte diese Sachen einfach zum Entsorgen bei meiner Abreise liegen gelassen. Keine drei Minuten später aber war alles wieder da. Vermutlich hatte der verstörte Hausmeister in Windeseile den Müll nach meiner Holzzahnbürste samt Zahnpasta und den Büchlein durchwühlt und sie wieder zutage gefördert. »Nein, das ist definitiv keine schöne Reise« – mit diesem Gedanken beschloss ich diesen unsäglichen Tag und schlief ein.

Am nächsten Morgen holte mich Tobe ab und wir fuhren weiter zur Brandeis-Universität, vorbei an endlosen Schneebergen. Die Landschaft interessierte mich nicht, ich war nur traurig. Mein Bruder war nicht wie geplant in der Früh nach Boston geflogen, wegen des Wetters sollte er erst am Nachmittag landen. Auch das war eigentlich egal, denn ich hätte selbst dann nur noch zwei Tage mit meinen Bruder verbringen können, falls er es überhaupt schaffen sollte, nachzukommen. Wir waren ja schon unterwegs. Jede Minute brachte mich weiter weg von ihm. Am Telefon hatte Jama mir gesagt: »Ich reise dir nach bis ans Ende der Welt, wenn es sein muss.« Mein hoffnungslos romantischer Bruder! Aber er würde wohl an der Realität scheitern. Die Brandeis-Universität lag so weit ab vom Schuss, dass er mit Zügen oder Überlandbussen einen weiteren Tag Anreise brauchen würde – und wieder würden wir schon weg sein, unterwegs zur nächsten Station. Es wäre also ein Wettlauf mit der Zeit – und auch er musste ja wieder zurück zur Arbeit. Ich fühlte mich innerlich wie ausgestopft. Da half es gar nichts, dass ich in der Brandeis-Universität ein warmes, riesengroßes Gästezimmer bekam und mir zu Ehren ein ganz wunderbares Festessen gegeben wurde. Ich konnte vor Kummer nichts essen – außerdem fühlte ich mich in meinen Kleidern nun wirklich nicht mehr wohl – obwohl ich meinen weißen Pulli tatsächlich fleckenfrei über die letzten vier Tage gerettet hatte. Mein lilafarbener Schal, den Walter mir aus der Türkei mitgebracht hatte, half mir, den mittlerweile dunklen Kragenansatz zu kaschieren. Immerhin traf nach dem Festessen mein Koffer ein und so konnte ich mich nach einer heißen Dusche in meinen frischen Pyjama kuscheln. Ein kleiner Lichtblick. Dann ein Anruf aus Boston. Jama war mittlerweile angekommen – es war 11 Uhr abends – und übernachtete bei ganz entfernten Verwandten von uns, von deren Existenz ich gar nichts wusste. Die Verwandten riefen mich an und sagten: »Da, wo du bist, Fadumo, da kann Jama wirklich nicht hinkommen, wir haben alles probiert. Es ist eine Uni am Ende der Welt, da fährt einfach gar nichts hin ...« Ich sagte: »Lasst mich mal kurz denken, ich rufe euch zurück« und legte auf. Mir war eine Lösung eingefallen.

Ich zog mich an und ging hinüber in Tobes Zimmer. Sie hatte auf der ganzen Reise ihre behinderte kleine Schwester dabei gehabt – ihre Mutter und ihre Schwester lebten in den USA; sie würde verstehen, was ich jetzt tun musste: die Reise absagen, zurück nach Boston fahren, um meinen Bruder zu sehen. Meine Familie ist wichtiger als diese Lesereise. »Tobe, ich werde morgen den ersten Bus nach Boston nehmen und zurückfahren. Ich kann diese Reise so nicht weitermachen. Ich weiß, du und diese netten Leute hier werden enttäuscht sein. Das tut mir auch wirklich sehr leid, aber ich kann es einfach nicht.« Tobe hatte ihre Schwester dabei – ihren nahen Menschen – und ich wurde dadurch umso schmerzlicher daran erinnert, dass ich meinen Bruder nicht sehen konnte. Ich wusste, Tobe war entsetzt, aber sie verstand. Heulend ging ich in mein Zimmer zurück. »Ich kann eben nicht alles haben«, dachte ich, »und wenn ich wählen muss, dann immer die Familie.« Als ich auf meinem Zimmer war und wie versprochen die Verwandten zurückrufen wollte, kamen sie mir zuvor: »Fadumo, Gott sei Dank gehst du endlich ans Telefon! Wir haben es schon so lange versucht. Dein Bruder stirbt, wenn er dich nicht sieht. Er ist nicht ansprechbar und schleicht nur noch wie ein Tiger im Käfig in unserer Wohnung herum. Das hat so keinen Sinn. Wir werden ihn dir bringen, wir fahren morgen bei Tagesanbruch los. Spätestens um neun Uhr wird er bei dir sein!« Ich lachte und heulte und jubelte und sprang wie wild in meinem Zimmer herum – ich würde ihn doch noch sehen und musste die Lesereise nicht absagen! Der weitverzweigte Familienclan machte es in letzter Minute möglich! Berauscht vor Freude schlief ich ein, berauscht vor Freude stand ich ganz früh auf, berauscht vor Freude bestellte ich mir im Campusrestaurant ein riesengroßes Frühstück – was ich dann vor lauter Freudenrausch nicht essen konnte. Tobe und die anderen Gastgeber kamen nach und nach und freuten sich mit mir. Ich guckte bestimmt alle vier Sekunden zur Uhr oder zur Tür.

Plötzlich steht er da: groß und eckig, mit einer Mütze und einer Brille. Seit wann trägt er eine Brille!?
   Blackout.
   Wie bin ich zu ihm an die Tür gekommen? Geflogen wahrscheinlich. Direkt an seine Brust. Hmmmm, wie gut riecht so ein Bruder! Unfassbar schön ... Am liebsten möchte ich in ihn hineinkriechen, einfach den Brustkorb aufklappen und hineinkriechen! Ich habe noch in der Nase, wie meine Schwestern riechen, aber so ein Bruder ...!? Das ist noch viel stärker! Purer Bruder-Duft! Schön ...
   Er weint. Und ich weine. Wir sehen uns an und weinen.
   Wir sehen uns um und – alle im Lokal weinen. Sie kennen uns nicht, aber sie weinen mit uns.
   »Meine Schwester«, ruft ihnen Jama zu, »ich hab meine Schwester gefunden. Schaut her, das ist meine Schwester! MEINE Schwester ...!« Er geht und umarmt

alle Leute im Lokal – und alle heulen mit uns vor Freude
und vor Ergriffenheit.

Wir hatten tatsächlich die Menschen in dieser Unikantine zu Tränen gerührt. Und wir waren selbst so zutiefst erschüttert, wie wir es beide wohl nicht für möglich gehalten hatten: In dieser Sekunde des Wiedersehens fielen 20 Jahre Staub der Geschichte von uns ab, 20 Jahre unseres schweren Familienschicksals, das uns in alle Welt katapultiert hatte, das uns liebste Familienmitglieder geraubt hatte, das uns von Nomaden zu Migranten und Flüchtlingen gemacht hatte – zu erwachsenen Menschen in der Fremde mit einem Haufen Verantwortung auf den Schultern. In dieser Sekunde unseres Wiedersehens war all das egal. Wir waren wieder die unbeschwerten Kinder aus friedlichen Zeiten, Jama und Fadumo.

Ich nahm meinen Bruder mit auf mein Zimmer, ich wollte ihn jetzt für mich allein haben, jede Sekunde auskosten. Ihn anschauen, ihn drücken, ihn schütteln, mit ihm lachen. Wir mussten so viele Jahre nachholen. So lange Zeit hatte ich nicht gewusst, wie es ist, Brüder oder Schwestern zu umarmen, und jetzt wurden diese tot geglaubten Bereiche meines Gehirns wieder zum Leben erweckt. Was für ein großartiges Gefühl! Selbst als wir später im Auto saßen – auf dem Weg zur nächsten Station, der Cornell-Universität, da hatte ich Angst zu platzen; einfach nicht mehr in dieses Auto zu passen, weil so viel Freude und Geschwisterliebe in mir steckten. Wir redeten schnell und ununterbrochen.

Immer wieder sagte Jama: »Du siehst der Mama so ähnlich!«, und ich war fassungslos darüber. Denn meine Erinnerungen an unsere Mama waren stehengeblieben, als ich acht Jahre alt war und mit meinem Vater von zu Hause fortging. Ich hatte nicht gewusst, dass ich ihr so stark ähnelte. Niemand hatte es mir bisher gesagt. Jetzt, wo ich Jama wiedergefunden hatte, wollte ich ihn nicht mehr gehen lassen. Selbst auf die Toilette hätte ich ihn am liebsten begleitet. Auch beim Mittagessen brachte ich wieder nichts hinunter; den Mund mit Essen zu blockieren, erschien mir pure Zeitverschwendung – ich wollte viel lieber reden. Unsere Stunden waren ohnehin gezählt. Jama würde mich am Abend zu meiner Lesung begleiten, danach noch mit uns an der Uni übernachten, aber schon am nächsten Tag würde er wieder nach Boston zurückmüssen, um dann nach Ohio zu fliegen, zurück zur Arbeit – und wir würden nach New York weiterfahren zur nächsten Uni. Der Gedanke an diese Trennung verursachte mir Schmerzen in meiner somalischen Leber und meinem deutschen Herzen. »Nur nicht daran denken«, sagte ich mir, »lieber den Moment genießen!«

Gemeinsam betraten wir den Hörsaal der Uni. Ich würde hier Ausschnitte aus der Dokumentation zeigen, die der Bayerische Rundfunk über mich gedreht hatte, und dann meinen Vortrag halten. In dem Film kamen Fotos meiner Familie vor; viele dieser Verwandten lebten nicht mehr. Jama war auf diese Fotos nicht gefasst: Als der Film gezeigt wurde, liefen ihm die Tränen übers Gesicht. Wir saßen im Dunkeln – er, der 1,90 m-Mann und ich, eher ein laufender Meter, Bruder und Schwester, die sich an den Händen hielten und weinten, während ihre Familiengeschichte über die Leinwand flimmerte. Nach meinem Filmvortrag machte mir Jama das schönste Kompliment, das man von seinem großen Bruder bekommen kann: »Ich bin so stolz auf meine kleine Schwester.«

Später auf unserem Zimmer setzte ich mich auf seinen Schoß und er hielt mich wie ein kleines Mädchen – wir waren einfach nur glücklich. Die kostbare Zeit, die uns noch blieb, mit Schlafen zu verbringen – absurd! Wir lagen uns zwar in unseren Betten gegenüber, aber hatten die Köpfe auf die Hände gestützt, damit sie nicht vor Müdigkeit herunterfielen – so redeten und lachten wir fast die ganze Nacht. Dann kippte mein Bruder langsam um. Und wenn es mir nicht so peinlich gewesen wäre, weil ich nun doch schon ein großes Mädchen war – mit über 40 Jahren! –, dann wäre ich am liebsten zu ihm ins Bett gekrochen. Wir schliefen ein. Ich wurde vor ihm wach und kniete mich vor sein Bett, sah ihn mir genau an, wollte mir seine Gesichtszüge einprägen – das hatte ich als Kind auch mit meinem Vater getan, seither sind seine Züge in meinem Gedächtnis eingebrannt. Dann fotografierte und filmte ich meinen schlafenden Bruder: Jama ist ein gutes Stück älter als ich, ein schöner, gepflegter Mann. Ich wollte die Erinnerung konservieren, wer weiß, wann ich ihn wiedersehen würde? Als wir zum Frühstück hinuntergingen, hatte ich Bauchstechen. Nicht vor Hunger, sondern vor vorauseilendem Trennungsschmerz. Wir würden uns in ein paar Stunden trennen müssen – dann würde aus meinem schönen, wohlduftenden, leibhaftigen Bruder wieder mein virtueller Bruder, von dem ich nur am Telefon hören oder per E-Mail lesen konnte.

Wir fuhren los in Richtung meiner Endstation, New York. Irgendwo auf dem Weg dorthin setzten wir meinen Bruder an einem Busbahnhof ab. Die Verwandten, die mir Jama an die Brandeis-Universität gebracht hatten, waren schon am Vortag gleich wieder zurückgefahren, denn sie mussten zur Arbeit. Dieses gottverlassene Nest, in dem wir Jama absetzten, lag irgendwo an der Ostküste, etwa 300 Kilometer von New York entfernt – aber die Busverbindung von hier war die halbwegs akzeptabelste Möglichkeit für ihn, in knapp 15 Stunden zurück nach Ohio zu kommen. Ich bat Jama noch, gleich in die Busbahnhofshalle hineinzugehen, damit wir uns beim Abschied nicht nachwinken und anschauen müssten, denn ich spürte förmlich, wie mich meine Kraft jede Minute mehr verließ. Als er gegangen war und wir weiterfuhren, brach in mir eine Welt zusammen. Auf der ganzen Fahrt nach New York sagte ich kein Wort. Nicht zu sprechen ist mein einziger Schutz, wenn ich mit Gefühlschaos zurechtkommen muss. Später stellte sich heraus, ich hatte in den sechs Tagen acht Kilo abgenommen. So ein Gefühlswirrwarr hatte ich nicht einmal in der Schwangerschaft erlebt.

In New York sollte ich noch eine abendliche Vorlesung in einer der größten Büchereien der Stadt halten und ich konnte meine Kraftreserven wider Erwarten trotz der Trauer des Tages mobilisieren. Meine letzte Vorlesung in den USA vor fast ausnahmslos afroamerikanischen Zuhörern endete mit einem zehnminütigen Applaus und vielen Fragen. Es freut mich immer wieder sehr, wenn ich merke, dass ich die Menschen erreichen konnte. Danach hatte ich noch fast den ganzen nächsten Tag zur freien Verfügung, bevor ich abends den Rückflug nach Deutschland antreten würde. Tobe war schon abgereist, ich war also allein in New York. Es war Sonntag, viele Läden hatten geschlossen und ein eiskalter Wind machte die Stadt unangenehm. Dennoch stürzte ich mich ins Gewühl, um ein paar Eindrücke zu erhaschen. Am Broadway wurde mir bewusst, dass ich hier gar nicht auffiel – anders als in München. Hier guckte mir niemand erstaunt nach. Hier war ich keine Exotin wegen meiner Hautfarbe, hier machte niemand eine Bemerkung. »Auch mal schön«, dachte ich mir und nahm ein Taxi zurück in meine Unterkunft. Diesmal war es ein algerischer Taxifahrer, bei der Hinfahrt war es ein Ghanaer gewesen und auf der Fahrt zum Flughafen würde es ein togolesischer Chauffeur sein. Bei der Ausreise konnte ich mir nicht verkneifen zu sagen: »Gott sei Dank geht's jetzt nach Hause.« Da sah mich der amerikanische Beamte mit großen Augen an: »Wieso? Hat es Ihnen nicht gefallen in den USA?«

»Wissen Sie«, sagte ich lachend, »da, wo ich herkomme, da ist es so schön, da kann es woanders nicht schöner sein.«

Er war völlig sprachlos: »Wo kommen Sie denn her?«

»Na, aus München!«

Einen Tag später landete ich am Münchner Flughafen. Meine erste Begegnung war die mit einem Mitarbeiter vom Bodenpersonal, den ich um Wechselgeld für einen Kofferwagen bat. Der Bayer raunzte mich grantig an: »Ja, spinn i...! Bin i denn die Bank von England?!« Da wusste ich: »Schön! Jetzt bin ich wieder dahoam!« Und genau das sagte ich ihm ins Gesicht und lachte dabei. Der Mann wusste nicht, wie ihm geschah, und guckte verdutzt. Ich hätte ihn am liebsten vor Freude umarmt, verkniff es mir dann aber doch – und sparte meine stürmische Freude für meine kleine Familie auf. Als ich meinen Mann Walter und unseren Sohn Jama Philip wiedersah, da wusste ich endgültig: Man soll reisen, damit man weiß, wie schön es zu Hause ist.

THEMA GENITALBESCHNEIDUNG IN DER SCHULE

Mein Münchner Alltag hatte mich schnell wieder: mein Einsatz gegen Mädchenbeschneidung, die Sozialarbeit für die Flüchtlinge, die Übersetzungen vor Gericht oder in Asylverfahren. Eines Morgens musste ich ganz früh von zu Hause los. Ich hatte einen Termin beim Vormundschaftsgericht und sollte danach einen Vortrag in einer Schule halten. Die S-Bahn kam und war fast leer. Ich setzte mich in ein Abteil – und direkt mir gegenüber nahm ein großer wuchtiger Mann Platz. Er hätte sich einen anderen der vielen leeren Plätze aussuchen können, aber er setzte sich fast provokativ auf die gegenüberliegende Bank. Unsere Knie berührten sich beinahe. Der Mann strahlte eine Aura von »Ich mag dich nicht« aus. Ich blickte ihm direkt in die Augen und ich sah die Ablehnung, das Vorurteil, die Verachtung darin. Und blitzartig schoss mir die Erinnerung an meinen Nachmittag am New Yorker Broadway durch den Kopf: Wie unauffällig ich dort gewesen war, ein Teil der Masse, nicht ein Sonderling, eine Exotin, eine potenzielle Sozialschmarotzerin wie in den kalten Augen dieses Mannes. Da klingelte mein Handy, ein Mitarbeiter vom Bundesgrenzschutz war dran. Jemand, den ich sehr schätze. Wir sprachen über einen komplizierten Fall, natürlich konnte ich in der S-Bahn mit dem zuhörenden Mann gegenüber nicht zu sehr ins Detail gehen; also verabredeten wir uns zu einem persönlichen Gespräch. Ich legte kurz das Handy zur Seite, um meinen Kalender und einen Stift aus meiner Tasche zu kramen, und nahm das Gespräch mit einem kleinen Scherz wieder auf. Es war ein gutes Gespräch, wie es nach jahrelanger vertrauensvoller Zusammenarbeit möglich wird. Als ich auflegte und mein Buch wieder aufschlagen wollte, in dem ich gelesen hatte, sagte der Mann zu mir: »Ich möchte mich bei Ihnen entschuldigen!« Ich war irritiert: »Ja, äh, wofür denn ...!?« Und er: »Für meine unausgesprochenen Gedanken.«

Er hatte offenbar gespürt, wie ich ganz genau merkte, dass er mich wegen meines anderen Aussehens ablehnte. Und ich erwiderte lachend: »Gell, man sieht mir mein Talent nicht an ...!« Die miesepetrige Stimmung, die von ihm ausging, hatte sich total gewandelt, als er mich telefonieren hörte, als er hörte, dass ich Deutsch sprach und offenbar nicht ganz hohl im Kopf war – obwohl ihm in seinen Augen nur eine kleine schwarze Frau gegenübersaß. Es war eine seltsame Situation. Bemerkenswert, wie sie sich geändert hatte. Das gab mir wirklich Zuversicht und Freude mit in den Tag. Ich war beschwingt – so etwas hatte ich noch nie erlebt.

Nach meinem Termin beim Vormundschaftsgericht fuhr ich an eine Münchner Schule. Ich werde oft von Lehrern aus sozialen Fächern, Erdkunde oder Religion als Referentin angefragt. Ich referiere sehr gerne in Schulen, aber so gerne ich auch zusage, ich merke stets an: Es kostet etwas. Früher hatte ich immer gedacht, es sei peinlich, Geld für Vorträge zu Menschenrechten zu verlangen; so etwas müsse immer ehrenamtlich sein. Doch heute weiß ich – es ist Quatsch. Bewusst gemacht hatte mir das Alice Schwarzer, die Begründerin der Zeitschrift »Emma«, eine von mir sehr bewunderte Vorkämpferin für die Menschenrechte von Frauen. Es war am fünften Geburtstag von Forward Germany, und Alice Schwarzer war als Schirmherrin geladen. Sie würde mit mir aus meinem Buch lesen. Bislang kannte ich sie noch nicht persönlich, wir hatten im Vorfeld der Veranstaltung nur miteinander telefoniert. Aber als wir uns dann trafen, am 11. Februar 2005 in der Frankfurter Katharinenkirche, da tat es einen Urknall. Alice Schwarzer kam mir entgegen, umarmte mich, dass meine rheumatischen Knochen nur so knackten, und klopfte mir auf die Schulter, dass ich dachte: »Fadumo, jetzt kriegst du einen Bandscheibenvorfall!« Es war, als wären wir seit ewigen Zeiten Freundinnen. »Gehen wir Kaffee trinken«, sagte sie, »ein bisschen wollen wir vor der Lesung doch auch für uns sein.« Im Café besprachen wir letzte Textänderungen, wobei Alice Schwarzer rigoros den Rotstift ansetzte und meinen viel zu langen Text zurechtkürzte – eine Topjournalistin eben.

Als wir zurück zur Kirche kamen, stutzte Alice: »Was denn? Wo ist das Schild mit dem Eintrittsgeld?« Ich erklärte ihr, dass es eine kostenlose Veranstaltung sei. Alice reagierte prompt: »Wie – das kostet keinen Eintritt hier!? Machen wir etwa wertlose Arbeit, hmm? Gehst du immer umsonst arbeiten? Du gibst einen Vortrag mit enormem Fachwissen und sagst, weil ich eine Frau bin und Gutes tue, mache ich alles kostenlos?! Wir leisten doch wichtige Arbeit! Und wer uns hören will, der muss eben auch was zahlen!« Und wupp! – stellte sie ein Schild an den Eingang: »Eintritt 5 Euro«. Ja, das ist Alice Schwarzer, ein Energiebündel. Einen ganzen Abend lang hat sie mich aufgemischt – im Gespräch und in der Lesung – und dieser Abend, dieser Erstkontakt mit ihr, hat mich geprägt. Denn sie hat ja vollkommen recht: Meine Arbeit ist wertvoll, deshalb kostet sie auch etwas. Das Geld, das so in die Vereinskasse von Forward fließt, kommt schließlich direkt der Projektarbeit in Afrika und der Einzelfallhilfe in Deutschland zugute. Auch den Schulen, die mich anfragen, erkläre ich das genauso.

Am Geld scheitern Schulvorträge nie, eher schon am Schock der Direktoren, die oft ganz panisch reagieren: »O Gott! Beschneidung in der Schule – da müssen wir den Elternbeirat einberufen ...« Meist legt sich dann aber der erste Schreck, wenn ich ihnen erkläre, dass ich mit einer choreografierten Lesung aus meinem Buch beginne, dass die Schüler aktiv in den Rollen mitwirken, weil diese Lesung vierstimmig ist. Eine weitere Sorge der Lehrer ist, dass die Schülerinnen und Schüler nicht zuhören, sondern unruhig und laut würden. Das ist mir noch in keiner Schullesung passiert, und so garantiere ich den Lehrern auch immer, dass selbst Horden von einhundertfünfzig bis zweihundert Schülern kein Problem seien. Und so war es auch an jenem Tag in der Münchner Schule.

Nach einer kurzen Begrüßung von zwei bis drei Minuten, in denen ich mich vorstellte und erklärte, was wir nun machen würden, sagte ich in die Runde, dass jeder das Recht habe, den Saal zu verlassen, wenn ihn das hier nicht interessiere oder es ihm lächerlich erschiene. Keiner verließ den Raum. Und dann lasen wir in verteilten Rollen; es war mucksmäuschenstill. Auch die coolen Jungs, die mit weitgespreizten Beinen und tiefer gelegten, in den Kniekehlen hängenden Hosen in der ersten Reihe lümmelten, legten ihre Coolness bald ab und lauschten völlig fasziniert. Die Energie, die sich in dem Raum bildete, war phänomenal. Am Ende der Lesung bekamen die Jungs, die mitgelesen hatten, einen Riesenapplaus, und ich fragte wie immer einen von ihnen: »Und, wie hast du dich so gefühlt als ›Fadumo‹?« Da sagte er: »Mich hat das überwältigt. Ich danke Ihnen, dass ich mitlesen durfte.« Noch einmal Standing Ovations für die Lesenden. Und dann ging es in die Diskussion. Auch davor fürchten sich die meisten Lehrer und Direktoren im Vorfeld; sie haben oft Bedenken, dass ihre Schüler maulfaul seien und gar nicht diskutieren könnten. Dabei erlebe ich es immer wieder anders, denn Schülerinnen und Schüler trauen sich oft zu fragen, was Erwachsene nicht mehr über die Lippen bringen.

So auch an diesem Tag. Es kamen Fragen wie: »Wie ist denn Ihre Sexualität heute?« oder »Haben Sie Angst vor dem Besuch beim Frauenarzt?« Ich antworte dann ganz offen: »Ja, ich habe immer noch etwas Bammel vor dem Besuch beim Gynäkologen, obwohl es seit 30 Jahren derselbe Arzt ist. Am liebsten möchte ich nicht auf den Stuhl, denn nirgends ist man doch so nackt und ausgeliefert, das ist also wirklich nicht sehr angenehm für mich.« Ein Junge – einer meiner Vorleser – fragte mich nachdenklich: »Wie gehen denn in Afrika die Männer um mit der Mädchenbeschneidung ...?« Ich lobte ihn für die gute Frage und antwortete: »Weißt du, das Bestürzende daran ist, dass die meisten es gar nicht wissen. Wie sollten sie es auch mitkriegen? Denn was da genau passiert, ist ja ein großes Tabu. Niemand redet darüber, es ist kein Gesprächsthema. Es wird einfach gemacht und fertig. Die Männer kennen eine Frau auch gar nicht anders, für sie ist das normal. Ich hatte ja auch nicht gewusst, dass beschnitten zu sein eben nicht völlig normal ist. Das wurde mir erst in Deutschland bewusst – mit 18 –, als der erste Frauenarzt, den ich aufsuchte, mich völlig entsetzt wegschickte.« Eine Schülerin fragte mich: »Ist es Ihnen nicht peinlich, darüber zu reden?« Da sagte ich: »Nein, wieso auch? Am Anfang schon, aber über die Jahre habe ich mich daran gewöhnt, mein Leben ist ein offenes Buch, in dem jeder lesen kann, ich bin mittlerweile eine öffentliche Person geworden. Ich hab doch Glück gehabt und viele Chancen bekommen. Und deshalb möchte ich euch das weitergeben. Ihr seht ja auch an meinem Beispiel, dass man immer irgendwie helfen kann. Denn helfen ist schön – und helfen tut nicht weh.«

Es meldeten sich sofort ein paar Mädchen, die sich engagieren wollten. Was könnten sie tun, fragten sie mich. Ich erklärte ihnen, dass sie Patenschaften für Kinder in Afrika und auch hier in Deutschland übernehmen oder Ausländerkinder hier im Asylbewerberheim unterrichten könnten. Und ich versprach, sie dabei zu unterstützen, so wie ich das immer mache. Es kommen dann zum Beispiel fantasievolle Weihnachtsaktionen zustande zugunsten von Flüchtlingsmädchen, oder die Schülerinnen geben Migrantenkindern im Asylheim Deutschunterricht.

Ich bekomme bis heute Weihnachtskarten von Schülerinnen, die irgendwann 2000 oder 2001 – weit vor meinem ersten Buch – in einem Schulvortrag von mir waren. Manche rufen auch an. Wieder andere Schülerinnen schrieben später Facharbeiten über Mädchenbeschneidung und baten mich um Hilfe. Dutzende von Aufsätzen gibt es mittlerweile über mich – meistens von Mädchen geschrieben, aber es waren auch zwei Jungs darunter, die Arbeiten über mich verfassten, und beide sind mir über die Jahre hinweg verbunden geblieben, sie schreiben mir oder rufen mich an. Es gibt Tage, da sitze ich stundenlang am Computer und beantworte E-Mails von Schülerinnen, die mich zu Mädchenbeschneidung oder zu meiner Geschichte befragen. Ich mache dabei aber auch klar, dass ich gerne helfe, dass mich das aber viel Zeit kostet und ich deshalb nicht alles beantworten kann: »Frage 1, 4 und 7 bis 9 beantworte ich Dir jetzt, aber die Antworten auf deine Punkte 2, 3, 5 und 6 stehen in meinem Buch – lies also selbst oder guck im Internet nach.« Ich will, dass sie motiviert und inspiriert ihre Arbeit machen können, aber ich will ihnen die Arbeit nicht abnehmen.

Im Nachgang zu meinen Schulvorträgen bekomme ich auch oft E-Mails von Schülerinnen, die mich sehr traurig machen. Da schütten dann Mädchen ihr Herz bei mir aus, die in ihrer Familie nur Ablehnung erfahren, menschliche Kälte und oft – Gewalt. Manche Mädchen brechen regelrecht zusammen, weil sie so schlimme Dinge erlebt haben oder noch erleben, die nun durch meinen Vortrag von tief unten aus ihrer Seele nach oben geholt werden: sexueller Missbrauch in der eigenen Familie. Das nimmt mich selbst enorm mit, weil ich eigentlich für so ein massives Problem nicht die richtige Ansprechpartnerin bin und auch nicht sein kann – aber ich bin eben vermutlich die erste Vertrauensperson. Ich versuche dann behutsam, den Mädchen Mut zuzusprechen, und rate ihnen, sich an eine Psychologin bei einer Beratungsstelle zu wenden – die entsprechenden Kontaktadressen liefere ich gleich mit –, oder schlage vor, den Kontakt selbst zu vermitteln. Auf jeden Fall mache ich den Mädchen klar, dass ich sie verstehe, ernst nehme und ihnen helfen will, soweit ich es kann. Ich kann es nicht immer, denn es geschieht auch manchmal, dass die Mädchen sich dann nirgendwohin wenden, sondern ihre schlimmen Erlebnisse wieder in sich verschließen. Aber irgendwann kommen sie ja doch wieder hoch – dann eben im Erwachsenenalter.

Neulich erhielt ich einen acht Seiten langen, doppelseitig beschriebenen Brief einer Frau, die im Fernsehen die Dokumentation über mich gesehen und sich dann mein Buch gekauft hatte. Sie schüttete mir ihr Herz aus. Ihr ganzes Leben lang sei sie von verschiedensten männlichen Familienangehörigen sexuell missbraucht worden – jahrzehntelang – und sie schrieb, dass ihr mein Buch großen Mut gemacht hätte und dass sie gerne eine so starke Frau wäre wie ich. Wie konnte ich ihr helfen? Für die Antwort auf diesen Brief brauchte ich fast eine Woche – ich arbeitete stück- und tageweise daran, weil ich einfach nicht wusste, wie ich ihr helfen konnte. Aber ich nahm mir die Zeit für eine ausführliche Antwort. Damit diese Frau, wenn sie meinen Brief lesen würde, sich zumindest eine halbe Stunde darüber freuen könnte, dass jemand von Herzen an sie gedacht und sich ihr gewidmet hat, ohne etwas Körperliches von ihr zu wollen.

Ich möchte, dass die jungen Mädchen, die Schülerinnen, vor denen ich so oft stehe, ein gutes Körpergefühl entwickeln; dass sie ihren Körper akzeptieren und lieben lernen. Denn genau das ist das große Problem dieser heranwachsenden jungen Frauen: die eigene Körperakzeptanz. Sie wissen nicht, wie sie mit diesem heranreifenden Körper umgehen sollen, sie finden sich nicht schön, zu dick, zu wenig Busen, sie haben tausenderlei Gründe dafür, ihren Körper nicht zu akzeptieren. Ich versuche, diesen Mädchen mitzugeben: »Dein Körper gehört nur dir selbst, du bist allein verantwortlich für deinen Körper, nicht dein Freund, deine Eltern, dein Arzt. Nur du selbst. Schmeiß den Push-up und die enge Jeans weg, schmink dich ab und was dann übrig bleibt, das bist du. Der Rest ist nur Maskerade, die man im Idealfall ohnehin nur für sich anlegen sollte, nicht für andere. Zieh dich aus, beobachte deinen Körper, sprich mit ihm und lerne ihn zu lieben. Denn nur wenn du ihn so annimmst, wie er ist, dann kann dir keiner mehr was, dann wirst du dich nicht mehr verunsichern lassen können von außen, dann kannst du Nein sagen ...«

Wenn ich vor Schülerinnen und Schülern stehe, kann ich schon sehr genau sehen, welche der Mädchen mit dem Kopf durch die Wand gehen oder wer eher brav wird und die Sorgen in sich hineinfrisst. Und ich sehe noch etwas anderes sehr deutlich: Mädchen, die hauchdünn sind; Mädchen, die sich zu Tode hungern. Oft sind es genau die, die sich sofort engagieren wollen für Kinder im Elend, weil sie ihr eigenes Elend im Bauch haben. Weil sie das allgegenwärtige öffentliche Bild drückt, man müsse nur reich und berühmt sein und gut aussehen. Doch das ist nicht das wahre Leben, und dieser klaffende Spalt zwischen Illusion und Realität trifft sie ins Mark ihrer noch unsicheren Weiblichkeit und macht sie krank. Wenn ich in eine Klasse gehe und solche klapperdürren Gestalten sehe, dann kriege ich eine solche Wut, dass ich am liebsten Heidi Klum schreiben möchte, damit sie mal eine große Summe an Magersucht-Projekte spendet. Sendungen wie »Germany's Next Topmodel«, die trügerische, weil unerreichbare Rollenvorbilder idealisieren, richten Schaden an, denn sie tragen dazu bei, dass Mädchen sich buchstäblich nicht mehr wohlfühlen in ihrer Haut.

Auch ich weiß aus eigener Erfahrung, was Essensverweigerung heißt. Nach meiner Beschneidung kannte ich keinen Hunger mehr. Ich konnte auch den Anblick eines Menschen nicht mehr ertragen, der sein Essen in sich »hineinschaufelt«, denn so kam es mir vor, wenn jemand ganz normal aß. Ich selbst achtete genau darauf, was ich zu mir nahm. Ich kaute extrem lang, sodass meine Mutter schon ganz ungeduldig wurde und mich drängte: »Jetzt schluck doch endlich runter!« Das machte mich natürlich noch trotziger und ihr ständiges »Jetzt iss doch!« bewirkte das genaue Gegenteil. Ich lernte, meine Eltern zu täuschen. Vor allem, wenn wir alle zum Essen im Kreis saßen, konnte ich sie gut hereinlegen. Wir saßen in großer Runde um die riesige Schüssel herum und so konnte meine Mutter nicht so genau verfolgen, was ich gegessen hatte. Ich hatte meinem Bruder Adan auch immer meine Seite der Schüssel abgetreten, sodass meine Mutter glauben musste, ich würde gut zugreifen. Danach kratzte ich mich am Bauch, so wie ich es von meinem Vater kannte, und sagte zufrieden: »Aah, geht's mir jetzt aber gut!« Mama dachte, ich sei satt und mein Bruder Adan freute sich über die Extraportion. Natürlich sahen meine Eltern, dass ich zu dünn war und nicht richtig wuchs, deshalb machten sie auch immer stärkeren Druck. Doch umso mehr lernte ich, sie zu täuschen und wieder nichts zu essen.

Aber ich habe sehr bewusst getrunken; irgendwie ahnte ich wohl, dass Milch auch Nahrung ist und mich überleben lässt. Ich hatte eine Lieblingsziege, ihre Milch trank ich am liebsten: Sie war so aromatisch. Ich konnte sie direkt in meinen Mund hineinmelken, das schäumte dann so schön, war warm und frisch. Natürlich konnte ich es nicht genau kontrollieren, wenn die Milch in den Mund schoss, daher lief immer etwas über – es war ein lustiges Spiel. Wenn ich dann die richtige Stellung getroffen hatte, machte ich meine Backen ganz hohl, dann klang das alles auch noch so gluckernd und schön. Ich war ja ein Nomadenkind und tagsüber lange mit meiner Herde aus Ziegen und Schafen in der Savanne unterwegs – allein. Da konnte niemand kontrollieren, was ich gegessen hatte; und abends, wenn ich mit meinen Hunderten von Tieren wieder heimkam – zum Umfallen müde –, da fragte auch keiner mehr. Ich war meist sehr erschöpft von so einem Tag als Hirtin, an dem ich nur herumgerannt war, mit lauter Stacheln in den Füßen, oft von Kindern eines anderen Stammes verfolgt und verprügelt worden und stets besorgt war, meine Herde zusammenzuhalten. Abends kippte ich zuweilen vornüber in meine Milchschüssel vor lauter Müdigkeit. Tagsüber lutschte ich meistens meine geliebten Harzklumpen – schöne, leuchtende, goldene Klumpen von den Schirmakazien, die so unvergleichlich majestätisch in der Savanne stehen. Es sind meine Lieblingsbäume; ihr Harz leuchtet wie Bernstein und duftet herrlich. Diese Harzklumpen schob ich mir in die Backe und lutschte sie den ganzen Tag lang; das reichte mir. Ich lebte von diesen Naturbonbons und der Milch meiner Lieblingsziege. So hatte sich meine Essensverweigerung allmählich aufgebaut und verfestigt. Und zusammen mit meinen sich verkrümmenden, schmerzenden Gelenken und meiner verdüsterten Stimmung war mein jämmerlicher Gesundheitszustand der letzte Anstoß für meine Eltern, mich in die Stadt zu schicken. Dort dachte man auch zunächst, ich habe Tuberkulose. Ich wog bestimmt die Hälfte des normalen Gewichts eines achtjährigen Mädchens, ich hatte richtige Knubbelknie und meine Schlüsselbeine waren so tief eingesunken, dass man Wasser hätte hineinschütten können. Auch später noch, in Deutschland, dachten die Menschen oft, ich habe eine ansteckende Krankheit. Ich quetschte mich in meine Röhrenjeans, zog ein enges T-Shirt darüber und bestand nur noch aus meinen wuscheligen, langen Haaren. Im Sitzen merkte man nicht gleich, wie mager ich war, denn meine Bäckchen hatte ich immer, aber wenn ich dann aufstand, sah man nur noch Haut und Knochen und meine Stöckelbeinchen. Selbst mein afrikanischer Po war weg, der kommt erst jetzt allmählich wieder zum Vorschein.

Heute esse ich gern. Ich glaube, bei mir waren es die Hormone in der Schwangerschaft, die sich – und damit mich – wieder normalisiert hatten. Und vor allem natürlich mein erstarkendes Selbstbewusstsein, meinen Körper anzunehmen, wie er war. Die große Spaltung zwischen Körper und Seele, die mir durch die Beschneidung zugefügt und durch den Bürgerkrieg, den Verlust meiner Familie und Heimat vertieft worden war, konnte heilen. Langsam, aber stetig.

Schwanger sein hieß für mich, eine vollständige Frau zu sein. Ich sah es wie jede Afrikanerin als Erfüllung an, Kinder zu bekommen, Frau und Mutter zu sein. Allerdings wurde ich lange nicht schwanger, es sollte erst Jahre nach unserer Hochzeit klappen. Das hatte nachweislich damit zu tun, so sagte es auch mein sehr einfühlsamer Arzt, der mich auch geöffnet hatte, dass ich so dünn war, dass ich diese Essstörung hatte. Aber ich wollte doch unbedingt Kinder, wollte eine richtige, erfüllte afrikanische Frau sein! Verheiratet war ich ja schon, jetzt musste ich nur noch essen. Es war nicht einfach, aber schließlich klappte es – mit dem Essen und mit dem Schwangerwerden. Ich war auch ordentlich schwer während der Schwangerschaft; doch gleich danach nahm ich innerhalb von nur neun Tagen 14 Kilo ab. Als ich aus dem Krankenhaus entlassen wurde, war ich bloß noch Haut und Knochen. Gott sei Dank hatte sich das bald gefangen. Aber es sollte noch ein paar Jahre dauern, bis sich ein normales, gesundes Gewicht einpendelte. Es hatte natürlich mit dem Riesenstress zu tun, den ich verarbeiten musste. Jama Philip war kein leichtes Kind. Mit ihm – quirlig, fast hyperaktiv – hatte ich Arbeit wie mit fünf Jungs. Dazu kamen noch die ständigen, fast körperlichen Tiefschläge durch die Hiobsbotschaften aus Somalia.

Seit Beginn des Krieges war meine Seele ununterbrochen damit beschäftigt, Unglück zu verarbeiten. Bei jedem Telefonklingeln zuckte ich zusammen, fast jeder Anruf verhieß Unheilvolles, bei jedem Radio- oder Fernsehbericht, der mir vor Augen führte, wie meine Heimat wegbrach, starb ein Stück meines Körpers mit ab. Ich wusste nicht, dass ich auch für mich, meinen Körper und meine Seele sorgen musste. Ich war viel zu stark damit beschäftigt, mein Kind zu versorgen, für Walter und Jama Philip zu leben und aus der Ferne für meine Restfamilie Sorge zu tragen – so gut es ging. Ich selbst blieb dabei auf der Strecke. Ich funktionierte jahrelang sehr gut so – bis ich irgendwann einen klassischen Zusammenbruch bekam. Eines Tages lag ich im Bett und konnte mich nicht bewegen – nicht einmal meinen kleinen Finger. Ich lag stocksteif da und mein ganzer Körper bestand aus einem riesigen unvorstellbaren Schmerz; so, als läge ich auf einem Nagelbett – ohne ein Fakir zu sein – und in all meine Gelenke würde hineingestochen. Nur blinzeln konnte ich noch. Es war nachts; Walter rief den Notarzt. Der sagte: »Sofort ins Krankenhaus!« Ich aber mit meinem Klinik-Trauma wollte nicht, wollte lieber am nächsten Morgen zu meinem Hausarzt. Aber wie?! Ich war in der Position erstarrt, in der ich in der Nacht dagelegen hatte: ein Arm über dem Kopf, ein Bein angewinkelt, das andere gestreckt. Walter musste mich halb in die Praxis tragen, allein für die paar Meter bis zur Haustür und die Treppe hinunter brauchten wir bestimmt eine Stunde. Ich hatte seit meiner Beschneidung nicht mehr solche Schmerzen erlebt. Sie wurden noch schlimmer, als mein Hausarzt mich berührte und vorsichtig untersuchte. Er war erschüttert. Er versuchte, mich auf eine Krankenliege zu betten, gab mir sofort Flüssigkeit, denn ich war derart ausgetrocknet, dass man meine Haut zusammenkneifen konnte und sie blieb so zusammengedrückt stehen. Ich erbrach das Wasser sofort wieder. Den ganzen Tag lang verbrachte ich in der Praxis. Die Untersuchungen ergaben – nichts. Ich war kerngesund. Mein Arzt stellte fest: Nervenzusammenbruch infolge x-facher Überlastung, eine klassische psychosomatische Reaktion. Er gab mir eine Schmerzspritze, schlimm genug, denn die einzige Vene, die er finden konnte, war am Fuß, wo die Haut dünn ist und kein Fettgewebe darunter. Nach der Spritze fühlte ich mich wie neugeboren! Putzmunter sprang ich von meiner Liege und ging nach Hause.

Natürlich war mir das eine Lehre – ich machte mir erstmals echte Sorgen um mich selbst. Erstmals ließ ich es zu, an mich zu denken, wie ich es nie zuvor getan hatte. Ich stellte mir erstmals die große Frage: »War das wirklich alles in deinem Leben, Fadumo?« Ich war um die 35 Jahre alt – in dieser Zeit stellen sich ohnehin viele Frauen diese Fragen. »Wo sind deine Träume hin, die du vom Leben hattest? Was willst du eigentlich?« Und die schlimmste von allen: »Bist du glücklich?« Ich hatte mich vor einen Spiegel gestellt und mir ganz offen die Antwort gegeben: »Wenn du so weitermachst, wird das nicht gut gehen!« Mein Zusammenbruch war ein letzter Warnschuss und mein absolutes Glück, denn er zwang mich zur Bilanz, zum Nachdenken.

Zum Erwachen. Dann machte ich meine Ausbildung zur Kulturdolmetscherin – und startete voll durch.

MÄDCHENBESCHNEIDUNG
MITTEN UNTER UNS

Eines Morgens früh um acht Uhr klingelte mich das Telefon von unserem Frühstückstisch weg: Wir tranken gerade unsere letzten Schlückchen Shaah, den herrlich aromatischen Gewürztee, dann hätten meine Männer ohnehin das Haus verlassen müssen: Walter in Richtung Redaktion und Jama Philip in die Schule.

Ich warf meinen beiden Männern noch schnell eine Kusshand zu und ging ans Telefon. Eine Männerstimme: »Spreche ich mit Frau Korn?« »Ja, hier ist Frau Korn«, sagte ich abwartend.

Die ältere Stimme zitterte etwas: »Sind Sie Fadumo Korn ...?«

»Ja«, sagte ich nochmals, »Sie sprechen mit Fadumo Korn, was kann ich denn für Sie tun?«

Ich hörte ein lautes Aufatmen auf der anderen Seite: »Gott sei Dank, dass ich Sie erreicht habe! Ich habe Ihre Telefonnummer aus dem Internet. Sie sind meine letzte Hoffnung. Bitte helfen Sie mir, schnell!« Ein kurzes Zögern, dann fuhr er beherzt fort: »Meine kleine Enkelin soll nämlich nach Afrika gebracht und dort beschnitten werden.« Noch ein kleines Zögern: »Ich überlege, ob ich die Polizei oder das Jugendamt einschalte«, fügte er dann hinzu. In meinem Kopf herrschte bereits Alarmstufe Rot. Viele Fragen schossen mir gleichzeitig durch den Kopf. Hier war schnelle Hilfe gefragt, aber vor allem durfte ich mir das Vertrauen des Mannes nicht verscherzen, ich musste ihn beruhigen und besonnen reagieren. Ich fragte ihn: »Wie kommen Sie darauf, dass Ihre Enkelin in Afrika beschnitten werden soll? Bitte erzählen Sie weiter. Damit ich Ihnen wirklich helfen kann, brauche ich mehr Information über die Hintergründe.«

Da fing der alte Mann zu weinen an, er schluchzte ins Telefon. Und ich war so ergriffen von seinem Schmerz, dass ich mich zusammenreißen musste, um nicht selbst mit ihm zusammen zu weinen. Ich redete auf ihn ein, sanft und ruhig, aber fest. »Bitte beruhigen Sie sich, wir schaffen es schon, wir haben viele solcher Fälle gehabt, und immer ist alles gut gegangen. Ich werde Ihnen helfen und alles tun, was in meiner Macht steht. Aber Sie müssen mir auch dabei helfen und mir mehr über Ihre Familie erzählen. Okay? Wie heißt denn Ihre Enkelin, wie alt ist sie und wo wohnt sie? In welchem Bundesland?« Der alte Mann hatte sich etwas beruhigt, doch er zögerte mit seiner Antwort: »Es tut mir sehr leid, ich kann Ihnen das nicht sagen, bevor ich nicht ganz sicher sein kann, dass Sie mir wirklich helfen können.« Ich spürte sofort, dass er in Panik geriet. Das passiert oft – es ist fast wie Angst vor der eigenen Courage, die die Menschen erfasst, die schon lange Hilfe gesucht haben und nun nicht glauben können, dass es diese Hilfe wirklich gibt. Ich musste verhindern, dass der Mann einfach auflegte; also schlug ich ihm vor, ihm erst einmal davon zu erzählen, wie wir als Organisation überhaupt arbeiten.

»Mein Verein Forward Germany e. V. ist seit Jahren in ganz engem Kontakt mit vielen Organisationen in vielen verschiedenen Ländern«, sagte ich. »Und zwar nicht nur in Afrika, sondern auch hier in Deutschland. Schauen Sie, ich bin von Beruf Dolmetscherin für die somalische Sprache, und ich habe immer wieder mit diesen Problemen zu tun. Mit Menschen aus Somalia, die hierherkommen und diese Welt nicht kennen. Die aber ihre Bräuche und Gewohnheiten hierher mitbringen, ohne zu wissen, wie schädlich und grausam zum Beispiel die Mädchenbeschneidung ist, weil sie es nicht anders kennen! Sie sind ein tapferer Mann, Sie kämpfen für Ihre Enkelin, Sie haben sich getraut, mich anzurufen. Oh, wie sehr wünschte ich mir, alle Menschen würden so wachsam reagieren.« Ich merkte, dass der Mann mir aufmerksam zuhörte, und fuhr fort: »Ich finde es auch sehr lobenswert und besonnen, dass Sie nicht gleich Institutionen einschalten – das Jugendamt oder die Polizei –, ohne sich hundertprozentig sicher zu sein, ob Ihr Verdacht auch begründet ist.« Allmählich hatte er sich beruhigt. Ich redete wie eine Wahnsinnige auf ihn ein; redete, damit er keine Gelegenheit hatte, Angst zu bekommen und den Hörer aufzulegen. Und meine Strategie hatte Erfolg: Der Mann fing an zu erzählen. Fast 70 Jahre alt sei er nun und lebe in den neuen Bundesländern, sagte er. Seine kleine Enkelin würde im Sommer sieben Jahre alt werden, im Herbst solle sie in die Schule kommen. »Mein Schwiegersohn kommt aus Ghana«, fuhr er fort. »In Ghana gibt es das doch auch, diese Mädchenbeschneidung, oder?« Ich musste zugeben, dass es so ist, schickte aber gleich hinterher, dass wir schon lange in sehr engem Kontakt zur Organisation Tostan stünden und dass diese großartige Organisation in Ghana schon sehr viel gegen Mädchenbeschneidung unternommen habe. Ich erzählte ihm davon, dass sich meine Freundin, die bekannte Schauspielerin Katja Riemann, für Tostan engagiert und dass sie erst neulich wieder direkt vor Ort war, um sich selbst davon zu überzeugen, wie effektiv Tostan arbeitet. Ich erzählte ihm davon, dass Katja Riemann mit der Ehefrau des Ghanaer Präsidenten mehrere Wochen lang auf einem Kampagnen-Feldzug gegen Mädchenbeschneidung unterwegs war. Dass auch die Frauenzeitschrift »Brigitte« darüber ausführlich berichtet hatte und dass ich ihm gern eine Kopie des Berichts schicken könne. Der Mann fasste Vertrauen zu mir. Er sagte mir, wie sehr er Katja Riemann als Schauspielerin bewundere, diese wunderschöne, starke Frau, die er erst neulich in »Die Rosenstraße« gesehen habe.

Dann sagte er: »Liebe Frau Korn, ich heiße Alfred Bauer. Es tut mir leid, dass ich so misstrauisch Ihnen gegenüber war, aber Sie müssen mich verstehen. Ich habe so viele Wochen nach Menschen gesucht, die mir eventuell helfen können. Aber alle, die ich erreicht habe, rieten mir, die Polizei, das Gericht oder das Jugendamt einzuschalten. Ich kann das nicht tun! Denn damit zerstöre ich die Ehe meiner Tochter! Sie ist mein Ein und Alles, ein Einzelkind, unser Wunschkind. Bitte verstehen Sie mich auch nicht falsch, ich mag meinen Schwiegersohn sehr. Er ist ein fleißiger Mann. Und er liebt meine Tochter über alles!« Wieder seufzte er ins Telefon. »Aber nun hat er meine Tochter überredet, mit ihm und meiner kleinen Enkelin nach Ghana zu fliegen. Er will dort, wie er mir sagte, seine Tochter den anderen Familienmitgliedern vorstellen. Und auch sie soll so einmal ihre afrikanische Seite kennenlernen. Mein Schwiegersohn würde sich so freuen, seiner Mutter seine Tochter bringen zu können. Seine Mutter ist schon sehr alt. Er will nicht mehr länger warten, weil er Angst hat, dass sie stirbt, ohne jemals ihre halbdeutsche Enkelin gesehen zu haben. Es ist auch ihre einzige Enkelin, denn auch mein Schwiegersohn ist ein Einzelkind. Verstehen Sie mein Problem? Ich stecke in einem riesigen Zwiespalt!« Ich fragte nach: »Herr Bauer, nun lassen Sie uns mal überlegen, wie wir vorgehen können. Haben Sie schon mit Ihrer Frau darüber gesprochen?«

»Ja«, sagte er, »und sie hat wahnsinnige Angst, darüber mit unserer Tochter zu sprechen. Das Verhältnis zwischen den beiden ist nicht so gut; na ja, wegen der Ehe mit einem Schwarzen. Wissen Sie, wir hatten ja nicht so viel mit Ausländern zu tun gehabt, damals in der DDR. Es gab zwar viele Studenten aus sozialistischen afrikanischen Bruderländern, die dann in der DDR ausgebildet wurden, aber man hielt sich doch fern von ihnen. Integriert waren sie jedenfalls nicht. Man begegnete ihnen mit Misstrauen und Ablehnung. Daher war meine Frau auch nicht sehr begeistert, als unsere Tochter mit einem Schwarzen ankam und uns eröffnete, die beiden wollen heiraten. Aber als dann unsere Enkelin geboren wurde, änderte sich alles schlagartig. Wir haben uns sofort in die Kleine verliebt, und meine Frau hat sich mit unserer Tochter versöhnt. Aber wenn meine Frau jetzt Bedenken gegen die geplante Afrikareise äußern würde, könnte alles wieder von vorne anfangen. Wir haben Angst, dass wir dann unsere Enkelin nicht mehr sehen dürfen. Sie schläft jetzt jedes zweite Wochenende bei uns. Wir wollen einfach nichts riskieren, verstehen Sie?« Ich redete weiterhin mit Engelszungen auf Alfred Bauer ein. Das Telefongespräch dauerte über eine Stunde. Am Ende gab er mir seine Telefonnummer und seine Adresse. Ich versprach ihm, mich sofort darum zu kümmern, eine Ansprechpartnerin vor Ort für ihn zu finden. Der Mann hatte angerufen voller Verzweiflung und Misstrauen. Wir verabschiedeten uns mit Hoffnung und Zuversicht.

Ich legte auf und wusste, was zu tun war: Ich wählte eine Nummer in Tübingen, die von Terre des Femmes. Das ist eine deutsche Frauenrechtsorganisation, die sich stark macht für alle Themen, die Menschenrechte für Frauen betreffen: häusliche Gewalt, Ausbeutung, Zwangsheirat, Ehrverbrechen, Zwangsprostitution und eben auch Mädchenbeschneidung. Terre des Femmes klärt nicht nur mit Ausstellungen, Unterrichtsmaterialien, Vorträgen und Kampagnen über Menschenrechtsverletzungen an Frauen auf und hält engen Kontakt zu konkret arbeitenden Hilfsorganisationen in ganz Deutschland, sondern setzt sich auch auf politischer Ebene dafür ein, dass es entsprechende Gesetzesinitiativen und -änderungen gibt: damit die speziellen Tatbestände, die eben nur Frauen betreffen, auch im geltenden Recht wiederzufinden sind. Häusliche Gewalt, Vergewaltigung in der Ehe und sexuelle Ausbeutung durch Zwangsprostitution sind eben keine Kavaliersdelikte, sondern Straftatbestände, deren Opfer vor allem Frauen sind. Und das muss auch durch entsprechende Gesetze erfasst und strafverfolgt werden. Lange hat es gedauert und viele stete Tropfen mussten den Stein höhlen, bis allmählich und zögerlich Gesetze gegen frauenspezifische Menschenrechtsverletzungen erlassen wurden. Und nur der beständige Einsatz von zivilgesellschaftlichen Initiativen und Organisationen wie Terre des Femmes hat das ermöglicht. In Sachen Mädchenbeschneidung steckt die deutsche Rechtslage allerdings noch in den Kinderschuhen. Umso mehr ist es wichtig, ein gutes und engmaschiges Netz an Organisationen und engagierten Menschen zu haben, die in konkreten Notfällen unkonventionell und hoch effektiv helfen können. Terre des Femmes hat überall in Deutschland Städtegruppen und Aktivistinnen, die diese Kontakte zu lokalen Hilfsorganisationen und Beratungsstellen pflegen. Auch in den neuen Bundesländern. Nach dem Telefonat mit Franziska Gruber, der Terre des Femmes-Expertin für Mädchenbeschneidung, hatte ich schon erste Kontakttelefonnummern aus dem Einzugsgebiet von Alfred Bauer in meinem Notizbuch. Schließlich fand ich – nach langer Telefonrecherche und einem regen E-Mail-Austausch – eine Organisation, die nicht nur bei Herrn Bauer vor Ort, sondern auch in Ghana arbeitete.

Also konnte ich ihn zwei Tage später anrufen, ihm Kontaktadressen geben und selbst in die Offensive gehen. Ich wollte unbedingt mit seiner Tochter sprechen, um sicherzugehen, ob sie überhaupt Bescheid darüber wüsste, was ihrem Kind in Ghana passieren könne, ob sie schon einmal von Mädchenbeschneidung gehört und ob sie mit ihrem Mann je über solche Themen gesprochen habe. Alfred Bauer wand sich, wollte erst nicht, dass ich mich als wildfremde Person in die Ehe seiner Tochter einmische. Er rang und haderte mit sich. Wieder redete ich mit Engelszungen auf ihn ein, versuchte ihm klarzumachen, dass ich diesem Verdacht doch nachgehen müsse, sonst würde ich mich ja selbst strafbar machen, wenn ich nichts gegen eine mögliche Straftat unternähme. Nach einer halben Ewigkeit gab er mir schließlich die Nummer. Ich beruhigte ihn und sagte, dass es nicht das erste Mal sei, dass ich mich einschalte in

Karlheinz Böhm und sein Projekt »Menschen für Menschen« bewundere ich zutiefst

Zusammen mit Tobe Levin und ihrem Mann Rechtsanwalt Dirk Wüstenberg, Pro-bono-Berater für von Beschneidung bedrohte oder betroffene Frauen sowie für Vereine wie Forward Germany

Anlässlich des 60. Geburtstags von Unicef gemeinsam mit Berlins Bürgermeister
Klaus Wowereit 2006 in Berlin

Münchens Oberbürgermeister Christian Ude überreicht den Förderpreis »Münchner Lichtblicke«
2006. Die Auszeichnung lautet: »Für ihren Einsatz gegen Fremdenfeindlichkeit und Gewalt und
für ein friedliches Zusammenleben von Menschen unterschiedlicher Kulturen«

Edith von Welser-Ude, Frau des Münchner Oberbürgermeisters, meine »Schutzmutter«

Mit Claudia Roth, Bundesvorsitzender von Bündnis 90/Die Grünen, beim »Tag der Begegnung zwischen Politikern und Migranten«

Mit meinem geliebten Bruder Jama und Tobe Levin Freifrau von Gleichen auf dem Weg nach New York 2008

Mit der Schauspielerin Katja Riemann verbindet mich eine tiefe Freundschaft

Bei einem Besuch in der somalischen Kommune in Äthiopien. Den hier lebenden Flüchtlingen ist die Rückkehr verwehrt

Der Verein »Wunschträume« der Journalistin Kathrin Seyfahrt (Mitte) unterstützt vor allem Mädchen- und Frauenprojekte

Die Krankenstation »Zugo Nooma« konnte dank großzügiger Spenden im kleinen Dörfchen Petéssiro in Burkina Faso gebaut werden

Anlässlich seiner Aufnahme in den Ältestenrat des Dorfes bekommt mein Mann Walter einen weißen Hahn geschenkt

Dutzende Kinder freuen sich über ihr neues Plastikgeschirr in der Wend Raabo Schule in Ouagadougou

Bei einem Besuch in Burkina Faso: Der Kontakt zu den Müttern gelingt am leichtesten über die Kinder

Gemeinsam mit Katrin Rhode und Kathrin Seyfahrt erhole ich mich in der untergehenden Sonne von den vielen Eindrücken des Tages

derartige Familienangelegenheiten und dass bislang alles gut gegangen sei.

Nachdem ich den Hörer aufgelegt hatte, wählte ich sofort die Nummer der Tochter. Der Zufall wollte es, dass ich direkt den Schwiegersohn am Apparat hatte. Ich stellte mich mit vollem Namen vor und sagte, dass ich von der Organisation Forward sei: Ob er schon jemals von uns gehört habe? Da traf es mich wie ein Schlag: »Sie schickt der Himmel!«, rief der junge Mann ins Telefon. »Wissen Sie, wie lange ich solch eine Organisation schon suche? Ich möchte nämlich mit meiner Familie Urlaub in meiner Heimat machen und wollte mich erkundigen, wie ich meiner Mutter klarmachen soll, dass sie meine Tochter nicht einfach so beschneiden lässt, wenn ich gerade mal nicht in der Nähe bin.« Ich war baff. Mit einer solchen Überraschung hatte ich nun wahrlich nicht gerechnet! Der besorgte Mann erzählte mir weiter, dass er ein paar Tanten habe, die wahrscheinlich auch alle beschnitten seien. Und seine Mutter sei wohl ebenfalls betroffen, glaubte er. Ich gab ihm eine Aufklärungsstrategie an die Hand.

»Schauen Sie«, sagte ich, »erst einmal müssen Sie Ihrer Familie klarmachen, was mit Ihnen selbst geschieht, wenn Sie ein in Deutschland geborenes Kind im Ausland beschneiden lassen. Sie müssen Ihren Verwandten sagen, dass Sie nach Ihrer Rückkehr mit einem derart verletzten Kind ins Gefängnis kommen und Ihre Tochter ins Kinderheim. Bei uns in Deutschland ist Mädchenbeschneidung eine schwere Straftat – Körperverletzung – und das wird mit einer Haftstrafe bis zu sechs Jahren geahndet. Und Sie wissen ja, was danach passiert mit straffälligen Nicht-EU-Ausländern: Nachdem Sie Ihre Strafe abgebüßt haben, werden Sie nach Afrika zurück abgeschoben, und Sie dürfen nie wieder einen Fuß auf deutschen Boden setzen. Das muss Ihre Familie wissen und das wird Ihren Verwandten schon einmal zu denken geben. Aber das ist ja nur die rechtliche Seite. Viel schlimmer ist das, was die Mädchenbeschneidung Ihrer geliebten Tochter antut: Wenn die Kleine beschnitten wird, dann wird sie nie wieder dieselbe sein.« Ich schauderte innerlich, wie ein Blitz traf mich in diesem Moment die Erinnerung an meine eigene Traurigkeit nach der Beschneidung. »Ihre Tochter wird ein schweres Trauma davontragen, eine so starke seelische Verletzung. Sie wird Ihnen nie vergessen, was Sie ihr angetan haben. Sie wird glauben, Sie haben sie nicht beschützen wollen, Sie haben sie einfach im Stich gelassen. Sie wird kein Vertrauen mehr zu Ihnen haben.« Wieder blitzten Bilder in mir auf – mein Vater, meine Mutter. Warum haben sie das getan? Heute wusste ich warum, damals fühlte ich mich nur verlassen und ausgeliefert, mutterseelenallein. »Wissen Sie, was bei einer Beschneidung gemacht wird?«, fuhr ich fort. »Wissen Sie, was da überhaupt entfernt wird?« Nein, sagte er, er habe keine Ahnung davon, er wisse nur, was gemacht wird, wenn Jungs beschnitten werden. Und dann klärte ich ihn auf: Ich beschrieb ihm, was genau passiert, wenn einem Mädchen ihre Freude, ihre sexuelle Fülle bei lebendigem Leib herausgeschnitten wird. Es wurde totenstill am anderen Ende der Leitung. »Sind Sie noch da?«, fragte ich. Er sagte nur: »Es ist mir so übel ...« und nach einer Weile: »Warum machen wir so etwas ...?!« Ich konnte ihm keine Antwort darauf geben. Trotz der jahrelangen Beschäftigung mit Mädchenbeschneidung, mit meiner eigenen Geschichte – ich konnte diese einfache Frage nicht beantworten. Ich wusste nur, wie man Mädchen beschützen kann, ich wusste aber nicht, warum wir so grausam zu unseren Kindern sind. Und das konnte ich ihm auch sagen: »Es ist nicht die Schuld eines Einzelnen. Es ist die Schuld unserer Gesellschaft. Und deshalb sind Sie geradezu dazu verpflichtet, Ihre afrikanische Familie davon zu überzeugen, dass sie sich wirklich schwer an den Kindern versündigt, wenn sie es zulässt, dass die Kinder beschnitten werden.«

Ich wusste, ich hatte den Mann erreicht. Ich wusste, er

würde alles tun, um nicht nur seine Tochter vor der Beschneidung zu bewahren, sondern auch seine afrikanische Familie und vielleicht sein Dorf aufzuklären. Von innen heraus – aus der Familie, aus der Dorfgemeinschaft –, nicht von außen – als besserwisserische Organisation mit erhobenem Zeigefinger.

Nach dem Telefonat mit seinem Schwiegersohn rief ich Herrn Bauer an und sagte ihm, dass er keine Angst mehr haben müsse: Sein Schwiegersohn hatte ja die gleichen Bedenken gehabt – aber niemand hatte sich getraut, darüber zu reden. Ich riet ihnen allen, mehr miteinander zu sprechen. »Tauschen Sie sich aus! Sehen Sie, auch das bricht schon das Tabu!«

Diese Tage, vor allem aber diese Telefonate, hatten mich unglaublich viel Kraft gekostet. Dennoch fühlte ich: Es hatte sich gelohnt. Dass es tatsächlich so war, erfuhr ich ein paar Monate später. Wieder rief mich Herr Bauer an. Diesmal hörte sich seine Stimme sehr erleichtert an. Er erzählte mir, dass seine Tochter, sein Schwiegersohn und seine Enkelin wohlbehalten von ihrer Ghana-Reise zurückgekehrt seien, voller neuer Eindrücke und Energie. Das Mädchen wurde nicht beschnitten. Alfred Bauers Schwiegersohn hatte seiner afrikanischen Familie eindringlich ins Gewissen geredet – mit der Strategie, die ich ihm an die Hand gegeben hatte. Und es hatte gewirkt. Das Mädchen war zu keiner Sekunde in Gefahr gewesen. Allein die Information, das Wissen über die Fakten – vermittelt von einem von ihnen, von einem Familienmitglied mit Ansehen – hatten genügt, um das Tabu und die grausame, bislang nicht hinterfragte Tradition zu brechen. Aber Herr Bauer hatte mir noch etwas zu erzählen: Er habe sich entschlossen, zusammen mit seinem Schwiegersohn eine Organisation in Ghana zu gründen. Jetzt, wo den beiden Männern am Beispiel der eigenen Familie klargeworden war, was Mädchenbeschneidung bedeutet und wie viele unschuldige Kinder in Ghana betroffen sind, wollten sie selbst etwas dagegen tun: Sie würden Schulen für Mädchen bauen. Und sie taten es. Herr Bauer reist seither mit seiner Frau einmal im Jahr nach Ghana. Er erzählt mir bis heute regelmäßig von diesen Hilfsmissionen. Und einmal sagte er mir mit fester Stimme am Telefon: »Frau Korn, ich habe meine Bestimmung gefunden.« Ich konnte ihn von Herzen verstehen.

Herrn Bauers Enkelin ist kein Einzelfall. Die Migration hat auch die Mädchenbeschneidung zu uns gebracht, mitten nach Europa. Nach Frankreich, nach England, nach Italien ... – ja, und auch nach Deutschland; überall dorthin, wo heute Menschen leben, die aus Ländern gekommen sind, in denen die Mädchenbeschneidung zum Brauchtum gehört. Gerade Frankreich und Großbritannien sind durch ihre Zeit als Kolonialmächte Ziel vieler Einwanderer aus jenen afrikanischen Ländern, in denen die Mädchenbeschneidung praktiziert wird. Deshalb haben Franzosen und Engländer auch schon weitaus mehr Erfahrung mit der Bekämpfung von Mädchenbeschneidung als wir Deutschen. In den französischen und englischen Großstädten wurden schon in den frühen 70er-Jahren immer wieder verblutende Mädchen aus den Einwanderer-Communities, bei deren heimlicher Beschneidung etwas schiefgelaufen war, in Krankenhäuser eingeliefert. Schnell wurde man sich also bewusst, dass die Lebensweisen und Traditionen der Migranten aus Afrika nicht einfach »abgestellt« werden, nur weil die Menschen nun in Europa leben. Und schnell entwickelten die Menschenrechtsorganisationen und auch Politiker klare Strategien gegen diese Praxis.

Hierzulande jedoch schwadronierte man noch vor nicht einmal zehn Jahren von multikultureller Toleranz fremden Sitten und Gebräuchen gegenüber. Wie oft hatte ich es schon mit solch falsch verstandener Menschenfreundlichkeit zu tun: Zwangsheirat bei Zuwanderern? Schulterzucken; ist halt so Sitte »bei denen«. Häusliche Gewalt bei Migranten? Kennen »die« wahrscheinlich nicht anders, war schon immer so. Ehrenmorde? Ist wohl »deren kulturelle Prägung«, da muss man doch Rücksicht drauf nehmen. Mädchenbeschneidung? Ach, na ja, ein Brauch aus fernen Ländern – gibt's doch bei uns gar nicht. Lauter Menschenrechtsverletzungen, die hier bei uns lange Zeit abgetan wurden als »kulturelle Eigenheiten«. Noch heute werden sie oft kleingeredet, auch wenn mittlerweile in Deutschland der Erkenntnisprozess bei diesen spezifisch weiblichen Menschenrechtsverletzungen doch schon stark ins Rollen gekommen ist. Bei uns in Deutschland leben mittlerweile laut Schätzungen der Frauenrechtsorganisation Terre des Femmes rund 20.000 Frauen – meist aus Afrika –, die Opfer von Mädchenbeschneidung sind. Sie leiden bis heute an den Folgen ihrer Beschneidung als Kind in Afrika, aber sie sind auch Trägerinnen der Tradition, die sie hier fortführen möchten: Sie kennen es ja nicht anders und glauben, alle anderen Frauen in Deutschland seien auch beschnitten. Und wenn dann ihre eigenen Töchter »so weit sind« – mit fünf, sechs, sieben Jahren –, dann muss auch für sie die traditionelle Beschneidung geplant werden. So wie es eben schon immer war. Auch die Männer aus den entsprechenden Communities kennen es kaum anders. Sie kennen ihre Frauen nur als Beschnittene. Und wenn sie Erfahrungen mit deutschen Frauen haben, denken viele, weiße Frauen seien eben einfach anders gebaut als schwarze. So sind auch die Männer aus den Communities Unterstützer der Tradition. Geschätzte 4.000 Mädchen sind in Deutschland akut von Mädchenbeschneidung bedroht. Es sind Kinder wie die Enkelin von Herrn Bauer, deren Eltern ganz oder teilweise aus der Einwanderer-Community stammen und in denen die Macht der Tradition ungebrochen wirkt. Wenn sie nicht durch respektvolle Aufklärung gebrochen wird.

In England und Frankreich gibt es eine hohe Dunkelziffer an Fällen, in denen Familien aus Einwanderer-Communities ihre Töchter zu gegebener Zeit beschneiden lassen wollen und das von Ärzten vor Ort machen lassen. Die sind dann meistens gleicher Herkunft und halten natürlich nach außen dicht. Doch nicht selten decken Journalisten diese Fälle auf oder aber die Opfer selbst oder Freunde der Betroffenen wenden sich später an die Polizei. Und das führt dann oft zu spektakulären Prozessen. In Deutschland gibt es offiziell keinen derartigen Fall. Doch immer wieder filmen auch hier Journalisten mit versteckter Kamera Ärzte aus Einwanderer-Communities, die eine vermeintlich »fachgerechte« Beschneidung gegen Bezahlung unter der Hand vornehmen würden.

Ich persönlich kenne aus meiner Erfahrung keinen einzigen Fall einer Mädchenbeschneidung, die hier in Deutschland vorgenommen wurde. Aber ich weiß von anderen Menschenrechtsaktivisten in Deutschland, dass es auch Fälle von Familien gibt, die sich zusammentun und eine Beschneiderin aus Afrika einfliegen lassen. Für knappe 2.000 Euro werden dann gleich mehrere Mädchen beschnitten – hier in Deutschland. Ich selbst kenne aus meiner Erfahrung vor allem die am häufigsten praktizierte Variante: Unzählige Fälle von Mädchen, die unter dem Vorwand, die Familie in Afrika zu besuchen, mit ihren Eltern in die Ferien fahren und dann von dort beschnitten zurückkehrten – oder eben nie wieder zurückkehrten. Ich erfahre von solchen Fällen, wenn sich die Mädchen dann später an mich wenden: wenn sie älter geworden sind, mit 15, 16, 17; wenn sie von ihren deutschen Freundinnen erfahren haben, dass es nicht normal ist, beschnitten zu sein; oder wenn sie aus den Medien davon gehört haben.

Manch ein Mädchen wendet sich an mich mit dem Wunsch, wieder geöffnet zu werden, ein normales Leben führen zu können. Das geschieht dann meistens auf vielen Umwegen. Die Mädchen finden über tausend Ecken zu mir, fragen sich ganz vorsichtig durch, erhalten mal hier, mal da eine Information und landen schließlich bei mir: Nachdem sie all ihren Mut zusammengenommen haben, wählen sie meine Nummer. »Kannst du mir helfen?«, fragen sie. »Ich möchte mich so gern öffnen lassen, aber meine Familie darf nichts wissen ...« Sie haben Angst vor der eigenen Courage, ich höre es an ihrer Stimme und es ist bei fast jedem Mädchen so. Und dann die zaghaften Fragen: »Tut das weh? Ich habe solche Angst ...« Ich sage dann immer: »Ich verstehe dich, ich hatte auch Angst damals ... Komm, wir treffen uns zum Kaffeetrinken!«

Meistens muss ich mehrere Male zum Kaffeetrinken mit den Mädchen gehen. Denn sie müssen Vertrauen fassen, müssen wirklich glauben, dass ich ihnen helfen will und helfen kann. Und wenn sie dann immer noch geöffnet werden wollen, und alle wollten bisher, dann gehe ich mit ihnen zum Arzt – zu Jürgen. Jürgen ist ein sehr sensibler Arzt. Er ist plastischer Chirurg und arbeitete in der Vergangenheit viel mit Opfern von Bombenanschlägen. Er engagiert sich ehrenamtlich als Berater bei uns im Verein Forward Germany. Wenn ich mit einem Mädchen oder einer jungen Frau zu Jürgen komme, schafft er es sofort, das Eis zu brechen: Er nimmt beide Hände der Frau und verneigt sich. Er hat das durch seine lange Auslandserfahrung gelernt, er ist interkulturell sehr gebildet. Für ihn zählt nur der Mensch, und die Frauen und Mädchen spüren das sofort. »Der ist ja ganz anders«, sagen sie oft und strahlen übers ganze Gesicht. Beim ersten oder den ersten zwei Terminen mit Jürgen begleite ich meine Mädchen, damit sie mir nicht durchdrehen vor Aufregung und Angst – schließlich ist es für sie oft der erste Besuch bei einem Arzt, der ihre Genitalien untersucht. Aber nach diesen ersten Beratungsbesuchen lasse ich sie alleine zu Jürgen gehen. Wenn dann die entscheidenden gynäkologischen Untersuchungen schließlich vorbei sind, kommen sie wieder strahlend aus seiner Praxis. Und ich weiß aus Erfahrung: Es ist wirklich selten, dass eine Afrikanerin strahlend vom Gynäkologen kommt.

Zum Glück gibt es in Deutschland mittlerweile eine Handvoll Ärztinnen und Ärzte, die Experten in Sachen

Mädchenbeschneidung geworden sind. Sie sind dazu geworden, weil sie oft Patientinnen vor sich hatten, die beschnitten waren. In seltenen Fällen trugen auch beschnittene Frauen den Wunsch an sie heran, nach der Geburt wieder zugenäht zu werden oder ihre Töchter beschneiden zu lassen. Dadurch alarmiert haben diese Ärzte sich informiert und mit Hilfsorganisationen vernetzt. So können sie in dem Moment, in dem sie eine betroffene Frau vor sich haben, Aufklärungsarbeit leisten. Diese Ärztinnen und Ärzte führen auch Öffnungsoperationen durch und ermöglichen so der beschnittenen Frau oder dem Mädchen eine ganz neue Lebensqualität. Periodenblut, das ungehindert abfließen kann. Toilettengänge, die keine halben Stunden mehr dauern, weil der Urin nur tröpfchenweise kommt. Oh, wie gut kannte ich dieses Gefühl selbst! Nach meiner Öffnungsoperation wurde jeder Toilettengang zu einem wahren Genuss für mich. Meine Toilette ist auch ein sehr angenehmer Ort für mich. Auch hier steht eine Kerze, die ich mir manchmal anzünde. Es hängen Fotos von mir und von unseren Afrikabesuchen darin. Auch Zeitschriften und Bücher haben hier ihren Platz. Ich behandle diesen Raum nicht stiefmütterlich. Es ist ein angenehmer Raum – er soll Energie zurückgeben. Eine Toilette ist ja schließlich auch ein Ort, an dem man ganz für sich sein kann, wenn der Trubel des Lebens wieder einmal über einem zusammenzuschlagen droht. Ich komme immer ganz erholt aus einer Toilette. Und ich finde, eine Toilette hat geradezu magische Kräfte. Es ist ein Tabu-Raum. Eine Toilette plaudert nie etwas aus. Sie kennt die innersten Geheimnisse aller Menschen – egal ob arm oder reich oder stolz oder gebrochen –, sie liegen einfach offen in diesem Moment. Wenn ich auf eine Toilette gehe und nur Ruhe suche, dann kommt es mir manchmal so vor, als sei die Toilette auch mal ganz froh darüber, dass sie nicht benutzt wird. Ich finde einfach, in so einem Klo ist viel Humor unterwegs.

DER FALL DINAH – RECHTS- WIRKLICHKEIT IN DEUTSCHLAND

Alfred Bauers Enkelin hatte die Familie ihres afrikanischen Vaters besuchen können. Sie hatte ihre Oma in Ghana kennengelernt, solange die alte Frau noch am Leben war. Sie hatte mit eigenen Augen sehen können, wie die Menschen dort lebten – in dem kleinen Dorf, aus dem ihr Vater stammte, bevor er nach Deutschland kam. Sie hatte nun eine erste genaue Vorstellung von den beiden Kulturen, die in ihr vereint waren – die deutsche Kultur ihrer Mutter und die afrikanische ihres Vaters. Alfred Bauers Enkelin hatte Glück gehabt. Sie *durfte* nach Ghana reisen. Doch das ist mittlerweile keine Selbstverständlichkeit mehr in Deutschland. Mädchen, die hier leben und deren Vater oder Mutter aus sogenannten Hochrisikoländern für Genitalbeschneidung stammen, kann die Ausreise in das Land ihrer Vorfahren verweigert werden – mit höchstrichterlichem Beschluss.

Genau das ist Ende 2008 passiert, als der Fall »Dinah« durch den Blätterwald rauschte, Gerichte beschäftigte und Hilfsorganisationen empörte. Die zehnjährige Dinah lebt mit ihren äthiopischen Eltern in einer südbadischen Kleinstadt an der Grenze zur Schweiz und zu Frankreich. Die Eltern, Yakob und Anna, lebten und arbeiteten schon jahrzehntelang in Deutschland; sie hatten sich hier kennengelernt und eine Familie gegründet. Erst kam ein Sohn zur Welt, dann die Tochter, Dinah. Ihr älterer Bruder war schon einmal nach Äthiopien in die Ferien gefahren, um dort seine Großeltern kennenzulernen. Jetzt wollte auch Dinah diese große Reise antreten, von der ihr der Bruder so oft erzählt hatte. Der Flug dorthin war teuer, aber die Eltern wollten ihr den Besuch bei den Großeltern ermöglichen. Sie wollten Dinah alleine reisen lassen – ein Patenonkel hätte sie im selben Flugzeug begleitet und in Äthiopien hätten sie die Großeltern, ein pensionierter Oberst und eine Lehrerin, direkt vom Flughafen in Addis Abeba abgeholt. Doch Dinah durfte nicht reisen. Das zuständige Jugendamt in Lörrach schaltete sich ein: Man wisse, dass das Kind eine Reise zu den Großeltern antreten solle. Und man wisse auch, dass die Gefahr für Dinah, dort beschnitten zu werden, extrem groß sei. Nun begann die Bürokratie zu mahlen: Die Eltern Yakob und Anna – beide EU-Bürger, er mit deutschem, sie mit italienischem Pass – legten Dokumente und eidesstattliche Erklärungen vor, wonach sie selbst oder die Familie in Äthiopien niemals die Absicht hätten, das Kind beschneiden zu lassen. Das sei in ihrer Familie nie vorgekommen, man verachte diesen schändlichen »Brauch«, warum sollten sie diese Menschenrechtsverletzung also jetzt an Dinah ausführen lassen? Yakob, Anna, die Großeltern und Yakobs sieben Schwestern sprachen sich klar gegen die Mädchenbeschneidung aus – vergebens.

Monate später kommt das Amtsgericht Bad Säckingen zu dem Schluss, dass die Eltern und Großeltern zwar untadeligen Rufes seien; dennoch sei den Eltern das Aufenthaltsbestimmungsrecht über Dinah teilweise zu entziehen: »Der Schaden, der hier droht, besteht darin, dass ein zehn Jahre altes Mädchen im Falle seiner Ausreise nach Äthiopien der in diesem Land nicht unüblichen Zeremonie einer Beschneidung der Geschlechtsteile unterzogen werden könnte.«

Soweit die Urteilsbegründung. Die Richter hatten sich zuvor im Online-Lexikon Wikipedia über die Wahrscheinlichkeit der Genitalbeschneidung in Äthiopien informiert. Und Wikipedia ist keine gesicherte und zuverlässige Quelle. Es wurde kein Experte zu Rate gezogen und keine seriöse Hilfsorganisation eingeschaltet. Stattdessen schrieb das Gericht: »Ob es Gesichtspunkte gibt, die in diesem konkreten Fall das allgemein in Äthiopien bestehende Risiko vermindern oder gar ausschließen, kann von hier aus nicht beurteilt werden.« Die Eltern ließen nicht locker, wollten den Richtern beweisen, dass im »konkreten Fall« ihrer Tochter Dinah keinerlei Gefahr durch Mädchenbeschneidung drohe. Die Großeltern sprachen bei der Deutschen Botschaft in Addis Abeba vor, wo die Botschaftsmitarbeiter einen hervorragenden Eindruck von ihnen hatten. Yakobs sieben Schwestern, Anna und ihre erwachsene Tochter aus erster Ehe legten Dokumente vor, nach denen sie nicht beschnitten seien. Dinahs Eltern schalteten einen Anwalt ein. Dann legte das Jugendamt nach, wollte die Familie dazu verpflichten, Dinah einmal im Jahr von einem Arzt in Deutschland auf Unversehrtheit untersuchen zu lassen. Das aber hielten der Anwalt, die empörten Eltern und die mittlerweile auf den Plan gerufenen Freunde, Unterstützer und Journalisten für Diskriminierung – und Yakob wollte das Dokument des Jugendamts nicht unterschreiben.

Daraufhin attestierte das Jugendamt im Fall Dinah »fehlende Mitwirkung« der Eltern. Ob Dinah in die Ferien zu ihren unbescholtenen, hochgebildeten Großeltern fahren darf, ist immer noch ungewiss. Der Fall geht durch die Instanzen. Die nächste richterliche Entscheidung – diesmal vom Oberlandesgericht Karlsruhe – steht noch aus. Vielleicht ist eine weise Entscheidung gefallen, wenn dieses Buch erscheint. Vielleicht darf Dinah dann endlich zu ihren Großeltern reisen. Aber vielleicht schalten die Behörden auch weiterhin auf stur. Denn das Jugendamt und die Gerichte können sich auf ein grundlegendes Urteil des Bundesgerichtshofs von 2004 berufen, in dem »bei erheblicher Gefahr für das Kindeswohl das Sorgerecht der Eltern in Bezug auf die Aufenthaltsbestimmung eingeschränkt werden darf.«

Dinah und ihre Eltern sind zermürbt, Dinah ist in psychologischer Betreuung; in der Kleinstadt, in der sie wohnen, werden sie immer wieder auf ihre Geschichte angesprochen. Der Fall Dinah wurde und wird vielfach in den Medien aufgegriffen: Große Tageszeitungen und öffentlich-rechtliche Sender haben immer wieder über das Schicksal der Familie berichtet. Aber der Fall Dinah ist auch ein Schlachtfeld von unterschiedlich gesinnten Organisationen und Aktivisten geworden. Denn hinter der erstmaligen Information des Lörracher Jugendamts, das diese absurde Geschichte ins Rollen gebracht hat, steht eine radikale Organisation gegen Genitalbeschneidung. Diese Organisation wurde vermutlich eingeschaltet von Kolleginnen, mit denen Dinahs Mutter zusammenarbeitete. Sie waren besorgt darüber, ob Dinah aufgrund ihrer äthiopischen Herkunft während der Ferienreise Gefahr durch Mädchenbeschneidung drohe, suchten Rat und gerieten an eine deutsche Aktivistin, die die radikale Haltung vertritt, dass Mädchen in Hochrisikoländern grundsätzlich nicht gegen Genitalbeschneidung geschützt werden können. Deshalb dürfe der deutsche Staat sie niemals dorthin reisen lassen. Die Macht der Großfamilie und der Tradition sei stärker als jeder individuell gelagerte Fall.

Ich weiß, dass das nicht so ist und distanziere mich deutlich von dieser extremen Haltung, die alle Afrikaner in den Risikoländern unter einen Generalverdacht stellt und sie damit diskriminiert. Ich weiß, dass es anders geht, und plädiere immer – in meinen Vorträgen, Interviews und Expertenanhörungen – für eine differenzierte und sensible Herangehensweise. Meine Erfahrungen und Fälle wie die von Alfred Bauers Enkelin geben mir recht. Es darf nicht sein, dass pauschal geurteilt wird und Familien damit extrem belastet oder zerstört werden – wie Dinahs Familie. Ich habe sie während der ganzen Zeit moralisch unterstützt, habe mit der Presse zusammengearbeitet, versucht aufzuklären. Ich habe auch die Haltung und Kompetenz des Richters der ersten Instanz infrage gestellt, der in einer so heiklen Frage offenbar nur auf die Meinung dieser eifernden Privatperson zu hören schien: eine Frau, die nie selbst mit beschnittenen Frauen gearbeitet hatte und die – wie ich finde – rassistisch handelt, denn sie ist der Meinung, wir beschnittenen Frauen seien wohl zu dumm, um uns selbst bestimmen zu können. Es ist dieselbe Person, die mich dazu bringen wollte, mich als »verstümmelt« zu bezeichnen und nicht als »beschnitten«. In Presseberichten und Schmähbriefen nannte sie mich auch eine Befürworterin der Beschneidung. Weil ich nicht anerkennen wolle, dass ich »verstümmelt« sei und daher ein psychisches Problem habe. Selbstverständlich kann ich eine solche Haltung nicht hinnehmen.

Natürlich muss der deutsche Staat seine Bürger schützen und all jene, die bei ihm Zuflucht suchen, weil sie verfolgt werden. Deutschland erkennt seit wenigen Jahren geschlechtsspezifische Asylgründe an – und dazu gehört auch die Bedrohung einer Frau durch Genitalbeschneidung in ihrem Heimatland. Aber auch das wird ja nicht einfach so pauschal anerkannt – nach dem Motto: »Aha, ein Mädchen aus Äthiopien, also sofortige Anerkennung als geschlechtsspezifische Asylsuchende wegen drohender Beschneidung« –, sondern immer im konkreten Einzelfall durch die Einzelentscheider beim BAMF (Bundesamt für Migration und Flüchtlinge) geprüft. Und es ist sehr schwer, diesen Asylantrag im Einzelfall zu begründen! Ich kenne das von meinen vielen Übersetzungen. Asyl wird nicht pauschal gewährt, sondern im Einzelfall. Also sollte der deutsche Staat umgekehrt auch nicht pauschal Ferienreisen von Mädchen in Hochrisikoländer verbieten, sondern den Einzelfall verantwortlich prüfen – und nicht einfach der Argumentation radikaler Aktivisten folgen, die niemals in Afrika waren und nur aufgrund von statistischen Wahrscheinlichkeiten argumentieren.

Mädchen, die aus afrikanischen Kulturen kommen, nicht zu ihren Großeltern fahren zu lassen, kann keine Lösung sein. Verordnete genitale Untersuchungen, die nur an

Migrantenkindern oder Kindern aus gemischten Ehen vorgenommen werden, auch nicht. Ein sensibles, differenzierendes, maßvolles Herangehen – das ist es, wofür ich mich einsetze. Und so verhalte ich mich auch in meinen eigenen Beratungen.

Mädchenbeschneidung ist in Deutschland verboten. Sie ist strafbar – aber sie hat keinen eigenen Paragrafen. Sie ist kein Straftatbestand, das heißt: Es gibt kein Gesetz gegen weibliche Genitalbeschneidung. Bislang wird Mädchenbeschneidung in Deutschland als »einfache« oder »gefährliche Körperverletzung« betrachtet – oder als »Misshandlung von Schutzbefohlenen«. Damit sie als »schwere Körperverletzung« gilt, muss nachgewiesen werden, dass eine Frau dadurch zum Beispiel nicht mehr fortpflanzungsfähig ist. Das aber soll sich ändern. Hilfsorganisationen, Frauenrechtsorganisationen und Menschenrechtsaktivisten wie ich setzen sich dafür ein, dass Mädchenbeschneidung grundsätzlich immer als ein Tatbestand von »schwerer Körperverletzung« gesehen wird, wenn nicht sogar als ganz eigener Straftatbestand Eingang in die Gesetzbücher findet. Die aktuelle politische Diskussion in Deutschland ist aber noch lange nicht so weit, einen eigenen Straftatbestand zu fordern – auch wenn davon eine unglaubliche Signalwirkung ausgehen würde. Immerhin hatte sich die Große Koalition zwischen SPD und CDU im Juni 2008 zu einem Antrag an den Bundestag aufraffen können, in dem sie die »wirksame Bekämpfung der Genitalverstümmelung von Mädchen und Frauen« forderte. Doch seither ist nichts Wesentliches mehr geschehen. Im Mai 2009 brachten dann Abgeordnete von FDP und Grünen einen Gesetzentwurf in den Bundestag ein, der zum Ziel hat, Mädchenbeschneidung härter zu bestrafen, ohne es »Mädchenbeschneidung« oder »Genitalverstümmelung« zu nennen. Es sollte weiterhin bei »Körperverletzung« bleiben, aber eben bei »schwerer Körperverletzung«. Außerdem sollte die Verjährungsfrist heraufgesetzt werden, sodass Mädchen nach ihrer

Volljährigkeit die Möglichkeit hätten zu klagen. Weiterhin sah der Gesetzentwurf vor, Mädchenbeschneidung in den Katalog der Auslandsstraftaten aufzunehmen, sodass diese Straftat auch verfolgt werden könnte, wenn sie im Ausland verübt würde – eben zum Beispiel bei einer vermeintlichen »Ferienreise« zum Zweck der Beschneidung. Der Gesetzentwurf vom Mai 2009 steht zwar in schöner europäischer Tradition, denn die EU hatte die Mitgliedsstaaten dazu aufgerufen, Mädchenbeschneidung strafbar zu machen; er blieb aber ein Papiertiger. Der Gesetzentwurf wurde ohne Beratung einfach wieder von der Tagesordnung genommen und verschwand vor den Bundestagswahlen sang- und klanglos in der Versenkung. Damit ist unsere letzte Hoffnung auf ein ausdrückliches Gesetz gegen Beschneidung für lange Zeit geschwunden und unsere unermüdliche Arbeit war für die Katz – erst einmal. Also müssen wir eben außerparlamentarisch und öffentlich weiter dafür kämpfen, dass Mädchen geschützt werden, die von Beschneidung bedroht sind.

Es sind vier- bis fünftausend fröhliche Mädchen in Deutschland, die jetzt keine Lobby mehr haben – nur unseren Einsatz. Was hätte es die Bundesregierung schon gekostet, dieses Gesetz zu beschließen: nichts! Im Gegenteil: Staat und Kommunen hätten sich viele Hunderttausende Euro an Behandlungskosten ersparen können, die sie aber jetzt immer weiter ausgeben müssen, wenn die Mädchen beschnitten aus den Ferien zurückkehren und an Körper und Seele schwer verwundet sind. Ich kann keinerlei Verständnis für dieses Nichthandeln der Großen Koalition entwickeln. Dieser unterlassene Schritt der Regierung bedeutet viele tausend Schnitte in die Körper und Seelen der Mädchen. Ich habe null Toleranz für Mädchenbeschneidung. Also werde ich meinen Einsatz dagegen fortsetzen.

WIEDER EINMAL AFRIKA: BURKINA FASO

Anfang 2008 stand wieder eine Reise nach Afrika auf meinem Programm. Diesmal würde es nicht in den Osten gehen wie beim letzten Mal, als ich Karlheinz Böhms Projekte besuchte, sondern nach West-Afrika, nach Burkina Faso. Ich wollte eine Recherchereise dorthin unternehmen. Ich hatte schon länger darüber nachgedacht, als Forward-Frau ein bereits bestehendes Hilfsprojekt sinnvoll zu unterstützen; ein Projekt meiner Freundin Kathrin Seyfarth, der engagierten Journalistin vom Bayerischen Rundfunk, die mich 2004 auf die Äthiopien-Reise begleitet hatte. Ich hatte unmittelbar miterlebt, wie dieses Projekt überhaupt zustandegekommen war. Eine von Kathrins Freundinnen war mit einem Mann aus Burkina Faso verheiratet. Dieser Halidou Sawadougou stammte aus dem Dorf Pétessiro, wo auch seine übrige Familie lebte. Er hielt natürlich ständig Kontakt mit seinen Leuten dort. Einmal bat die Dorfgemeinschaft ihn um Hilfe: Eine junge Frau war während der Geburt ihres ersten Kindes gestorben. Sie war als Mädchen beschnitten und infibuliert worden. Am Ende der Schwangerschaft, kurz vor der Geburt, wurde sie mit primitiven Mitteln – einem einfachen Messer – geöffnet, um die Geburt zu ermöglichen. Die Frau verblutete. Die Öffnung und die komplikationsreiche Geburt waren ihr Todesurteil. Niemand konnte ihr helfen. Es gab keinen Arzt, kein Krankenhaus, keine Hebamme. Die Menschen im Dorf waren erschüttert. So etwas sollte nicht mehr passieren, nahmen sie sich vor. Sie wollten eine Krankenstation haben und baten Halidou um Hilfe aus dem fernen Deutschland. Der wandte sich an Kathrin – und sie erzählte mir davon. Kathrin hatte schon 2003 einen eigenen kleinen Verein gegründet: Wunschträume e.V. Dieser Verein unterstützt Mädchen- und Frauenprojekte in Afrika: damit Mädchen einen besseren Zugang zu Bildung und Ausbildung bekommen, damit sich die hygienischen Bedingungen verbessern und damit Armut effektiv bekämpft werden kann.

Als Kathrin mir von der Krankenstations-Idee erzählte, war ich sofort begeistert. Gerne würde ich hier mithelfen und mich einsetzen, wenn die Zeit reif wäre. Aber erst musste ein Konzept her. Ohne Konzept keine Hilfe. Gesagt – getan: Der Mathe- und Physiklehrer von Pétessiro schrieb ein Konzept. Es war so gut durchdacht, dass man dazu einfach nicht Nein sagen konnte. Das ausgeklügelte schriftliche Konzept hatte Kathrin zwar schon weitgehend überzeugt, aber sie wollte sich auch selbst ein Bild von der Lage vor Ort machen. Und so flog sie zusammen mit Halidou nach Burkina Faso. Nach ihrer Rückkehr wusste sie, was zu tun war: Mitstreiter gewinnen, sich um Spendengelder bemühen und – loslegen. Tatsächlich konnte sie schon ein paar Monate später, im Februar 2007, erneut nach Burkina Faso fliegen: Kathrin legte in Pétessiro den Grundstein für ihr wunderbares Projekt, die Krankenstation »Zugu Nooma« – zu deutsch: Hoffnung für immer. Die Dorfbewohner selbst hatten ihr diesen Namen gegeben.

Genau ein Jahr später, im Februar 2008, sollte die Krankenstation »Hoffnung für immer« eingeweiht werden. Und Walter und ich würden Kathrin auf dieser glücklichen Mission begleiten! Aber nicht nur, um mit Kathrin einen großartigen Moment zu feiern: Ich wollte mich auch selbst dort umsehen, wollte in Erfahrung bringen, wie ich mit unseren bescheidenen Mitteln aus dem Forward-Verein bei »Zugu Nooma – Hoffnung für immer« etwas bewirken könnte. Wieder einmal Afrika-Luft zu schnuppern, würde mir gut tun. Und ich freute mich, dass ich Walter dabeihatte – so konnten wir die überwältigenden Eindrücke am Ende jeden Tages gemeinsam besprechen und viel besser verarbeiten. Es ist doch etwas anderes, als wenn man Wochen später – zurück in Deutschland – von den Erlebnissen in Afrika erzählt, die dann ja oft wie unwirkliche Abenteuer erscheinen. Umso wichtiger ist es, Fotos oder Filmaufnahmen mitzubringen. Also flogen wir gemeinsam nach Burkina Faso: Kathrin, ich und mein »Hoffotograf« Walter. Er würde Fotos machen, damit wir das Projekt dokumentieren könnten. Außerdem würden wir auch den Spendern später zeigen können, was wir mit ihrem Geld alles bewirkt hatten, wenn wir uns tatsächlich mit eigenen Spendenmitteln engagieren sollten.

Es war eine beschwerliche Reise in das Dorf Pétessiro. Wir mussten ungefähr drei Stunden mit dem Jeep von Burkina Fasos Hauptstadt Ouagadougou durchs Land fahren. Aber wir waren in guten Händen. Sidike Belem, ein Schuldirektor und Abgeordneter aus der Hauptstadt, chauffierte uns höchstpersönlich mit seinem Jeep durchs Land. Sidikes Schule, in der über 930 Kinder unterrichtet werden, wurde auch schon seit einiger Zeit von Kathrins Hilfsverein unterstützt, und so war es Sidike eine Selbstverständlichkeit, uns bei unserer Mission zu helfen.

Wir fuhren also durch das Land, bewunderten die Landschaft und freuten uns an dem bunten Treiben, das überall herrschte. Ich hatte das Gefühl, dass die Menschen ständig auf Achse waren, zielstrebig eilten sie hierhin und dorthin. Die Frauen trugen schwere Lasten auf dem Kopf und oft noch dazu ein Kind auf dem Rücken. Die Menschen in Burkina Faso gingen so ganz anders – mit großen, wiegenden Schritten und ausholenden, schwingenden Armen. Ich bemerkte ihre unglaublich großen Hände mit langen, wunderschönen Fingern. Keiner geht an dir vorbei, ohne dir die Hand zu schütteln oder dir »Laafi« zu wünschen – Frieden. Laafi: Dieses Wort sollten wir in den nächsten Wochen noch Tausende Male hören; selbst aus der Dunkelheit schallte es zu uns, wenn Walter und ich spät nachts in unsere Unterkunft zurückkamen. »Was für ein friedliches Volk«, dachte ich oft, »das genaue Gegenteil von Somalia.«

Als wir nach unserer langen Reise verschwitzt und staubig in dem Dorf ankamen, war an Ausruhen nicht zu denken. Schon lange bevor wir überhaupt in die Nähe des Dorfes gekommen waren, wurden wir von einigen Hundert Mopeds und Autos eskortiert. Hupend und winkend fuhren sie an unserer Seite in das Dorf ein – mitten durch eine begeisterte Menschenmenge. Die Dorfbewohner schwangen grüne Äste und empfingen uns singend und lachend. Wir wurden umhüllt von ohrenbetäubendem Applaus und quietschenden Tönen aus übersteuerten Lautsprechern. Dann ging das Händeschütteln los: Wir drückten Hunderte Hände, jeweils gepaart mit der typischen Begrüßung, bei der man einander viermal mit den Köpfen berührt – an den Schläfen. Statt Küsschen auf beide Wangen, wie sie oft bei uns üblich sind, gibt es in Burkina Faso eben diese Schläfenberührungen rechts und links. Dabei spielt es keine Rolle, ob man verschwitzt oder total staubig ist. Wir spürten eine unglaubliche Herzlichkeit. Die Fröhlichkeit fand kein Ende: Jetzt wurde ein Theaterstück aufgeführt. Kinder, die alte Männer spielten, Beschneiderinnen, die öffentlich ihre Werkzeuge wegwarfen und schworen, nie wieder Kinder zu beschneiden. Danach hielt Kathrin Seyfarth eine Rede, und dann kam ich mit meiner Rede auf Deutsch. Zum Glück übersetzte Halidou für mich, denn mein Französisch ist mehr als dürftig.

Nach weiteren endlosen Ansprachen übergaben uns die Dorfbewohner viele schöne Geschenke: Stoffe, Körbe und Erdnüsse – die besten Erdnüsse der Welt, wie ich fand. Und Walter bekam einen weißen, lebenden Hahn geschenkt. Es waren bestimmt über 2000 Menschen hier zusammengekommen, um uns zu hören und zu sehen. Sie standen, ohne zu klagen, stundenlang in der erbarmungslosen burkinischen Sonne und klatschten und freuten sich mit uns. Und dann ging es weiter in die neue Krankenstation – hier fand ein Festessen für uns statt. Die Zimmer waren extra dafür leergeräumt worden; statt Krankenliegen und Kinderbettchen standen nun Tische und Stühle für uns bereit. Wir waren überwältigt und fragten uns verblüfft, woher wohl die eisgekühlten Getränke kamen, die uns auf die Tische gezaubert wurden? Sicherlich stand wieder der bestens organisierte Mamodou dahinter, der Lehrer, der damals das hervorragende Konzept geschrieben hatte, das dann zum Bau der Krankenstation führen sollte. Nur dank Mamodou konnte »Zugu Nooma – Hoffnung für immer« problemlos starten. Er ist ein sanfter Mann – ruhig und gelassen steht er jede noch so schwere Situation durch. Er ist perfekt organisiert und plant bis ins kleinste Detail. Auch dieser rauschende Empfang war zum großen Teil sein Werk. Natürlich waren wir die Sensation schlechthin, denn diese Menschen – jung und alt – waren so dankbar dafür, endlich eine medizinische Grundversorgung zu bekommen.

In Pétessiro leben rund 3000 Menschen. Das Dorf liegt am Rande der Sahelzone. Über 40 Grad Mittagshitze ist die Regel. Es gibt keinen Strom, keine Getreidemühle und während der Trockenzeit auch kaum Wasser. Burkina Faso ist ein bitterarmes Land – die meisten der 14 Millionen Einwohner sind Analphabeten, viele leiden an Malaria, Tuberkulose, Aids und Behinderungen durch Meningitis; vier Millionen Frauen und Mädchen sind beschnitten. Doch Ärzte sind absolute Mangelware. Drei Viertel der Menschen haben keinen Zugang zu medizinischer Versorgung. Pétessiro ist also nur ein Dorf von vielen in Burkina Faso.

Die Krankenstation »Zugu Nooma« konnte gebaut werden, weil Spendengelder aus Deutschland das möglich gemacht hatten. Wir hatten auch Sachspenden in Deutschland sammeln können: die komplette Einrichtung. Und am Tag nach dem Festessen konnten wir sie wieder an Ort und Stelle in den Räumen der Krankenstation sehen: Untersuchungs- und Krankenliegen, fünf Betten für Erwachsene und drei für Kinder. Auch Babybetten für Neugeborene standen da. Wir hatten einen Riesenkoffer voller Medikamente aus Deutschland mitgebracht; darin viele Kinderspritzen und -kanülen. Das war mir wichtig, denn wenn kleine Kinderärmchen mit großen Spritzen traktiert werden, tut mir das schon beim Zusehen weh. Meine Hausärztin und Kinderärzte in München hatten all diese Kostbarkeiten gespendet. Der Koffer kam mir in München noch so schwer und wuchtig vor, aber hier in Pétessiro erschien er mir plötzlich wie in Puppenköfferchen angesichts der vielen, vielen Menschen, die auf Behandlung warten. »Ein Tropfen auf dem heißen Stein«, dachte ich fast mutlos. Trotzdem konnten wir während der wenigen Tage im Dorf doch eine erfolgreiche Behandlung miterleben. Die Krankenpfleger versorgten einen Mann, der mit einer heftigen Augenentzündung zu ihnen kam. Als wir abreisten, konnte der Mann wieder sehen.

In den paar Tagen, die wir im Dorf verbrachten, führten wir unzählige Gespräche mit den Dorfoberen, auch dem Imam von Pétessiro, und überzeugten uns von der Notwendigkeit, das Hilfsprojekt auszubauen. Wir sahen, wie elementar die Menschen dort lebten und wie groß der Bedarf an einfachster Medizin immer noch war. Wir konnten sehen, wie stark die Krankenstation schon in den ersten Tagen in Anspruch genommen wurde. Täglich musste »Zugu Nooma – Hoffnung für immer« einen Ansturm von Hunderten Menschen bewältigen. Nicht nur die Dorfbewohner von Pétessiro kommen hierher; auch aus umliegenden Dörfern strömen mittlerweile die Menschen herbei. Gemeinsam überlegten wir die nächsten Schritte: Wir nahmen uns vor, Mittel für die Finanzierung einer Geburtsstation aufzutreiben, damit die schwangeren Frauen aus der Region nicht mehr so lange Fußmärsche auf sich nehmen müssen, um in einem Dutzende Kilometer entfernten Krankenhaus zu entbinden. Und wir wollten ein Haus für einen Arzt finanzieren, der dann ständig vor Ort in der Krankenstation arbeiten könnte. Ich nahm mir fest vor, als Forward-Frau Spendenmittel aufzutreiben, um Kathrin Seyfarth bei diesen Vorhaben so weit zu unterstützen, wie es unserem kleinen Verein eben möglich ist.

In Burkina Fasos Hauptstadt Ouagadougou führten wir dann in den nächsten Tagen weitere Gespräche. Hier traf ich eine Frau, von der ich schon viel gehört hatte, endlich persönlich: Rakieta Sawadogo-Poyga, ein wahres Wunder, ein unglaubliches Energiebündel – ihr Name Rakieta, Rakete, ist schon Programm. Als junge Frau hatte sie in Berlin Medizin studiert und auch an der Berliner Uniklinik Charité gearbeitet. Sie kehrte nach Burkina Faso zurück und gründete 1998 die Hilfsorganisation »Bangr Nooma«. Der Name bedeutet: »Es gibt nichts Besseres als Wissen.« Rakieta begann, Krankenschwestern und Krankenpfleger zu medizinischen Erstversorgern für die Dörfer auszubilden. Diese geschulten Kräfte können dann auch als Geburtshelfer eingesetzt werden und Hebammen unterstützen. Auf diese Weise können sie direkt mit den beschnittenen Frauen sprechen, sie aufklären, gegen das Wiederzunähen beraten und so auch allmählich etwas gegen Mädchenbeschneidung bewirken. Diese Erstversorger heißen bei »Bangr Nooma« Animatricen und Animateure. Denn sie sind nicht nur überlebenswichtig für jede dörfliche Krankenstation, sondern auch moderne Multiplikatoren gegen den uralten Brauch der Mädchenbeschneidung. Die Animatricen und Animateure – immer ein Mann und eine Frau – führen auch Schulungen durch: Mithilfe von Videos und mit einem Becken-Modell klären sie Lehrer, Hebammen und Polizisten auf. Und sie führen eine Liste mit den Mädchen, die von Beschneidung bedroht sind, und überwachen sie. »Bangr Nooma« holt auch die Beschneiderinnen mit ins Boot: Sie bekommen Kleinkredite, damit sie sich nicht mehr mit Beschneidungen über Wasser halten müssen – und diese ehemaligen Beschneiderinnen sind oft die ersten, die von geplanten neuen Beschneidungen erfahren und sie den Animateuren und Animatricen weitermelden.

Ich bewunderte das Projekt von Rakieta schon lange aus der Ferne – denn es hatte in zehn Jahren rund 22.000 Mädchen vor der Beschneidung bewahrt – und nun lernte ich diese Power-Frau endlich selbst kennen. Ich war von Rakietas Kraft überwältigt. Kathrin und ich wollten Rakieta unbedingt für Pétessiro gewinnen – auch hier sollten Animateure und Animatricen ausgebildet und eingesetzt werden. Als wir bei ihr nachfragten, rannten wir sofort offene Türen ein. »Klar, ich bin dabei!«, sagte sie und lachte übers ganze Gesicht. Unsere Begegnung war eine Sternstunde. Mittlerweile hat Rakieta zehn Animateure und Animatricen in Pétessiro ausgebildet – die Dorfbewohner hatten diese im Vorfeld selbst ausgewählt. Sie bekommen für ihre Arbeit ein Gehalt von umgerechnet 30 Euro pro Monat. Noch heute erinnere ich mich mit großen Freudensprüngen im Herzen an die Einweihung der Krankenstation. Und ein Moment hat sich mir besonders eingebrannt. Wir hatten Ehrenplätze zugewiesen bekommen und standen neben den Dorfvorstehern – alte Männer allesamt – und dem Imam. Dann trat der Imam vor. Das Dorf wurde still. Er sagte: »Beschneidet eure Kinder nicht! Das ist eine Sünde! Der Mensch ist Allahs Werk – und Allahs Werk ist perfekt. Der Mensch soll sich nicht an Allahs Werk vergehen, das ist Sünde!« Was für eine unglaubliche Sensation! Der Geistliche selbst hatte es ausgesprochen! Er hatte das Tabuwort Beschneidung ausgesprochen! Ich jubilierte innerlich und blickte glücklich zu Walter hinüber, der mir zuzwinkerte.

Noch heute muss ich unwillkürlich an Rakietas Worte bei unserer ersten Begegnung denken: »Weißt du, wie oft wir anfangs aus einem Dorf gejagt wurden, weil wir das Unaussprechliche ausgesprochen hatten? Weil wir über das weibliche Geschlecht und die Beschneidung gesprochen hatten? Uuuuh, ich will gar nicht mehr daran denken! Das ist jetzt zum Glück vorbei. Mittlerweile reden die

Frauen ohne Scheu darüber. Miteinander und auch mit anderen.«

In Pétessiro ist die Aufklärung gegen Mädchenbeschneidung definitiv angekommen – mit der Krankenstation. Bei der Behandlung dort ist es auch Bedingung, dass alle offen über das Thema sprechen. So wird das große Tabu allmählich entzaubert. Und wenn es schon der Imam offen ausspricht – dann sind wir schon große Sprünge auf einem langen Weg vorangekommen. Als wir wieder ins Flugzeug nach Deutschland stiegen, ließen wir die feiernden, fröhlichen Menschen hinter uns; wir ließen die kleine, aber feine Krankenstation hinter uns, die nun immerhin über 7000 Menschen in und um Pétessiro zugänglich war; und wir ließen die energiegeladene Rakieta hinter uns. Aber nur für ein Jahr – denn im nächsten Jahr würden wir wiederkommen. Mit neuen Koffern und auch mit Fördermitteln für unsere neuen Projekte.

USA: KLAPPE, DIE ZWEITE!

Kurz nachdem wir aus Burkina Faso zurückgekommen waren – wie immer beseelt und voller Energie –, musste ich schon wieder los. Noch einmal USA. Eigentlich war ich von meiner ersten Reise als derart gebranntes Kind zurückgekehrt, dass ich gar nicht mehr hinwollte, aber ich dachte mir: »Komm schon, Fadumo, es kann nur besser werden. Alles und jeder hat eine zweite Chance verdient!« Ich war von der Gallaudet-Universität in Washington eingeladen worden, eine vorwiegend von Afroamerikanern besuchte Universität. Ich sollte eine Vorlesungsreihe zu Mädchenbeschneidung halten, jeden Tag ein bis zwei Vorlesungen. Wieder sollte ich auf dem Campus der Uni wohnen. Kurzentschlossen dachte ich: »Ok, ich mach's!« und schrieb zurück: »Bucht mir bitte den Flug!« Ich wollte diese Reise wieder dazu nutzen, meinen Bruder zu sehen. Diesmal würde ich ihn in seinem Zuhause in Ohio besuchen – und zwar vor meinen Vorlesungen in Washington. Ich würde also erst nach Washington fliegen und von dort am nächsten Tag weiter nach Ohio, um Jama zu sehen – und dann wieder zurück nach Washington zur Universität.

Wie es der Zufall wollte, hatte mich um diese Zeit eine Frau angerufen, die mein erstes Buch gelesen und zu meiner Arbeit recherchiert hatte. Sie suchte Kontakt zu mir, denn sie war mit einem Sudanesen verheiratet, lebte auch in München und kannte die Schwierigkeiten und Freuden, die eine interkulturelle Familie mit sich bringt. Sie wollte wissen, ob ich mich auch gegen Mädchenbeschneidung im Sudan einsetze. Obwohl wir uns gar nicht kannten, lagen wir schon am Telefon auf einer Wellenlänge – und ich bot ihr das Du an. Regine und ich hatten ein sehr angeregtes

Gespräch. Weil sie einen starken amerikanischen Akzent hatte, erzählte ich noch von meiner geplanten Reise nach Washington. »Ja, das gibt's doch nicht!«, sagte sie. »Mein Sohn lebt dort. Er ist Anwalt. Weißt du was, ich ruf' ihn gleich mal an. Er soll dich vom Flughafen abholen. Er und meine super Schwiegertochter werden dich ganz wunderbar betreuen!« Ich kannte die Frau doch gar nicht, aber wir hatten uns ins Herz geschlossen. Kurze Zeit später mailte ich schon mit ihrem Sohn. »Du bist uns herzlich willkommen«, schrieb er, »wir haben ein kleines Häuschen, ein ehemaliges Arbeiterhäuschen; es ist krachbunt angestrichen und nur vier Meter breit.« Sofort schrieb ich freudig zurück, dass ich gerne käme. Ich hatte keine Sekunde gezögert und dann wurde mir doch mulmig. Ich sagte zu Jama Philip: »Du, das sind doch wildfremde Leute, was hältst du davon?!« Und er guckte mich nur amüsiert an: »Mama, das werden schon keine Massenmörder sein ...« Erst als ich im Flieger nach Washington saß, wurde mir klar, dass ich gar nicht wusste, wie David und Shanda überhaupt aussahen. Würden wir uns erkennen? Klischeehafte Vorstellungen von unproportionierten, dicken, wabbelnden Amerikanern geisterten in meinem Kopf herum. Sie wurden schließlich verdrängt von der Vorstellung, wie viele Probleme es wohl diesmal mit meiner Einreise geben würde.

Tatsächlich dauerte es wieder über zwei Stunden, bis ich meinen Stempel hatte. Es gab eine lange, unwürdige Schlange vor den Schaltern der Einwanderungsbehörde. Die Beamten behandelten die Reisenden arrogant. Alte, gehbehinderte Menschen mussten ebenso stundenlang anstehen wie Familien mit kleinen Kindern. Ein Kind musste dringend aufs Klo, durfte aber nicht und pinkelte sich schließlich an. Ein alter Mann schwang seinen Stock und rief empört: »Schämt ihr euch nicht?! Was habt ihr aus diesem Land gemacht? Wenn ihr keine Menschen hier wollt und braucht, dann macht doch die Grenzen ganz dicht!« Die Beamten beachteten ihn nicht und ließen ihn toben – weil er ein alter Mann war, der kaum mehr stehen konnte. Ich war innerlich wütend, nach außen beherrscht. Den Beamten war ich nicht mehr so suspekt; ich hatte ja bereits einen Ein- und Ausreisestempel von meinem letzten USA-Besuch im Pass – das half. Auch mein Gepäck war da; ich hätte die Dame küssen können, die mir gegen Vorzeigen meiner Bordkarte meinen Koffer aushändigte. Aber dennoch war es spät geworden, 22 Uhr. Meine Abholer waren sicher schon wieder weg. Aber nein! Da standen sie und hielten ein großes Schild hoch mit der Aufschrift: »Fadumo Korn«.

Meine naive Vorstellung vom dicken Amerikaner brach sofort in sich zusammen. Vor mir standen zwei junge, hübsche Leute, durchtrainiert, mit kurzen Haarschnitten und recht hellhäutig. David sagte in seinem perfekten Deutsch: »Ich freue mich schon den ganzen Tag auf dich!« Und ich war einfach platt. David raste mit seinem Auto durch die Stadt und entschuldigte sich ständig für sein schlechtes Deutsch – ich grinste in mich hinein. Als wir kurz vor zwölf Uhr nachts ankamen, wollten David und Shanda noch etwas Afrikanisches für uns zum Essen holen, doch der äthiopische Laden an der Ecke wollte gerade schließen. David stellte kurzerhand seinen Fuß in die Tür und der nette Verkäufer sammelte dann doch noch für uns alle Reste zusammen. In Davids und Shandas gemütlichem Haus setzten wir uns in der Küche zusammen – wildfremd und doch so vertraut – und aßen die Leckereien gemeinsam mit den Händen; so wie in Afrika. Welch wunderbare Gastfreundschaft erlebte ich mit diesen jungen Leuten! Ich bekam ein schönes Gästezimmer mit eigenem Bad und wurde verwöhnt wie ein Baby.

Am nächsten Morgen – die beiden waren schon sehr früh zur Arbeit gegangen – fand ich Tee und Zucker für mich bereitgestellt, Frühstück, Internetzugang mitsamt Telefonie-Flatrate für Deutschland. Gegen elf Uhr kam

Shanda zurück und brachte die Zutaten für ein zweites Frühstück mit – auch für meinen geliebten Shaah, den somalischen Gewürztee. Am Nachmittag sollte ich weiterfliegen nach Ohio. Bis dahin hatten wir noch Zeit und Shanda machte mit mir eine herrliche Stadtführung. Sie führte mich auch zu dem Platz, an dem einst Martin Luther King stand und seine berühmte Rede hielt: »I have a dream ...« Er träumte davon, dass es keine Rassentrennung mehr gäbe, keine Diskriminierung, dafür Gerechtigkeit und Freiheit. Eine kleine Blechplakette ist auf einem Marmorstein im Boden eingelassen – man sieht sie kaum. Ich war sehr bewegt, dass ich hier stehen und den Stein berühren konnte. Wir zwei Frauen waren so in unseren Spaziergang und unsere Gespräche vertieft, dass wir nicht merkten, wie die Zeit verging. Plötzlich blickte Shanda zur Uhr und sprang wie von der Tarantel gestochen auf: »Wir sind zu spät, komm!« Und wir rasten los zum Flughafen.

Sie fluchte auf Amerikanisch über den Stau und ich fluchte auf Bayerisch über das Gewitter, das gerade losgebrochen war – mit einer Heftigkeit, wie ich sie nur von somalischen Gewittern kannte. Auf den letzten Drücker und schimpfend wie ein Rohrspatz passierte ich die Sicherheitskontrollen – nur um am Gate zu erfahren, dass der Flug 20 Minuten Verspätung haben würde. Das war noch einmal gut gegangen, auch wenn der Flug selbst mich dann doch noch ganz schön mitnahm. Das Gewitter und die Luftlöcher beutelten das Flugzeug so stark, dass ich zu beten begann. Die Bilder der Erinnerung an den schlimmsten Flug meines Lebens stiegen in mir hoch: 1987 von München nach Somalia mit Somali Airlines. Zwischenstopp sollte in Kairo sein, doch dort wurde uns die Landung verweigert. Wir kreisten endlos. Der Pilot meldete sich: »Hier spricht der Kapitän. Die Kairoer lassen uns nicht landen, bloß weil bei uns ein Rad klemmt.« Na, der hatte Nerven! Schließlich fuhr das Rad mit einem riesigen »Rrrrumms!« doch noch aus und wir konnten landen. Nur weiterfliegen durften wir mit der kaputten Somali-Airlines-Maschine erst einmal nicht.

Dieser Flug zu meinem Bruder nach Ohio kam meinem flauen Bauchgefühl von 1987 sehr nahe. Aber schließlich landeten wir wohlbehalten. Ungeduldig hielt ich Ausschau nach meinem Bruder. Jama wollte mich doch abholen! Wo steckte er bloß? Ich wartete erst und durchsuchte dann jeden Winkel der Ankunftshalle. Schließlich ließ ich ihn ausrufen. Nichts geschah. Ich ging zu einer Telefonkabine, um ihn anzurufen. Da packte mich eine Riesenhand von hinten, wirbelte mich herum – und Jama hob mich in die Luft wie ein kleines Mädchen. Ich war erst sauer auf ihn, weil doch fast anderthalb Stunden vergangen waren, aber dann musste ich doch lachen: Jama war so aufgeregt über meinen Besuch gewesen, dass er in der Abflughalle gewartet hatte und nicht in der Ankunftshalle! Oh, dieser Schussel! Unsere Wiedersehensfreude war riesig. Und wie musste ich staunen, als ich sah, mit was für einem Auto mich Jama abholte: Es war eine schwarze, edle Mercedes-Limousine. Ich war sprachlos. Er hatte sie extra für mich gemietet. »So einen Luxus treibst du?!«, fragte ich ihn. Er strahlte mich an: »Für meine Schwester tu ich alles!«

Zu Hause wartete bereits eine Reihe Familienmitglieder, die mit Jama in die USA gekommen waren; unter anderem meine Cousine, eine Nichte mit Baby, ein Neffe – der Sohn einer meiner Brüder – und meine kleine Halbschwester, die ich als kleines hässliches Entlein von neun Jahren in Erinnerung hatte – jetzt war sie eine hübsche erwachsene Frau. Wir mussten alle so viel miteinander weinen: vor Rührung und Freude, dass wir uns wiedersahen; vor Schmerz, wenn wir von der Vergangenheit sprachen; und vor lauter Glück, dass wir lebten und einander hatten. Es waren noch andere entferntere Familienmitglieder da, die ich nur aus Erzählungen kannte.

Mein Bruder Jama eröffnete mir beim Abendessen stolz, dass alle anderen in Ohio lebenden Clan-Mitglieder – rund

30.000 Menschen – mich besuchen kommen und mich, die »Deutsche«, mit eigenen Augen sehen wollten. O weh! Als Clan-Oberhaupt hatte Jama eifrig die Werbetrommel gerührt und wollte mich stolz vorführen. Dabei wollte ich nur meinen Bruder sehen, mit ihm reden, mit ihm lachen, mit ihm weinen – aber bitte kein Brimborium! Doch ich wusste: Es war ihm wichtig, also fügte ich mich und empfing in den nächsten Tagen viele Menschen aus unserem Clan, schüttelte unzählige Hände, hörte Dutzende Geschichten – und machte meinem Bruder alle Ehre. Tatsächlich war das für mich nicht einfach. Denn auch wenn es meinem Bruder wohl ziemlich egal war, was ich anzog, hatten mir viele andere Familienmitglieder von meiner sportlich-legeren Kleidung abgeraten: »Du kannst doch die Clan-Mitglieder nicht in Jeans empfangen! Du musst dein Haupt verhüllen und lange Röcke anziehen.« Alles andere gilt in traditionellen somalischen Familien als nicht damenhaft, nicht ehrenvoll.

Ich tat es also Jama zuliebe, ich verhüllte Kopf und Körper. Er hätte mich niemals darauf angesprochen oder mich dazu überredet. Aber ich wusste, er würde bersten vor Glück und Stolz auf seine Schwester. Ich sah es an seinen leuchtenden Augen, immer wenn ich mich so anzog wie alle anderen weiblichen Clan-Mitglieder; ich sah, wie er sich freute, dass ich den Ruf der Familie und die Tradition wahrte. Als er mich eines Abends der Tochter des ehemaligen somalischen Präsidenten Siad Barre vorstellte, da salutierte er in guter alter Soldatenmanier; er erwies ihr damit seinen Respekt. Ehre, Respekt, Tradition und der Ruf seiner Familie – das war und ist wichtig für meinen Bruder. Das waren vielleicht die einzigen Werte, die er aus seiner zerbrochenen Heimat für sich in die Neue Welt hinüberretten konnte. Für mich war das schwierig, meinen Körper zu verhüllen, meine Wuschelhaare unter einem Kopftuch zu bändigen – das kannte ich nicht und tat es gegen meine innere Überzeugung. Ich empfand es als Verkleidung. Ich sah mich im Spiegel an und sagte zu meinem Spiegelbild: »Fadumo Korn, bist du das da überhaupt?!« Oder ich rätselte: »Was ist wohl so schlimm daran, wenn man meinen Hals sieht?« Außerdem verrutschte das Kopftuch ständig; ich hatte ja nie gelernt, wie man ein Kopftuch anlegt. Also rutschte es mir entweder ins Gesicht, sodass ich nichts sehen konnte, oder es schob sich nach hinten und ich stand ohne Bedeckung da. Deshalb befestigten meine Schwester und meine Cousine das Tuch irgendwann mit Haarnadeln – und das war alles andere als bequem.

Dieses muslimische Einheitsgewand gab es nicht in meiner Kindheit in Somalia. Ich war in einem toleranten und freien Islam aufgewachsen – immer mit dem Gedanken an Bildung, Bildung, Bildung. Mein einziger Kleiderzwang in Mogadischu war meine Schuluniform – damit man den Unterschied zwischen Arm und Reich nicht an der Kleidung erkennen konnte. Diese offenbar neue, mit dem Islam begründete Tradition in der Kleiderfrage war mir fremd. Und ich machte sie nur mit, weil ich in ein paar Tagen ohnehin wieder nach Washington zurückfliegen würde. Nur so konnte ich auf die Gefühle meines Bruders und meiner Familie Rücksicht nehmen. Ich warf mich also in diese Klamotten, um die Etikette zu wahren und um Respekt erwiesen zu bekommen. Als westlich gekleidete Somalierin hätte man mich bei weitem nicht so geachtet. Aber genau das brachte mich in einen Gewissenskonflikt: Ich kann als westliche, europäische Somalierin ohne Probleme meine Arbeit gegen Mädchenbeschneidung machen – aber wäre es dasselbe, wenn ich in diesem neuen, traditionellen Gewand als Gegnerin der »Tradition Mädchenbeschneidung« aufträte? Wohl kaum. Es wäre nicht glaubwürdig, ich käme mir selbst nicht glaubwürdig vor.

Heute weiß ich, dass es gut ist, wenn zwischen mir und meinem Bruder eine gewisse räumliche Entfernung liegt. Ich könnte die bedingungslose Unterwerfung unter diese unbekannte Tradition nicht auf Dauer leisten, wenn da diese ständige soziale Kontrolle durch Jamas Nähe wäre. Ich will selbst wählen können, wie ich mich kleide. Es ist für mich Ausdruck meiner persönlichen Freiheit. Ich akzeptiere natürlich, wenn sich meine Clan-Angehörigen jetzt anders kleiden wollen, aber für mich konnte ich diese Art der Verwandlung noch nicht entdecken. Doch für die paar Tage in Ohio tat ich meinem geliebten Bruder den unausgesprochenen Gefallen und wollte in langen Gewändern zu Empfängen und Besuchen. 30.000 Menschen waren es zwar nicht, aber sicher ein paar Dutzend Mitglieder meines Clans. Dennoch blieb Jama und mir genug Zeit zu reden. Wir sprachen viel miteinander. Zum ersten Mal konnte ich mit eigenen Augen sehen, wie stark die Verantwortung als Oberhaupt des Abdi Hersi-Clans auf seinen Schultern lastet: Immer achtete Jama zuerst darauf, ob es den anderen Familienmitgliedern gut ging und ob sie ihren familiären Pflichten nachkamen. Dabei übersah er regelmäßig sich selbst. Er sah so oft gestresst aus, seine Hautfarbe war dann tiefdunkel, seine Wangen hohl. Einmal fragte ich ihn: »Jama, hast du heute schon was gegessen?«, und er sah mich mit großen Augen an: »Ach, du meine Güte! Darum ist es mir so schlecht! Ich hab total vergessen, zu essen und zu trinken ...« Ich sprach mit meiner Cousine darüber und sie sagte: »Oh je, Fadumo, das ist immer so mit Jama!«

Ich bekam nun tagtäglich mit, wie Jama anrief und angerufen wurde, Probleme klärte, schimpfte, Telefonkonferenzen abhielt und Listen erstellte, damit das Familienrettungssystem effektiv arbeitete. Ich sah die enorme Belastung und konnte ihm doch nicht helfen. Er hatte auch nie gelernt, Verantwortung abzugeben; andererseits erwarteten auch alle von ihm, dass er sie alleine trug – als Oberhaupt. Jama tat und tut mir immer noch sehr leid – denn er hat ja nicht einmal seine Frau und sein Kind an seiner Seite, die ihm etwas Unbeschwertheit hätten geben können. Jedoch stützte ihn auch unser starker familiärer Zusammenhalt; wir stehen eben fest zusammen, wir denken viel aneinander und wollen uns auch oft austauschen – ob am Telefon oder per E-Mail. Wenn meine Schwester Halimo Sorgen hat und dann mit Jama telefoniert, ist sie danach wie geheilt. Und Jama selbst sagte mir einmal: »Meine Schwestern sind mein Lebenselixier.« Wir wissen, dass wir nie im Stich gelassen werden. Sollte einer von uns je arbeitslos werden oder am Hungertuch nagen, sollte einem von uns je etwas zustoßen – dann würde er vom Clan unterstützt werden, ganz klar. Und ganz normal. Dieser unerklärlich starke Zusammenhalt ist tatsächlich alles, was uns geblieben ist, als unsere Welt in Stücke barst und uns heimatlos machte.

Sogar ich, die ich jahrzehntelang frei und selbstbestimmt gelebt habe, füge mich dem Familiensystem. Nicht immer ohne Murren. Ich sage schon oft meine Meinung, wenn mir etwas nicht richtig erscheint. Und oft genug hört Jama auch auf mich; häufig fragt er mich auch direkt um Rat. Einmal hatte Jama mich aufgeregt angerufen: »Dein Halbbruder Ali ist angeschossen worden. Er wurde soeben mit zerschossenem Knie nach Nairobi gebracht – dort in Kenia ist er jetzt in Sicherheit. Er muss sofort operiert werden. Wen können wir anrufen wegen Geld?« Ich kannte meinen Halbbruder Ali gar nicht persönlich, nur von Erzählungen. Er wurde geboren, lange nachdem ich aus Somalia weg war – mein Vater hatte nach dem Tod meiner Mutter noch zweimal geheiratet. Aus diesen Verbindungen gingen meine Halbgeschwister hervor. Jamas Anruf traf mich in einer finanziell angespannten Zeit, denn in diesem Monat hatten wir schon das Blutgeld für meinen Neffen zahlen müssen, 700 Dollar. Aber ich sagte: »Jama, mach dir keine Sorgen, ich übernehme das dieses Mal. Ich habe etwas verdient, das Geld ist zwar noch nicht auf dem Konto, aber es wird schon kommen. Ich mach das.« Ich spürte förmlich, wie Jama am anderen Ende der Leitung in sich zusammensank, wie die enorme Anspannung von ihm abfiel. Ich streckte weitere 700 Dollar vor. Ali wurde operiert. Ich hatte dafür meine Kontakte zu »Ärzte ohne Grenzen« nutzen können. Er war in guten Händen, die Ärzte sagten ihm, er müsse nun eben viel Gymnastik machen. Die Familienmitglieder aber behandelten ihn wie einen Invaliden. Und das passte ihm gar nicht. In Pascha-Manier verkündete er eines Tages: »Ich ziehe wieder in den Krieg.« Als ich das erfuhr, rief ich ihn sofort an und sagte: »Mach, was du willst, aber das Knie bleibt hier. Das hab ich bezahlt!« Jama war auf meiner Seite. Ein paar Monate später zog Ali dann aber doch in den Krieg – mit Jamas Einverständnis. Denn Ali hatte so argumentiert: »Ich bin ein Mann, ein Krieger, ich muss doch für mein Land kämpfen.« Ich war richtig böse mit Ali: »Das nächste Mal musst du schon mit deinem Kopf unterm Arm ankommen, damit ich wieder für dich zahle. Für so was hab ich kein Verständnis, mein Lieber!«

Solche Geschichten wie die mit Ali passieren ja ständig in unserem großen Clan – und nur ein winziger Teil dieser alltäglichen Dramen gelangt zu mir; doch bei Jama laufen sie alle zusammen, jeden Tag aufs Neue. Jetzt sah ich diese »andere« Seite, das ständige Telefonmanagement dieser Familie, das Jama neben seinem Beruf bewältigen musste. Er selbst kam dabei nie zur Ruhe, ich merkte, wie er innerlich stets in Alarmbereitschaft war, auch wenn er versuchte, die Anspannung vor mir zu verbergen.

Wir hatten eine gute und intensive Zeit in diesen paar Tagen, die ich ihn besuchte. Wir lachten viel – aber wir weinten auch zusammen. Ich hatte einen großen Schmerz mitgebracht. Er schlummerte schon länger in mir, aber ich behielt ihn meist für mich. Ich trauerte sehr um den Tod meiner Schwester Khadija. Sie war 2001 gestorben, ohne dass ich sie je wiedergesehen hätte. 1987 hatten wir uns zum letzten Mal gesehen, als ich in Somalia meine Familie besuchte. Später versuchte ich Khadija zu überzeugen, zu mir nach Deutschland zu kommen. Doch immer kam etwas dazwischen. Khadija lebte bei meinem Onkel Abdulqadir, den sie über alles liebte. Und sie wollte meinen Bruder und dessen Kinder wohl nicht alleine lassen. Immer wieder vertröstete sie mich. Ich war ihr zunächst böse deswegen. Doch Khadija lebte für unsere Brüder. Deshalb leiden auch meine Brüder so an ihrem Tod, denn sie wissen: Sie hatte sich für sie aufgeopfert. Sie hatte ihr eigenes Leben für den Zusammenhalt der Familie aufgegeben. Khadija hatte es aber auch selbst so gewollt. Sie wollte nie heiraten, bei Männern war sie sehr wählerisch. Als sie 1986 Walter kennenlernte – ich stellte ihn meiner Familie vor, als wir schon zwei Jahre verheiratet waren –, da sagte sie zu mir: »Fadumo, du hast Glück. Dein Mann hat dich gesucht und gefunden.«

Khadija selbst hatte immer einen Grund gefunden, um nicht heiraten zu müssen. Als ich heiraten wollte, sprach ich vorher offen mit ihr, denn eigentlich hätte erst die Ältere – also Khadija – heiraten müssen, bevor ich an die Reihe hätte kommen können. Es war mir unangenehm, diese Reihenfolge zu überspringen, aber meine Schwester nahm mir sofort die Bedenken. Am Telefon sagte sie: »Da kannst du lange auf mich warten! Du wirst alt und grau sein, bevor ich heirate. Aber meinen Segen hast du, wenn du heiraten willst.« Ich war sehr froh, dass meine Schwester so offen zu mir war. Ihre Ansprüche waren hoch: Männer, die für sie infrage gekommen wären, hätten so sein müssen wie unsere Brüder – besondere Männer. Und die gab es eben nicht in ihrem Leben. Als ich dann ein Jahr später das letzte Mal in Somalia war, sah ich Khadija sehr glücklich. Sie lebte zu der Zeit noch bei meinem Onkel und hatte alle Freiheiten. Sie hätte heiraten können – Kandidaten gab es genug –, aber sie wählte die Freiheit. Dann brach der Bürgerkrieg aus. Erst musste sie mit meiner Nichte und einigen Neffen vor den Kämpfen fliehen und war wochenlang verschollen, dann stürzte sie bei einer weiteren Flucht von einem Lastwagen; sie brach sich dabei Finger und Zehen, ihre Zehen entzündeten sich und mussten später im Flüchtlingslager amputiert werden. Dort infizierte sie sich mit Hepatitis. Aber sie lebte. Ich schickte ihr – soweit es ging – Geld und Medikamente, aber es gelang nur unregelmäßig. Wochenlang hatten wir keinen Kontakt. Schließlich flog ein befreundeter Pilot nach Nairobi, wo sich Khadija gerade aufhielt. Ich gab ihm ein Päckchen mit Geld für Medikamente und einer eilig besprochenen Kassette mit. Zu spät. Als der Pilot ihr das Päckchen übergab, war sie schon zu schwach. Trotzdem hatte sie ihm einige Kleinigkeiten für uns mitgeben können, ein kleines Armband und ein paar Fotos von sich – ich kann sie bis heute nicht ansehen; Khadija sieht darauf schon mehr tot als lebendig aus. Sie starb in der Nacht desselben Tages an einer Leberzirrhose – ohne schmerzlindernde Medikamente.

Die Nachricht von ihrem Tod erreichte mich erst am nächsten Tag. Doch Tausende Kilometer weiter nördlich in München hatte ich es schon gespürt – ohne zu wissen, warum ich plötzlich mitten in der Nacht von einer starken inneren Unruhe aus dem Tiefschlaf gerissen worden war. Sie trieb mich ans Wasser; zusammen mit meiner Freundin Gudrun, die gerade bei uns zu Gast war und die ich geweckt hatte, ging ich los in Richtung Isar. Das Wasser der Isar zog mich geradezu magisch an. Vielleicht war es eine Art Begegnungsstelle in der freien Natur, ein Berührungspunkt zwischen mir und meiner Schwester, die aus der Welt der Lebenden schied. Wie hypnotisiert stand ich am Ufer. Gudrun ließ mich, sie sagte nichts und wartete. Irgendwann wurde mir bewusst, dass wir zwei Frauen mitten in der Nacht ohne Handy, ohne Ausweis, ohne Geld am Ufer der Isar standen. Leise Angst kroch in uns hoch und wir machten uns auf den Heimweg. Gudrun sagte: »Fadumo, ich kann Judo!« Und ich sagte – erlöst lachend: »Und ich kann Voodoo. Also passiert uns nichts.« Die Unruhe war weg, der Bann war gebrochen und das Rätsel löste sich am nächsten Morgen, als mich mein Bruder anrief und mir den Tod meiner Schwester mitteilte. Die Nachricht traf mich wie ein Keulenschlag. Ich war den ganzen Tag wie betäubt.

Schwestern, die Töchter derselben Mutter sind, haben in unserem somalischen Weltbild eine ganz besonders enge Bindung. In Somalia sagt man, dass Schwestern deshalb so innig miteinander verbunden sind, weil die ältere Schwester ein Stückchen Nabel im Bauch der Mama zurücklässt für die jüngere. Eine Art Andockstelle also für die nächste Schwester. Das gilt aber nur für Mädchen. Wenn die Mama wieder schwanger wird, wächst das neue Mädchen am Restnabel der älteren heran. Und deshalb können leibliche Schwestern später den Schmerz der anderen so genau mitempfinden. Ich glaube fest daran, dass es bei Khadija und mir so war. Wie sonst hätte ich den Tod meiner Schwester spüren können, in der Nacht, in der sie starb?

Bis heute vergeht kein Tag, an dem ich nicht 20, 30 Mal an Khadija denke. Ich hatte ja keinen Abschied von ihr genommen – Khadija ist deshalb für mich auch gar nicht tot. Ich spüre sie immer noch. Anfangs hatte ich noch sehr darunter gelitten, dass ich keinen Abschied von ihr hatte nehmen können. Mittlerweile bin ich mir gar nicht so sicher, ob ich sie überhaupt loslassen muss. Sie kann doch ruhig bei mir sein. Warum soll ich nicht die schönen Gefühle und ihren Duft in meiner Nase haben? Warum nicht ihr Lachen bewahren? Seit ich dieses Gefühl habe, dass sie ein Teil von mir geworden ist, schnuppere ich manchmal nach ihr, suche ihren Duft. Wenn mir das in der Münchner S-Bahn passiert, gucken die Leute oft verwundert. Bestimmt denken sie: »Ooch, die hat bestimmt was geschnupft!« Und ich lächle dann und sage in mich hinein: »Komm, Khadija, sei bei mir. Ich zünde dir eine Kerze an, du kannst kommen.« Zu Hause gehört es ja zu meinem Ritual, gleich eine Kerze anzuzünden. Und manchmal kommt Khadija dann und ist um mich. Ich hatte sonst keine weitere leibliche Schwester – meine Halbgeschwister stammen aus den anderen Ehen meines Vaters –, es wäre doch schlimm, sie würde mich alleine lassen. Manchmal aber denke ich schon, ich spinne; und es ist vielleicht nicht in Ordnung, so zu fühlen, wie ich fühle. Deshalb wollte ich bei meinem Besuch bei Jama auch unbedingt mit ihm darüber reden. Jama hörte sich das alles an. Dann mussten wir beide weinen in Erinnerung an Khadija. Nachdem wir uns wieder beruhigt hatten, sagte Jama: »Das ist doch in Ordnung, wenn du deine Schwester so spürst. Ihr kommt ja aus einer Nabelschnur. Wenn sie für dich nicht tot ist, ist das bestimmt nichts Verbotenes.« Sicherheitshalber und auf meine Bitten hin schlug er aber doch einmal im Koran nach, unserem heiligen Buch. »Nein«, sagte er wieder, »da steht nichts davon drin, dass das verboten ist.« Und wieder zitterten ihm die Lippen und seine warmen Augen wurden feucht. Seit dieser Zeit habe ich kein schlechtes Gewissen mehr, wenn ich an Khadija denke. Ich bin mir sicher, sie unterstützt mich seelisch und sie begleitet mich. Sie ist mehr als ein Schutzengel für mich. Meine große Schwester ist etwas Wunderbares.

Schließlich hieß es wieder, Abschied zu nehmen von Jama und meiner somalischen Sippe in Ohio – ich musste zum Flugzeug zurück nach Washington. Beim Abschied umarmte ich meine Halbschwester Dama fest. Da stieg er mir wieder in die Nase, dieser typische Duft meiner Familie, aber vor allem ein Hauch von Khadijas Duft. Auch wenn Dama »nur« eine Halbschwester ist und wir keine gemeinsame Nabelschnur teilten, ist unsere Bindung doch sehr eng. Ich hielt sie dann auf Armlänge von mir und betrachtete sie noch einmal genau. Ja, in ihr war mein Vater, ganz eindeutig. Er hatte seine Gene gut verteilt: Seine Kinder und Enkel sehen ihm alle sehr ähnlich. Ein letzter herzhafter Kuss – und ich passierte die Sicherheitskontrollen.

Als ich in Washington landete, war ich wieder in den USA meiner Vorstellungen: Diesmal holten mich zwei lustige, runde Leutchen ab, die mich sehr lieb und gastfreundlich empfingen. Sie hatten mir eine schöne Hotel-Suite mit Balkon und Bad besorgt – und nach all dem Familientrubel tat es mir richtig gut, wieder einmal für mich zu sein. Ich konnte mich in Ruhe auf meine Lesungen vorbereiten. Doch das wäre gar nicht nötig gewesen. Denn als ich erfuhr, wo meine Lesungen stattfinden würden, ahnte ich schon, dass wir improvisieren müssten. Die Studenten an der Gallaudet-Universität waren nämlich alle gehörlos. Wie sollte ich also mein Buch mit verteilten Rollen lesen lassen? Ich versuchte zunächst, die ersten Passagen aus meinem englischen Buch alleine vorzulesen. Aber bis das alles in Gebärdensprache übersetzt wurde, verging zu viel kostbare Zeit. Also entschloss ich mich kurzerhand, die Lesung in einen Spontanvortrag umzuwandeln. Ich klappte mein Buch zu, stellte mich hin und erzählte einfach drauflos. Ich sprach Deutsch, meine Dolmetscherin übersetzte es auf Englisch. Eine Hörende, die im Publikum saß, übersetzte es zur Bühne hin in Gebärdensprache. Dort stand eine weitere Gebärdensprecherin und zeigte es dann ins breite Publikum. Auch das verzögerte den Vortrag stark. Außerdem konnte ich mich kaum konzentrieren und verlor oft den Faden, denn in diesem Hörsaal herrschte eine unglaubliche Geräuschkulisse. Coladosen wurden mit lautstarkem Ploppen und Zischen geöffnet, Türen aufgerissen und zugedonnert; die gehörlosen Studierenden konnten diese Geräusche ja alle nicht hören und wussten nicht um ihre irritierende Wirkung. Und sie machten auch selbst – mir bislang völlig fremde – Geräusche: Ihr Lachen und ihre »Begeisterungsrufe« hörten sich anders an als die von Menschen, die hören und sprechen können. Anstatt Beifall zu klatschen, drehten sie ihre Hände über dem Kopf hin und her. Drei Tage lang und manchmal zweimal am Tag ging das so. Was für eine intensive und absolut interessante Erfahrung!

Bei einem dieser Vorträge lernte ich auch einen jungen somalischen Studenten kennen, der mit einem amerikanischen Stipendium hier in Washington studierte. Er wollte hier die englische Gebärdensprache lernen und dann später somalische Gehörlose in USA unterrichten. Dieser Junge wollte mir ein paar Zeichen der somalischen Gebärdensprache beibringen. Aber ich zeigte ihm nur meine krummen Finger und sagte: »Guck, damit kann ich deine Sprache leider nicht lernen ...« Aber ich schmunzelte in mich hinein, denn der Junge weckte in mir eine Erinnerung an das aufregende Leben in Mogadischu bei Tante Madeleine und Onkel Abdulqadir. Wir hatten damals einen taubstummen Gärtner. Seine Gebärdensprache machte auf uns Kinder großen Eindruck. Er brachte uns auch ein paar Wörter und Sätze bei – aber nie konnten wir sicher sein, ob das auch astreine Ausdrücke waren oder vielleicht irgendetwas Anzügliches. Ich erinnerte mich sogar an ein, zwei Gebärden, traute mich aber nicht, sie vor diesem jungen Mann zu wiederholen – aus denselben Bedenken wie damals im Garten von Onkel Abdulqadir.

Als ich von dieser perfekt organisierten USA-Lesereise nach München zurückkehrte, wartete schon wieder ein voller Schreibtisch und ein überlaufendes E-Mail-Postfach auf mich: Anfragen zu Vorträgen, Interviews fürs Radio und natürlich Hilferufe von meinen Schützlingen im Flüchtlingsheim. Um acht Uhr morgens übersetzte ich am Telefon für eine Frau, die eine Magenspiegelung bekommen sollte. Danach tröstete ich eine somalische Mutter, deren halbwüchsiger Sohn erst um fünf Uhr früh heimgekommen war. Ich sprach gleich danach mit dem Polizei-Jugendberater und fragte ihn, wie man nun diesen Jungen auffangen könne, denn er bewegte sich definitiv in eine problematische Richtung.

Ich nahm mir für den Nachmittag vor, den Jungen zu Hause aufzusuchen und ihm gehörig den Kopf zu waschen. Dann würde ich den Sozialarbeiter einschalten. Schnell noch ein paar E-Mails beantworten und dann rein in die Klamotten. Ich musste ins Männergefängnis Stadelheim;

ein jugendlicher Straftäter aus Somalia sollte von der Polizei vernommen werden. Obwohl ich das Gefängnis von unzähligen Einsätzen gut kannte, hatte ich beim Betreten auch dieses Mal wieder ein mulmiges Gefühl. Ich musste all meine Sachen abgeben – und dabei stieg ein leichtes Unwohlsein in mir auf: »Jetzt hab ich keinen Ausweis mehr dabei. Hoffentlich behalten die mich nicht da.« Ich sagte das auch mit einem Schmunzeln zu dem Kripobeamten, für den ich übersetzen sollte. Er antwortete lachend: »Keine Angst, Frau Korn. Sie sind doch eine Frau. Sie wissen doch, das hier ist ein Männergefängnis. Wir behalten Sie nicht da.« Dann wurde ich in die hermetisch gesicherte Verhörzelle geschleust. Ich sah jetzt den jugendlichen Täter – und es passierte, was mir oft passiert. Ich erkannte in ihm ein Kind wieder, dem ich vor Jahren geholfen hatte, als er gerade erst nach Deutschland geflüchtet war – ganz alleine. Jetzt sah ich einen Halbwüchsigen vor mir; er war ein schöner Mann geworden. Der 1,90 Meter riesige Junge erkannte mich sofort. Und er brach regelrecht zusammen. Er fiel vor mir auf die Knie, er begann zu weinen. »Verzeih mir«, schluchzte er, »verzeih mir, dass ich dich in eine solche Lage bringe. Bitte verzeih mir, dass ich deine Seele verletze, wenn du jetzt für mich übersetzen musst!« Die Kollegen von der Kripo sahen mich bestürzt an. Sie wussten nicht, was hier vor sich ging. »Frau Korn, sind Sie mit dem Täter etwa verwandt oder bekannt?!« Und ich sagte: »Nein. Das war mal ein kleiner Junge, den ich betreut hatte, als er nach Deutschland kam. Er hatte damals alle Chancen dieser Welt.« Und ich ergänzte für mich: Und mit seiner Tat hat er sie verspielt. (Aufgrund meiner Schweigepflicht als Dolmetscherin kann ich hier nicht mehr zu den Hintergründen sagen.)

Nach dieser Übersetzung brauchte ich zwei Stunden Ruhe und einen starken Tee, um mich wieder zu fangen. Meine Gedanken kreisten darum, wie ich dem Jungen noch helfen könnte in seiner Situation. Ich schaltete ein paar ältere somalische Männer ein, die ihn besuchen würden, mit ihm reden. Damit seine Seele vielleicht noch eine Chance bekäme, nicht ganz verloren zu gehen. Wir würden auf diese Weise seine Wurzeln zur somalischen Kommune wieder herstellen, doch gegen die Verbrechen, die er begangen hatte, konnten wir nichts tun. Dafür muss er die Verantwortung alleine tragen. An diesem Nachmittag fühlte ich mich nicht mehr imstande, dem anderen Jungen, dessen Mutter mich am Morgen angerufen hatte, eine Moralpredigt zu halten. Ich war bestürzt, berührt und ausgelaugt von der Übersetzung im Gefängnis und immer noch müde von meinem Jetlag nach der USA-Reise. Ich verschob meinen Besuch bei dem Jungen auf den nächsten Tag – da würde ich meine Moralpredigt mit frischer Kraft halten können – und verordnete mir für den Rest des Nachmittags Freizeit. Ich wusste ja, was mir helfen würde, wenn mir die Energie auszugehen drohte: eine Kerze; das Gefühl, meine Schwester um mich zu haben; mein Mann Walter und mein Sohn Jama Philip.

TOD IN DORI

Und wieder war es Februar, diesmal 2009. Obwohl wir erst zum zweiten Mal nach Burkina Faso fuhren, war die Reise uns schon fast zur lieben Gewohnheit geworden. Walter und ich freuten uns schon, wieder in das Land zu fahren, in dem sich die Menschen mit »Laafi!« – Friede! begrüßen. Diesmal hatten wir Freunde auf Reisen mitgenommen, Regina und Ludwig. Sie haben ein Optikergeschäft in Wesel und hatten eine Riesenladung Brillen mitgebracht: Knapp 300 Brillengestelle umfasste ihre Hilfslieferung im Rucksack. Wir hatten wieder zwei große Koffer mit Medikamenten dabei – insgesamt 60 Kilo – und wieder erlebte ich daran die Relativitätstheorie in ihrer praktischen Umsetzung: Was in Deutschland noch riesig und schwer war, wirkte hier nurmehr wie eine Miniatur.

Die Krankenstation in Pétessiro machte sich prächtig. Von unserem vergangenen Besuch hatte Walter so schöne Fotos mitgebracht, dass wir daheim ein paar Vernissagen veranstalten konnten, auf denen wir die Fotos für einen guten Zweck verkauften. Wir machen das bis heute so. Der Erlös – mehrere Tausend Euro – geht dann direkt und ohne Abzüge an Kathrin Seyfahrts Hilfsorganisation »Wunschträume«. Unsere Reisen nach Burkina Faso finanzieren wir selbstverständlich aus eigener Tasche. Seit 2008 sind wir nun schon dabei, die Krankenstation »Hoffnung für immer« mit zu unterstützen. Wir zeigen den Spendern die Fotos, die Walter auf unseren Reisen macht, um die großartige Entwicklung zu dokumentieren, die die Krankenstation genommen hat und noch nehmen wird. So können alle sehen, wo ihr Geld bleibt, dass es gut und nachhaltig angelegt ist in der »Hoffnung für immer«. Aber wir wollen mit den Fotos auch zeigen, woran es noch fehlt. Nach unserem ersten Besuch in Pétessiro hatten wir zum Beispiel in einer Vernissage dafür geworben, den Bau eines Brunnens in Pétessiro mit Spenden zu finanzieren. Denn das fehlt der Krankenstation bis heute: sauberes Wasser, um sich richtig die Hände waschen und die Bestecke schnell und gründlich reinigen zu können. Gäbe es einen Brunnen, könnten auch mehr Menschen behandelt werden, denn die Krankenstation erfreut sich regen Zulaufs. Doch ein solcher Brunnen kostet rund 10.000 Euro und noch sind wir dabei, die Spendenmittel dafür aufzutreiben.

Bei unserer zweiten Reise im Februar 2009 wollten wir nicht nur in Pétessiro nach dem Rechten sehen; wir wollten auch ein Mädchen aus Burkina Faso nach Deutschland schicken, damit es in Duisburg operiert werden konnte. Ich hatte dieses Mädchen im Jahr zuvor bei meinem ersten Besuch kennengelernt. Meine Freundin Katrin Rohde, von der noch ausführlich die Rede sein wird, hatte damals zu mir gesagt: »Komm, wir besuchen einen kleinen Engel!« und ich war mit ihr gefahren. Es handelte sich bei dem kleinen Engel um ein damals sechsjähriges Mädchen, das schwerste Brandverletzungen am Gesicht und an den Armen erlitten hatte. Dieser Anblick schockierte mich zutiefst. Ich sah ein Kind ohne Gesicht; es hatte keine Augenlider, keine Nase und fast keine Lippen mehr. Lediglich zwei unglaublich freche Augen schauten mich mit festem Blick an. Mir wurde schwindlig. Ich erstarrte, konnte aber meinen Blick nicht abwenden. Der kleine Engel mit dem zerstörten Gesicht breitete die Arme aus, als er Katrin Rohde sah. Und sagte »Mama«. Katrin nahm die Kleine hoch, umarmte sie und küsste sie sehr vorsichtig auf den einbandagierten Kopf. Dann reichte sie ihr eine kleine Tüte mit Bonbons und wandte sich anschließend an die Schwester und den Arzt – denn die Bandagen hätten schon längst gewechselt werden sollen. Dieser Verbandwechsel ist allerdings extrem schmerzhaft, denn auch die wunde Kopfhaut kann dadurch abgezogen werden, wenn man nicht eine kühlende und gleichzeitig schmerzlindernde Flüssigkeit anwendet. Das jedoch kostet Geld. Aber der arme Vater des Kindes, der von Katrin Rohde unterstützt wird, hätte sich das niemals leisten können. Hand in Hand gingen wir drei in die Behandlungsräume. Die Kleine kannte diese schmerzhafte Prozedur schon und fing sofort zu weinen an. Sie wollte sich losreißen, aber Katrin zeigte ihr noch eine kleine Tüte mit Bonbons. Sie sagte zu ihr: »Das ist für dich, mein kleiner Schatz. Sei tapfer!« Katrin bezahlte die Infusionen und die schmerzlindernde Lösung: Der Kleinen wurde eine Nadel gelegt, durch die eine leichte Narkose strömte. Das Mädchen schlief sofort ein. So konnte der Verband der Kleinen gewechselt werden, ohne dass sie Schmerzen litt.

Katrin und ich verließen das Krankenhaus. Als wir zum Auto kamen, brach ich in Tränen aus. Katrin nahm mich in ihre Arme und sagte: »Aber Schnucki, was ist mit dir?« (Schnucki – so nennt sie mich immer und anfangs war ich noch empört darüber. Doch seitdem ich weiß, dass der alte Schlager »Schnucki, ach Schnucki, komm fahr ma nach Kentucky« seit den Kindertagen ihres Sohnes zu ihren besonderen Lieblingsliedern zählt, bin ich damit ganz versöhnt.) Das Gesicht des Kindes ließ mich nicht mehr los. Diese lebendigen Augen hatten in mir den Wunsch geweckt, ihr zu helfen – egal wie. Als wir dann wieder in Deutschland waren, hatte ich Fachärzte für Brandopfer kontaktiert und nach einer Lösung für den Engel ohne Gesicht gesucht. Ich machte alle Beteiligten und Unbeteiligten halb wahnsinnig – auch Katrin Rohde, die irgendwann sagte: »Schnucki, dann versuchen wir's eben gemeinsam!« Ein ganzes Jahr lang hatten wir uns bei Spendern, Behörden und Krankenhäusern dafür eingesetzt, dass dieses Mädchen eine Operation bekommen könne, nun – im Februar 2009 – war in Deutschland alles bereit: Der Arzt in Duisburg würde sie operieren und auch die bürokratischen

Hürden waren weitgehend überwunden. Wir mussten das Mädchen nur noch auf seinen buchstäblich letzten Metern begleiten – und ins Flugzeug setzen. Es war ein Tag der Freude, als der kleine Engel nach Deutschland flog. Bis heute lebt das Mädchen in Duisburg – sie muss noch einige Operationen über sich ergehen lassen. In dieser Zeit wohnt sie bei lieben Menschen. Denn dank Katrins Talent, Menschen zu gewinnen, gibt es viele, die uns helfen. Dem kleinen Engel wieder Flügel zurückgeben zu können, war einfach eine perfekt organisierte Rettungsaktion.

Wir hatten uns beim zweiten Besuch in Burkina Faso auch vorgenommen, neue, uns unbekannte Winkel dieses schönen Landes zu bereisen. Während der ersten Tage hatten wir in einem Kinderheim Quartier bezogen. Es war eines der Heime, die Katrin Rohde gegründet hatte, die in ganz Burkina Faso berühmte »Mama Tenga«, wie sie genannt wird. Katrin Rohde ist Hamburgerin, die Anfang der 90er-Jahre nach Burkina Faso gegangen war, um dort Kindern ein Heim zu geben, eine Ausbildung – aber vor allem: Hoffnung, Halt und Liebe. Mehrere Hundert Kinder aus ganz Burkina Faso betreut sie mittlerweile in ihrer Hilfsorganisation AMPO – in Waisenhäusern, Straßenkinderprojekten und Mädchenprojekten in der Hauptstadt Ouagadougou und auf dem Land. Sie setzt sich für die Zukunft der Kinder ein. Ich hatte Katrin Rohde bei einem Vortrag in München kennengelernt und wir waren Freundinnen geworden. Zunächst wohnten wir im Waisenhaus für Mädchen, nach drei Tagen wechselten wir ins Jungenheim hinüber, denn da war es leiser. Es gab keinen Komfort, keine Fenster, dafür aber Aluminium-Lamellen, die viel Staub hereinließen. Wir bekamen den lebhaften Alltag der Kinder voll mit. Fünf Uhr früh aufstehen. Kinder tobten durch die Anlage, Lachen und Gespräche hallten über den Hof – an Schlaf war nicht mehr zu denken. Wir wurden von unseren jungen Mitbewohnern sehr herzlich aufgenommen, ständig fragten sie uns auf Französisch: »Alloooo? Wie geht's?«

Ein unglaublicher Trubel, kein bisschen Ruhe. Walter fotografierte tagsüber alles und dokumentierte, was Katrin Rohde, diese energische Frau mit Riesenherz, hier aufgebaut hatte. Doch zum Schlafen gingen wir nach einer Woche zu einem Bekannten, wo wir privat wohnen konnten. Eines Tages fragte uns Katrin, ob wir nicht mitkommen wollten in den Norden des Landes. Dort lebten ein paar Hundert Tuareg, denen Katrin Rohde eine größere Hilfslieferung zukommen lassen wollte. Diese Tuareg leben unter erbärmlichen Bedingungen dort in der Sahelzone und sind auf Spendenlieferungen angewiesen, um überhaupt überleben zu können. Die meisten Europäer sehen in den Tuareg die stolzen blauen Ritter der Wüste. Aber in Westafrika sieht man sie ganz anders – sie sind dort schlicht unbeliebt, ja sogar verhasst. Als nomadisierendes Hirtenvolk scheren sie sich nicht um Landesgrenzen, die in ihren Augen willkürlich gezogen worden sind – quer durch ihre jahrhundertealten Wanderwege und Weideflächen. Wie eh und je überschreiten sie auf ihren Weidezügen die Grenzen mit ihren Herden und werden deshalb in Ländern wie Mali oder Niger regelrecht gejagt. Auch in Burkina Faso begegnet man ihnen nicht wohlwollend. Im besten Fall werden sie geduldet. Als Katrin Rohde uns von den menschenunwürdigen Behausungen erzählte und von ihrem Dahinvegetieren in der Wüste, da war uns klar: Aus den stolzen Rittern der Wüste waren Bettler der Wüste geworden.

In Katrins Kinderheim lebten auch ein paar Tuareg-Kinder, weil es ihren Familien so schlecht ging, dass sie sich nicht um sie kümmern konnten. Für diese Tuareg-Familien hatte Katrin nun einen spontanen Hilfstransport zusammengestellt. Als sie uns fragte, ob wir mitkommen wollten, sagten wir sofort begeistert zu. Wir würden für unseren langen Weg nach Norden auch belohnt werden mit einer großen Sensation: dem Viehmarkt von Gorom-Gorom an der Grenze zu Niger. Ich würde endlich wieder Kamele se-

hen! Der Kamelmarkt von Gorom-Gorom ist weithin berühmt. Und ich liebte Kamele doch so sehr! Bei uns in Somalia gibt es viel mehr Lieder über die Schönheit eines
Kamels als über die einer Frau. Es sind nicht nur wertvolle
und nützliche Tiere, sondern auch unglaublich schöne; ich
wollte noch einmal im Leben einem Kamel wieder in seine
sanften Augen blicken!

Um halb fünf in der Früh ging es los – noch in der
Dunkelheit wurden wir abgeholt. Hubert, ein Einheimi-
scher, der schon lange für AMPO arbeitete, war unser
Chauffeur. Wir fuhren in einem geschlossenen Jeep hinter
Katrins Pick-up her, in dem sie und ihr Assistent saßen. Die
Ladefläche war vollgestapelt mit Hilfsgütern. Wir hatten
eine lange Strecke vor uns – fast 500 km – und wollten den
Staus der Hauptstadt entkommen, die schon früh einsetzen. Und wirklich: Noch nie hatte ich Ouagadougou so
friedlich erlebt. Tagsüber ist die Hauptstadt von Burkina
Faso unglaublich quirlig: Ampeln stehen offenbar nur als
Dekoration herum, keiner hält sich daran, überall sieht
man Unfälle. Auch ich wäre beinahe einmal zu Fuß mit
einem Fahrradfahrer zusammengestoßen. Ich dachte, er
hatte mich gesehen und würde anhalten. Nichts da: Er
hatte mich sehr wohl gesehen, aber er fuhr einfach weiter.
In Zukunft ging ich immer hinter dicken Frauen in Dek-
kung, wenn ich die Straße überqueren wollte.

Wir ließen Ouagadougou schnell hinter uns; die Über-
landstraßen waren gut ausgebaut und wir kamen rasch
voran. Die Strecke war nicht sehr befahren. Als die Sonne
aufging, tauchte sie die afrikanische Steppenlandschaft in
ein rot-goldenes Licht. Es ist für Walter die schönste Zeit
zum Fotografieren – zusammen mit der Abenddämme-
rung –, weil da das Licht so besonders rot ist. Im afrikanischen Morgenlicht erreichten wir die Stadt Bani. Sie ist
berühmt für ihre sieben Moscheen auf sieben Hügeln. Die
Moscheen hier in Nordafrika waren so anders, so schön
gebaut: aus Holz und Lehm und mit in die Höhe ragenden

242

Lehmtürmen. Beim Anblick dieser Moscheen erfasste mich Frieden, ein starkes Glücksgefühl und eine große Ruhe. Mit schönen Schals auf unseren Köpfen betraten wir eine Moschee. Als wir wieder herauskamen, waren wir alle ganz verklärt. »Schnucki, komm, steig ein, wir fahren weiter!«, rief Katrin mir zu. Ich und die anderen – Regine, Ludwig und Walter – stiegen in unser Auto und wurden von Katrin noch mit Bonbons für unterwegs versorgt. Katrin und ihr Assistent fuhren wieder voraus.

In unserem Auto ging es fröhlich zu: Wir sangen und erzählten uns Witze. Wir fuhren auf einer schnurgeraden, ausgebauten Straße, die rechts und links von einer grandiosen Landschaft gesäumt war: meine geliebten Schirmakazien und riesige Affenbrotbäume, die aussahen, als hätte man sie mit den Ästen voran in den Boden gesteckt. Ich könnte solche Bäume einfach nur umarmen. Wir legten ohnehin eine Pause ein und machten Brotzeit. Es gab Weißbrotstangerl, Tee, Kaffee und Säfte. Derart gestärkt fuhren wir weiter, lachend, heiter, unbeschwert. Auf unserem Weg standen überall am Straßenrand zahlreiche Kinder und Erwachsene. Sie winkten uns freundlich zu, nicht zuletzt, weil an den Türen unserer Fahrzeuge lustige Strichmännchen aufgemalt waren – das Logo von AMPO, Katrin Rohdes Kinderhilfswerk. Wir glitten dahin, noch hatten wir eine gute und befestigte Straße unter unseren Rädern. Doch bald schon, kurz hinter der nächsten Ortschaft Dori, würde die Straße zu einer Wellblechpiste werden, auf der wir dann die letzten 80 Kilometer zurücklegen müssten. Unsere gute Laune trug zu unserer unbeschwerten Fahrt noch bei: Wir lachten, scherzten und freuten uns schon auf Gorom-Gorom. Doch dort sollten wir nie ankommen.

Plötzlich ein Knall. Ohrenbetäubend. Ein heftiger Schlag. Walter schreit auf. Mein Kopf kracht gegen den Holm neben Walters Sitz. Das Auto schlingert. Ich sehe raus: Eine schwarze Gliederpuppe fliegt vorbei, ein Sekundenblick di-

rekt in ungläubig aufgerissene Augen. Gehören sie zu der
Gliederpuppe? Jetzt schießt sie aus meinem Blickfeld. Wir
kommen von der Straße ab, rasen auf den Straßengraben
zu. Dort sitzen doch Menschen! Was macht dieser Chauf-
feur...?! Jetzt reißt Hubert das Lenkrad herum, ein Baum
kommt direkt auf uns zu, wir rasen ihm entgegen. Brems,
Mensch, brems doch!!! Stop. Wir stehen. Endlich Still-
stand. Hubert reißt seine Tür auf, stürzt hinaus, rennt los.
Rennt Katrins Pick-up hinterher, schreit: »Mama, Mama,
Mama!« Der Pick-up ist schon so weit weg ... Neben mir
Walter: »O Gott, sie ist tot, o Gott, sie ist tot, o Gott, sie
ist tot ...!« Wer denn?! Was?! Ich blicke nach hinten. Und
sehe das Kind. Keine Gliederpuppe. Ein kleiner Mensch.
Ein Mädchen liegt da auf der Straße. Hatten wir ein Mäd-
chen totgefahren?! Nein – ihr Brustkorb hebt und senkt
sich doch noch. Ich sehe es ganz deutlich! Sie liegt wie auf-
gebahrt auf dem Asphalt, 30 Meter hinter uns. Wieso bin
ich wie gelähmt?? Ich kann mich nicht bewegen; wie ge-
bannt schaue ich nach hinten, kann meinen Blick nicht ab-
wenden. Ich muss doch etwas tun! O Gott, hilf ...! Was
wollen all die Menschen? Es werden immer mehr. Alle
schweigen. Warum schweigen sie alle? Warum sagt keiner
was? Jetzt kommen sie direkt auf uns zu .... Die bringen
uns um, die bringen uns um ...! Ganz klar. Weil wir ihr
Mädchen umgebracht haben. O Gott ... Katrin! Hilf!

Und dann kam Katrin. »Bleibt im Auto«, rief sie knapp
durchs Autofenster, »macht alle Fenster und Türen zu!« Sie
ging hinüber zu dem Menschenauflauf und sagte laut:
»Wir sind nicht in euer Land gekommen, um Kinder zu
töten, sondern um Kinder zu retten. Wir sind nicht in euer
Dorf gekommen, um ein solches Unglück über euch zu
bringen!« Dann trat sie auf das Mädchen zu. Da löste sich
eine Frau aus der Menge. Auch sie sprach laut, dass es alle
hören konnten: »Dieser Unfall war unvermeidbar. Das
Mädchen ist euch direkt ins Auto gelaufen, mit gesenktem

Kopf. Ich habe es ganz deutlich gesehen. Ihr hattet keine Chance. Ihr könnt nichts dafür.« Die Menge, die sich auf uns zubewegte, blieb stehen. Alle standen still. Jetzt ging auch die Frau zu dem Mädchen hinüber. Dort war mittlerweile ein prächtiger alter Mann eingetroffen, vermutlich der Dorfälteste. Er trug ein wunderschönes, längsgestreiftes Gewand, einen weißen Hut und wackelte mit seinen O-Beinen auf einen Stock gestützt zu der Kleinen. Erst umrundete er den reglosen Körper des Mädchens, dann setzte er sich zu ihren Beinen nieder. Er legte die Hand auf ihren Kopf, auf die von uns abgewandte Seite. Es herrschte eine ohrenbetäubende Stille. Das Mädchen sah aus unserer Richtung völlig unversehrt aus. Sie trug ein orangefarbenes verwaschenes T-Shirt und einen bunten Wickelrock. Sie lag da, als ob sie schliefe. Sie war zwischen 13 und 15 Jahre alt. Ihr Brustkorb hob und senkte sich noch immer. Da kam endlich ein Krankenwagen. Als er gerade anhielt, atmete das Mädchen zum letzten Mal. Der Dorfälteste blickte zu Katrin hoch, die die Hand des Mädchens genommen hatte, und sagte: »Es ist zu spät, wir können nichts mehr für sie tun; lass sie in Frieden gehen!« Da brach ein wahnsinniges Heulen los. Wie aus einem Mund stimmte die Menge dieses kehlige Klagegeheul an – wie Wölfe heulten sie. Die Klagerufe schallten durch den Staub der Wüste.

Wir saßen immer noch im Auto. Alles erschien uns so unwirklich. Heute wissen wir, was passiert ist an jenem Tag im Februar 2009. Wir haben es in langen Gesprächen miteinander rekonstruiert, und unsere persönlichen Erinnerungsbruchstücke haben sich tief in unsere Herzen gebrannt. Wir waren auf der Straße ungefähr sieben Kilometer weit gefahren, nachdem wir in Bani die Moschee besucht hatten. Hier erblickten wir von der Straße aus ein kleines Dorf. Die Häuser waren fast getarnt, von der rotbraunen Lehmerde ist alles verstaubt. Auf der gegenüberliegenden Fahrbahn hielt gerade ein Bus. Katrin Rohde, die vor uns fuhr, hupte – wie in Burkina Faso üblich, um die Aussteigenden zu warnen – und fuhr langsam weiter. Wir hinterher, aber ohne zu hupen, wir fuhren ja in Kolonne. Plötzlich lief von gegenüber dieses Mädchen los – Walter erinnerte sich, dass sie den Kopf senkte, die Arme wie zum Sprint anwinkelte und völlig unvermittelt losrannte. Direkt vor unser Auto. Hubert hatte keine Chance auszuweichen. Er erfasste sie voll und frontal, die Motorhaube bäumte sich von dem Schlag auf und das Mädchen flog durch die Luft. Sie musste von dem Aufprall ein riesiges Loch im Kopf davongetragen haben. Wir hatten diese verwundete Seite ihres Kopfes nicht von unserem Jeep aus sehen können, nur Katrin, deren Pick-up zum Glück rasch umgekehrt war und die gleich zu dem Mädchen gegangen war, wusste, dass dort fast kein Gesicht mehr vorhanden war. Die Frau, die den Unfall genau beobachtet hatte und die erlösenden Worte sprach – der Unfall sei unvermeidbar gewesen –, war Krankenschwester; sie hatte sofort über ihr Handy den Krankenwagen aus Dori verständigt. Als später die Polizei kam, gab sie ihre Zeugenaussage noch einmal offiziell zu Protokoll; das entlastete uns zumindest strafrechtlich. Unser Gewissen und unser Herz wird nichts und niemand je entlasten.

Das klare und ruhige Einschreiten dieser Frau hatte uns gerettet und verhindert, dass die Situation eskalierte. Die unheimliche Stille der Menge hatte uns wahnsinnige Angst eingejagt. Es hätte nur einer den ersten Stein werfen müssen – die Rache wäre fürchterlich gewesen. Ich wage nicht daran zu denken, was geschehen wäre, wenn diese Frau zusammen mit der großartigen, besonnenen Katrin die angespannte Situation nicht entschärft hätte. Was blieb, war kein Hass auf uns, kein Rachedurst, sondern einfach nur – Trauer. Das Klagegeheul der Menschen war ein ganz bestimmter Ruf, der von Dorf zu Dorf weitergetragen wurde; er tat kund, dass es ein Gewaltopfer gegeben hatte, um das man nun trauerte. Auf diese Weise erfuhren auch die Menschen in Gorom-Gorom, wo man uns erwartete, dass es auf dem Weg ein Opfer gegeben haben müsse. Nach dem Tod des Mädchens lösten sich ein paar alte Männer, die Dorfältesten und der Imam, aus der Menschenmenge und kamen auf uns zu. Wir stiegen aus, denn es gab nichts Bedrohliches mehr, nur Leid. Walter ging den Männern entgegen. Der würdevollste unter ihnen, der Imam, ergriff Walters Hand und sagte: »Wir müssen Gott auf Knien danken, dass ihr unverletzt seid!« Damit hatten wir nun wahrlich nicht gerechnet.

Aber was er nun sagte, verblüffte und beschämte uns noch mehr: »Ich entschuldige mich, dass das Kind euch in unserem Land Leid geschickt hat.« Und dann wandten sich die Männer unserem Fahrer zu, Hubert, der völlig verzweifelt, wimmernd und im Schock neben dem Vorderreifen kauerte. Sie versuchten, ihn zu trösten; ihm Last von der Seele zu nehmen. Hubert war, nachdem er wild gestikulierend und schreiend hinter Katrins Pick-up hergelaufen war, wieder zu unserem Jeep zurückgekehrt. Schweißgebadet war er dann in eine tiefe Lethargie gefallen. Sofort hatte ich all meine Anti-Schock-Maßnahmen an ihm ausprobiert: ihm die Beine hochgelegt, ihm ein T-Shirt um den Kopf gebunden, um ihm Dunkelheit zu verschaffen, ihm Wasser über den Kopf gekippt. Ich hatte ihn tröstend in meinen Armen gewiegt, bis er sich etwas beruhigen konnte. Schließlich gaben wir ihm auch noch Beruhigungstropfen. Er blickte leer aus seinen großen runden Augen – wie ein Baby. Hubert hatte selbst Kinder, er war ein sehr feinfühliger Mensch. Der Trost des Imams half ihm wieder etwas auf die Beine. Was der Imam und die Dorfältesten uns hier an Haltung, Würde und Besonnenheit zeigten, war wahrer Glaube, gelebter Islam. Es war die Seite des Islams, die wir nicht kennen, weil wir so oft nur die hässliche Fratze des Dschihad, des Glaubenskriegs, zu sehen bekommen. Es ist die Seite, die auch die Bibel kennt: die der Nächstenliebe und Versöhnung.

Nach einigen Stunden polizeilicher Untersuchungen und Befragungen durch die Militärpolizei, die Gendarmerie und ein weiteres Polizeieinsatzkommando beschlossen die Behörden, dass uns keine Schuld traf, wir also weiterfahren könnten. Inzwischen hatten einige Männer ein Grab für das Mädchen ausgehoben. Zurück in ihr Elternhaus hatte man sie nicht bringen dürfen – in Burkina Faso glaubt man, dass das noch mehr Unglück in eine Familie bringe. Zudem schreibt der muslimische Glaube vor, dass ein Mensch an seinem Todestag vor Sonnenuntergang begraben werden muss. Das konnte nun, da die Ermittlungen eingestellt worden waren, endlich geschehen. Das Mädchen wurde in sein sandiges Grab neben der Straße gebettet. Die Familie des Mädchens wollte noch nicht einmal Geld für die Trauerfeier von uns annehmen. »Gott hat es gegeben – Gott hat es genommen« war ihre Einstellung. So luden wir zumindest unsere Hilfsgüter hier ab.

Unsere eigentliche Mission, die Reise zu den Tuareg, konnten wir nicht mehr erfüllen. In Gorom-Gorom wusste man ja schon durch das Klagegeheul von einem Unglück mit einem Gewaltopfer, und da man die weithin bekannte Katrin Rohde erwartet hatte, zählte man zwei und zwei zusammen. So hatte man uns schon am Nachmittag eine Delegation entgegengeschickt, um nach dem Rechten zu sehen. Doch wir sollten uns knapp verpassen. Erst Stunden später kamen wir in das Dorf Dori, doch da war die Delegation schon weitergefahren in die Hauptstadt Ouagadougou, wo wir uns am nächsten Tag trafen, als auch wir wieder zurückfuhren. Der schreckliche Unfall hatte unser Auto stark beschädigt. Der Motor gab keinen Mucks mehr von sich, die Motorhaube war zerbeult und verkeilt, der Kühler geplatzt, die Lichter zerbrochen, die Windschutzscheibe geborsten. Das machte uns noch einmal schmerzlich bewusst, mit welcher Wucht wir das Kind getroffen hatten. Wir konnten so nicht weiterfahren. Da kamen plötzlich wieder Dorfbewohner zu uns. Sie reparierten gemeinsam mit uns diesen Unglücks-Jeep. Wieder konnten wir es nicht fassen. Was geschah hier bloß?! Für einen kurzen Moment nur schossen mir Gedankenfetzen durch den Kopf: »Wie wäre das wohl bei uns zu Hause in Bayern, wenn vier Schwarze ein bayerisches Mädchen totgefahren hätten? Würde man uns auch helfen, das Tat-Auto zu reparieren? Diese Menschen hier suchen selbst in der schlimmsten Not keinen Schuldigen ... Sie wollen keine Rache üben ... Sie nehmen die Situation, wie sie ist ...« Notdürftig repariert würden wir mit dem Auto die nächstgrößere Stadt erreichen können. Als wir schließlich losfuhren und ich zurückblickte, standen noch Hunderte von Menschen da und winkten uns nach. Auch der Dorfälteste winkte mit seinem Stock. Dann drehte er sich abrupt wieder um zu dem Grab, das es vor ein paar Stunden noch nicht gegeben hatte. Er musste noch viele Gebete darüber lesen.

Trotz all des unvergesslichen Leids sollte der Unfall auch ein Tröstliches haben: für die Krankenschwester, die uns mit ihrer Aussage vor Rache und Strafverfolgung gerettet hatte. Kadidja hieß sie. Sie lebte in Dori, gegenüber unserem Hotel. Katrin und Kadidja hatten ihre Handynummern ausgetauscht, denn Katrin wollte später wiederkommen, um dem Mädchen eine Gedenkmesse lesen zu lassen und weitere Hilfsgüter vorbeizubringen. Wir trafen uns also noch einmal in Dori mit Kadidja; am Abend jenes Tages – nachdem wir geduscht und etwas Ruhe gefunden hatten. Kadidja hatte ein körperbehindertes Kind, das an spastischen Lähmungen litt. Katrin Rohde bot ihre Hilfe an – wer, wenn nicht sie, war schließlich die Quelle echter und qualifizierter Kinderhilfe? Katrin hatte gerade ein Traumazentrum eröffnet, sie betreibt Behindertenprojekte und wäre die ideale Anlaufstation für Kadidjas Kind. Heute lebt der Kleine in Ouagadougou, in einem von Katrins Kinderheimen, in dem es geliebt, gepflegt, gefordert und gefördert wird.

Manchmal geht das Leben verschlungene Pfade und man sieht keinen Anfang und kein Ende. Sicherlich war uns Kadidja – unser Rettungsengel in Dori – von ihrer Namensschwester geschickt worden, meiner Schwester Khadija, meinem Schutzengel. So ist alles auf wunderbare Weise verwoben.

Wir waren nach Burkina Faso gekommen, um unser Projekt in Pétessiro zu besuchen und weiter zu unterstützen. Wir waren gekommen, um einem Mädchen mit verbranntem Gesicht Heilung in Deutschland zu ermöglichen. Doch wir fuhren zurück mit der Gewissenslast, den gewaltsamen Tod eines Mädchens verursacht zu haben.

Ich weiß nicht, ob ich das je verkraften kann – die Bilder steigen immer wieder in mir hoch. Aber ich weiß, dass diese eingebrannte Erinnerung nun zu mir gehört. Gott sei Dank kann ich mit Walter reden – und wir reden sehr oft über diesen Tod in Dori, damit das Schweigen den Kummer nicht einkapselt und uns dann unbewusst beherrschen und quälen kann. Aber ich will auch weiterleben und zu einer Normalität zurückfinden können. Ich will weitermachen in meinem Wunsch, Menschen aus Afrika zu helfen – ob hier oder dort. Mit meiner ganzen Kraft. Mit meinem ganzen Herzen.

Denn ich bin ihre Schwester.

WEITERFÜHRENDE INFORMATIONEN UND LITERATUREMPFEHLUNGEN

Hilfsorganisationen

Terre des Femmes
Menschenrechte für die Frau e.V.
Postfach 2565
72015 Tübingen
Telefon: 07071-79 73 0
Telefax: 07071-79 73 22
E-Mail: info@frauenrechte.de
www.frauenrechte.de

Forward Germany e.V.
Frauenloft
Hohenstaufenstraße 8
60327 Frankfurt am Main
Tel: 069-13826078
www.forward-deutschland.de
1. Vorstand: Dr. Tobe Levin, 2. Vorstand: Fadumo Korn,
www.faduma-korn.de

(I)ntact
Internationale Aktion gegen die Beschneidung von Mädchen
und Frauen e.V.
Johannisstraße 4
66111 Saarbrücken
Telefon: 0681-32400
Telefax: 0681-9388002
E-Mail: info@intact-ev.de
www.intact-ev.de

Wunschträume e.V.
Netzwerk für Mädchen- und Frauenprojekte
www.netzwerk-wunschtraeume.de

Literaturtipps zu Mädchenbeschneidung

Sachbücher
Dirie, Waris: *Schmerzenskinder.* Marion von Schröder, Berlin
2005 (ISBN 3-5457-71067-7)
Englisch: Dirie, Waris: *Desert Children.* (Übers. Sheelagh Ala-
baster) London 2005 (ISBN 1-84408-252-0)
El Sadaawi, Nawal: *Tschador.* Edition CON, Bremen 1980
(ISBN 3-88526-015-8)
Hermann, Conny (Hrsg.): *Das Recht auf Weiblichkeit. Hoff-
nung im Kampf gegen die Genitalverstümmelung.* Dietz, Bonn
2000 (ISBN 3-8012-0285-2)
Hulverscheidt, Marion: *Weibliche Genitalverstümmelung. Dis-
kussion und Praxis in der Medizin des 19. Jahrhunderts im
deutschsprachigen Raum.* Mabuse, Frankfurt/M. 2002 (ISBN
3-935964-00-5)
Kuring, Diana: *Weibliche Genitalverstümmelung in Eritrea.
Regionale Erklärungen, nationale Ansätze und internationale
Standards.* Vdm Verlag Dr. Müller, Saarbrücken 2008 (ISBN
3-836-48461-7)
Lightfoot-Klein, Hanny: *Das grausame Ritual. Sexuelle Ver-
stümmelung afrikanischer Frauen.* Fischer, Frankfurt/M. 2001
(ISBN 978-3-359610993-7)
Lightfoot-Klein, Hanny: *Der Beschneidungsskandal.* (Übers.
Sabine Müller) Orlanda Frauenverlag, Berlin 2003 (ISBN 978-
3-936937-02-8)
Rosenke, Marion: *Die rechtlichen Probleme im Zusammen-
hang mit der weiblichen Genitalverstümmelung.* Peter Lang
Verlag, Frankfurt/M. 2000 (ISBN 978-3-631-36143-2)
Terre des Femmes e.V. (Hrsg): *Schnitt in die Seele. Weibliche
Genitalverstümmelung. Eine fundamentale Menschenrechtsver-
letzung.* Mabuse Verlag, Frankfurt/M. 2007 (ISBN 978-3-
93596428-9)
Walker, Alice/Parmar, Pratibha: *Narben oder die Beschneidung
der weiblichen Sexualität.* Rowohlt, Reinbek 1996 (ISBN
3-498-07336-2)

Grundlagen
Boyle, Elizabeth Heger: *Female Genital Cutting. Cultural Con-
flict in the Global Community.* Baltimore/London 2002 (ISBN
0-80187063-1)

Dorkenoo, Efua: *Cutting the Rose. Female Genital Mutilation. The Practice and its Prevention.* London 1995 (ISBN 1-87319495-1)
Levin, Tobe/Assah Augustine (eds): *Empathy and Rage. Female Genital Mutilation in African Literature.* Oxfordshire 2009 (ISBN 978-095550794-6)
Momoh, Comfort (ed): *Female Genital Mutilation.* Radcliffe Publishing, Oxford/Seattle 2005 (ISBN 1-85775-693-2)
Terre des Femmes e.V. (Hrsg.): *Unterrichtsmappe Weibliche Genitalverstümmelung.* Tübingen 2007 (ISBN 3-938623-14-1)
Toubia, Nahid/Rahman, Anika (Hrsg.): *Female Genital Mutilation. A Practical Guide to Worldwide Laws and Policies.* Zed Books Ltd., London 2000 (ISBN 1-85649773-9)

Biografien
Beck-Karrer, Charlotte: *Löwinnen sind sie. Gespräche mit somalischen Frauen und Männern über Frauenbeschneidung.* Verein Feministische Wissenschaft, Bern 1996 (ISBN 3-90556-103-4)
Lightfoot-Klein, Hanny: *Odyssee einer Frau in Afrika. Eine Lebensgeschichte.* Fischer, Frankfurt/M. 2000 (ISBN 3-596-12324-0)
Maier, Christina: *Echo des Schweigens. Stimmen der Betroffenheit zur Genitalverstümmelung bei afrikanischen Immigrantinnen in Wien. Eine ethnologische Studie.* Edition Roesner, Wien 2003 (ISBN 3-9023000-6-X)

Autobiografien
Dirie, Waris: *Wüstenblume.* Droemer Knaur, München 2007 (ISBN 978-3-426-77978-1)
Englisch: Dirie, Waris/Miller, Cathleen: *Desert Flower.* London 2001 (ISBN 1-86049-758-6)
Dirie, Waris: *Nomadentochter.* Blanvalet, München 2002 (ISBN 978-3-442-37024-5)
Englisch: Dirie, Waris/Miller, Cathleen/d'Haem, Jeanne: *Desert Dawn.* London 2002 (ISBN 1-86049-853-1)
Dirie, Waris: *Brief an meine Mutter.* Ullstein, Berlin 2007 (ISBN 3-550-07876-7)
Hirsi Ali, Ayaan: *Mein Leben, meine Freiheit.* Piper, München 2006 (ISBN 978-3-492-25086-3)
Kassindja, Fauzija: *Niemand sieht dich, wenn du weinst.* Goldmann, München 2000 (ISBN 978-3-442-15084-7)

Khady-Cuny, Marie-Thérèse: *Die Tränen der Töchter. Eine afrikanische Frau bricht ihr Schweigen.* Droemer Knaur, München 2007 (ISBN 978-3-426-77963-7)
Korn, Fadumo: *Geboren im großen Regen. Mein Leben zwischen Afrika und Deutschland.* Rowohlt,Reinbek 2004 (ISBN 3-499-23798-9)
Englisch: Korn, Fadumo/Eichhorst, Sabine: *Born In The Big Rains. A Memory of Somalia and Survival.* (Übers.: Tobe Levin, Rosa von Gleichen) New York 2006 (ISBN 1-55861-531-8)
Abdi, Nura: *Tränen im Sand.* Lübbe, Bergisch-Gladbach 2005 (ISBN 978-3-404-61559-9)

Romane
Accad, Evelyne: *Die Beschnittene.* Horlemann, Unkel 2001 (ISBN 3-89502129-9)
Nwapa, Flora: *Efuru.* Lamuv, Göttingen 1997 (ISBN 3-88977-491-1)
Walker, Alice: *Sie hüten das Geheimnis des Glücks.* Rowohlt, Reinbek 1993 (ISBN 978-3-498-07327-5)

Filmtipps zu Mädchenbeschneidung

Maimouna: Dokumentation auf DVD. Deutschland 2007. Weitere Informationen unter www.maimouna-derfilm.de; fmaldonado@gmx.de
Hibos Lied: Dokumentation auf DVD. Deutschland 2007. Zu beziehen über CouRage GbR – Renate Bernhard und Sigrid Dethloff, Dürener Straße 278, 50935 Köln, Tel.: 0221-4303647; sigriddethloff@gmx.de
Caravane: 60-minütiger Dokumentarfilm auf DVD von Erica Pomerance 2009. Coproduziert von und zu beziehen über Forward Germany e.V. (siehe S. 251)

ÜBER DIE AUTORINNEN

Fadumo Korn, geboren 1964, ist eine gebür-
tige Somalierin, die seit 1979 in Deutschland
lebt. Sie arbeitet als Dolmetscherin und engagiert sich bei »Forward Germany« (2. Vorsitzende) gegen den Brauch der Genitalverstümmelung. Ihr Leben zwischen Afrika und
Deutschland beschrieb sie in ihrem Bestseller
»Geboren im Großen Regen«. Mit ihrem Manr
und ihrem Sohn lebt sie in München.

www.fadumo-korn.de

Inge Bell, geboren 1967, ist TV- und Radio-
Journalistin. Ihre Themenschwerpunkte: organisierte Kriminalität und Menschenrechte in
Ost- und Südosteuropa. 2007 erhielt Inge Bell
den Preis »Frau Europas« für ihr ehrenamtli-
ches Engagement. Mit ihrem Mann lebt sie in
München und Leipzig.

www.ingebell.de